国际商务单证与跟单实务

施静涛　翁雪梅　主编

北京理工大学出版社
BEIJING INSTITUTE OF TECHNOLOGY PRESS

内 容 简 介

为了推动我国高校应用型人才培养目标的实现，本教材紧密跟踪最新的外贸单证与跟单业务领域发展，体现新颖性和实务性，主要表现在：第一，每单元用式样或范本的方式进行填单说明，帮助读者理解和快速掌握外贸单证缮制知识；第二，每单元知识与技能训练题中，增加外贸单证与跟单实训题，有效增强读者对外贸单证与跟单实务知识的掌握程度；第三，各学习单元穿插职业指导、拓展阅读等栏目，适当拓展相关领域知识；第四，附录中增加专业英语词汇，方便读者在制单及学习过程中查找专业术语。

本教材采用以工作任务为载体的行动导向教学法，按照工作过程安排教学情境，实施教学内容与环节，融教、学、做为一体，以大量的案例和实例说明问题，紧密结合外贸实践和教学实际，强调实践能力的培养和操作技能的提高。同时，本教材还注重与职业考证相结合，力求达到学以致用的目的。同时本教材贯彻"精讲多练"的基本原则，充分运用现代教育技术手段，开发和应用在线开放课程，采用启发互动、典型项目、案例讨论等教学方法，充分调动读者学习的主动性，培养读者观察、分析和理解问题的能力。

图书在版编目（CIP）数据

国际商务单证与跟单实务 / 施静涛，翁雪梅主编
. -- 北京：北京理工大学出版社，2023.11
　ISBN 978 - 7 - 5763 - 3176 - 9

Ⅰ. ①国… Ⅱ. ①施…②翁… Ⅲ. ①国际商务 - 票据 - 高等学校 - 教材　Ⅳ. ①F740.44

中国国家版本馆 CIP 数据核字（2023）第 232904 号

责任编辑： 申玉琴　　**文案编辑：** 申玉琴
责任校对： 刘亚男　　**责任印制：** 施胜娟

出版发行 / 北京理工大学出版社有限责任公司
社　　址 / 北京市丰台区四合庄路 6 号
邮　　编 / 100070
电　　话 / （010）68914026（教材售后服务热线）
　　　　　　（010）68944437（课件资源服务热线）
网　　址 / http：//www.bitpress.com.cn

版 印 次 / 2023 年 11 月第 1 版第 1 次印刷
印　　刷 / 涿州市新华印刷有限公司
开　　本 / 787 mm×1092 mm　1/16
印　　张 / 20
字　　数 / 457 千字
定　　价 / 92.00 元

前　　言

我国二十大报告明确指出："中国坚持对外开放的基本国策，坚定奉行互利共赢的开放战略。"世界正在经历百年未有之大变局，我国发展的外部环境复杂严峻，不稳定性、不确定性凸显。在此背景下，只有坚持高水平对外开放，奋力开创对外开放事业新局面，才能有效应对各种风险挑战，推动我国高质量发展。

当前国际经济新形势对我国外贸企业和外贸人才，既提出了挑战又给予了很大的发展机遇，对中国高等职业院校的国际经济与贸易专业人才培养提出了更高、更新的要求。因此，如何通过教材这一教学中最基本、最重要的载体来增强学生的业务操作能力，提升学生的职业素养，实现零距离就业，是我们高职教育工作者面临的一个新课题。

本教材针对国际经济与贸易类专业教学实际，融合最新国际惯例与规则，对信用证、国际货物运输单证、样品跟单、生产跟单等国际贸易常用单证和跟单实务的核心内容、操作要点和填制注意事项进行了深入剖析。本教材以单证制作和跟单的实践工作过程为依据，用单元、任务的形式重构了外贸单证和跟单的内容体系，坚持"教学内容项目化、项目内容任务化、任务内容过程化、理论实践一体化"的教学改革方向。每单元均以任务描述、任务分析、知识储备、同步测试等模块构建框架，并配以简明扼要的图解和大量单证样本，深入浅出，一目了然；同时每章均设有典型案例、直通职场等栏目，突出了前瞻性、实践性和可操作性。

本教材提供教学课件 PPT、案例素材、二维码资源等配套资源。本教材是浙江商业职业技术学院国家"双高计划"电子商务专业群所在专业的专业核心课程配套教材，由浙江商业职业技术学院施静涛老师主持编写。本教材在编写过程中，得到了如英科医疗科技股份有限公司、潍坊因思派尔网络科技有限公司及中教畅享（北京）科技有限公司等一些外贸企业、外贸科技企业和外贸业务专业人士的帮助，提供了相应的业务资料和资讯，并参考了国内外的一些相关著作和研究成果，在此一并表示感谢。

最后，我们衷心希望本教材能为广大国际经济与贸易相关专业的师生及国际商务从业人员学习者提供有益的知识和实务指导，与大家共同成长、进步。由于国际商务及外贸和电子商务及跨境商务领域的知识技能的发展变化较快，以及编写时间有限及编者的一定局限性，书中难免存在疏漏与不当之处，敬请阅读者批评指正及提出宝贵的意见和建议，以帮助我们不断完善和更新。

目　　录

学习单元 1

国际商务单证基础知识

【项目介绍】

小吴是某一职业技术学院国际贸易专业的学生，他的职业规划是，毕业后从事国际商务单证员的工作。为了提高自己的国际商务单证实操能力以及其他核心专业能力和职业素养，小吴打算利用寒暑假的时间在浙江省某外贸公司实习。为了能取得实习 Offer，并在实习期间顺利完成工作要求，接下来小吴需要对国际商务单证实务的相关知识进行全面的学习和梳理。

【学习目标】

知识目标：

- 了解单证的含义和种类
- 掌握单证工作的基本要求
- 熟悉单证员的岗位职责和考试基本内容
- 掌握外贸合同的履行过程

技能目标：

- 能根据单证工作的缮制规范分析单证情境
- 能够对出口单据进行分类
- 能够以单证员的岗位职责来要求自己，掌握单证工作的基本要求

素养目标：

- 具备经济、外贸等相关知识
- 具备良好的职业道德，诚实守信

【思维导图】

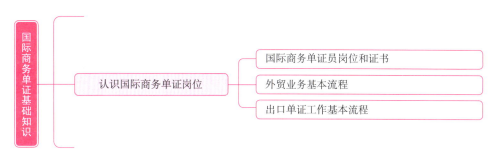

任务 1.1　认识国际商务单证岗位

【任务描述】

在国际贸易的业务操作过程中，不论哪个环节，都要使用单据和凭证。很多外贸企业也都有专门的国际商务单证员这一岗位，浙江卓信实业有限公司是一家拥有自营进出口权的服装纺织工贸企业，主要经营服装类的外贸产品，有较强的生产能力和运营能力，目前公司的贸易规模日益扩大，需要招聘更多的工作人员，助力企业完成业务，实现进一步发展。2023 年 3 月，公司通过招聘网站发布了单证员的招聘信息。

国际商务单证员 （浙江卓信实业有限公司）	
招聘岗位：国际商务单证员 招聘人数：5 人 最低学历：专科	工作性质：全职 工作经验：不限 工作月薪：面议
岗位职责： 1. 负责根据业务要求完成进出口单据的制作、收集及处理工作； 2. 协助安排货物订舱、报关、出运，办理结汇和退税等相关工作； 3. 负责进行单证及文件的整理归档工作等。 岗位要求： 1. 大专或以上学历，国际贸易、英语、物流等相关专业； 2. 良好的英文邮件书写及表达能力； 3. 工作细心、耐心，且性格开朗； 4. 有良好的沟通能力； 5. 主动学习能力强	

小吴计划在单证员岗位实习，在浏览招聘网站时看到了浙江卓信实业有限公司的这一招聘信息，就投递了实习简历，一周后小吴接到了面试通知。

⏱ 【任务分析】

收到浙江卓信实业有限公司 HR 的面试通知后，小吴需要为面试做好相关准备。面试时，HR 可能会问到对岗位的认知、对外贸业务流程和单证工作流程是否了解等问题，为了流畅应对，小吴需要对这部分相关内容进行准备和梳理。

步骤 1：通过书本或网络梳理国际商务单证员岗位和有关证书的相关知识。

步骤 2：梳理和掌握外贸业务基本流程，制作外贸业务流程图。

步骤 3：梳理和掌握出口单证工作的基本流程，制作出口单证工作流程图。

📚 【知识储备】

1.1.1　国际商务单证员岗位和证书

国际商务单证员是指在国际贸易工作中，根据销售合约和信用证条款，从事审核、制作各种贸易单据和证书，提交银行办理议付手续或委托银行进行收款等工作的人员。

国际商务单证员岗位的工作内容主要是对国际贸易业务中所应用的单据、证书和文件——信用证、汇票、发票、装箱单、提单等进行制作处理。

"外经贸单证专业证书"（见图 1-1）是国际商务单证员岗位相对比较权威的从业证书，

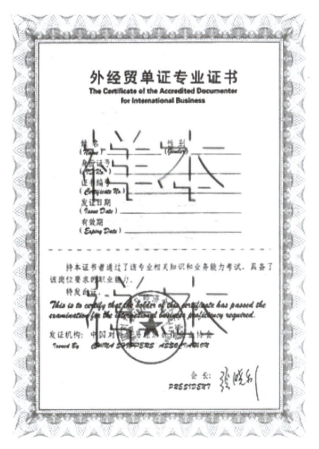

图 1-1　外经贸单证专业证书

是由中国对外贸易经济合作企业协会（简称中国外经贸企业协会）负责组织的证书考试，考试科目有"单证基础理论与知识"和"单证缮制与操作"，考试通过后可获得相应证书。

职业指导：2023 年度外经贸
单证专业培训考试的通知

1.1.2 外贸业务基本流程

外贸业务的总体流程包含从询盘到结算的一系列过程，了解外贸业务的总体流程，可以帮助国际商务单证员熟悉工作内容、明确工作职责和厘清工作思路。外贸业务总体流程如图 1-2 所示。

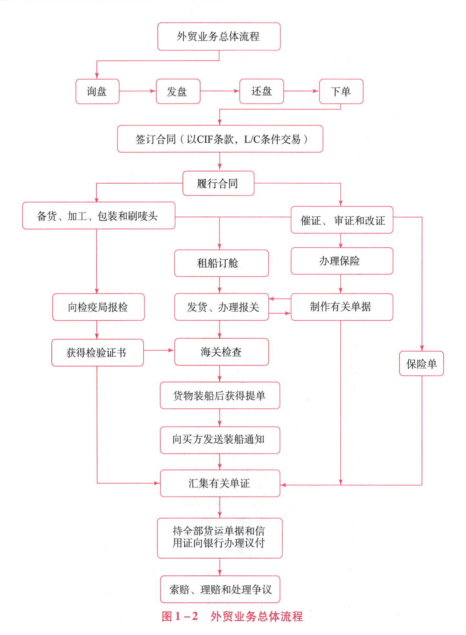

图 1-2 外贸业务总体流程

在实际的业务往来中，外贸业务流程比较复杂，并不是所有的外贸业务流程都完全一致，具体流程会根据不同的交易条件发生变化，外贸人员需要灵活变通。具体来讲，外贸业务的基本流程主要包括：磋商、签约、付款方式、备货、包装、通关手续、装船、运输保险、提单、结汇、核销及退税。

1. 磋商

外贸业务的基本流程一般是由双方业务的磋商作为贸易的开始。在国际贸易中，磋商主要有询盘、发盘和还盘三个步骤，磋商达成一致后，买方就会下单。在这一环节，双方磋商的主要内容包括：产品的质量等级、产品的规格型号、产品是否有特殊包装要求、所购产品量的多少、交货期的要求、产品的运输方式、产品的材质等内容。

知识小窍门：交易磋商的 4 个环节

2. 签约

贸易双方经磋商达成一致意向后，买方企业就会正式订货并就一些相关事项与卖方企业进行协商，双方协商认可后，需要签订购货合同。在签订购货合同过程中，主要对商品名称、规格型号、数量、价格、包装、产地、装运期、付款条件、结算方式、索赔、仲裁等内容进行商谈，并将商谈后达成的协议写入购货合同。这标志着外贸出口业务的正式开始。通常情况下，签订购货合同一式两份，由双方盖本公司公章生效，双方各保存一份。

3. 付款方式

比较常用的国际付款方式有三种，即信用证付款方式、T/T 付款方式和直接付款方式。

（1）信用证付款方式。国际贸易中以信用证为付款方式的居多，信用证的开证日期应当明确、清楚、完整。中国银行、中国建设银行、中国农业银行、中国工商银行等，都能够对外开立信用证。

（2）T/T 付款方式。T/T（Telegraphic Transfer）付款方式是以外汇现金方式结算，由买方客户将款项汇至出口公司指定的外汇银行账号内，可以要求货到后一定期限内汇款。

（3）直接付款方式是指买卖双方直接交货付款。

4. 备货

备货在整个贸易流程中，具有举足轻重的重要地位，须按照合同逐一落实。备货的主要核对内容如下：

（1）货物品质、规格：应按合同的要求核实。

（2）货物数量：保证满足合同或信用证对数量的要求。

（3）备货时间：应根据信用证规定，结合船期安排，以利于船货衔接。

5. 包装

根据货物的不同，来选择合适的包装形式（如纸箱、木箱、编织袋等）。不同的包装形式其包装要求也有所不同。

（1）一般出口包装标准：根据贸易出口通用的标准进行包装。

（2）特殊出口包装标准：根据客户的特殊要求进行出口货物包装。

（3）货物的包装和唛头（Shipping Mark）（运输标志）：应进行认真检查核实，使之符合信用证或合同的规定。

6. 通关手续

出口货物在装船出运之前，需要向海关申报相关手续。根据《中华人民共和国海关法》的规定，所有进出国境的货物，必须经由设有海关的港口和国际航空站，并由货物所有人向海关申报，经海关查验放行后才能进口或装船出口。通关手续极为烦琐又极其重要，如不能顺利通关则无法完成交易。

（1）属法定检验的出口商品须办出口商品检验证书。

（2）如果对于产地证有要求，需向检疫部门或贸促会申领产地证书。

（3）出口商自行或委托货代/报关行，持箱单、发票、出口货物合同副本、出口商品检验证书等单证去海关办理通关手续。

7. 装船

不同贸易术语下卖方或买方负责租船订舱，卖方负责将货物集港装船。在货物装船过程中，根据货物的多少决定装船方式。

8. 运输保险

在不同贸易术语下，买方或卖方根据购货合同约定的险种来投保。通常双方在签订的购货合同中已事先约定运输保险的相关事项。常见的保险有海洋货物运输保险、陆空邮货运输保险等。其中，海洋运输货物保险条款所承保的险别，分为基本险别和附加险别两类。

9. 提单

提单是出口商办理完出口通关手续、海关放行后，由外运公司签出、供进口商提货、结汇所用单据。所签提单根据信用证所提要求份数签发，一般是三份。出口商留两份，办理退税等业务，一份寄给进口商用来办理提货等手续。若是空运货物，则可直接用提单、箱单、发票的传真件来提取货物。

10. 结汇

结汇是外贸公司按照汇率将买进的外汇和卖出的外汇进行结算，货物按照合同的规定时间发出后，卖方就可以要求买方结汇。在实际的外贸交易中，买卖双方进行结算的方式有很多种，比较常见的结算方式有汇付和托收两种。

11. 核销及退税

核销是指加工贸易单位在合同执行完毕后向海关递交加工贸易登记手册、进出口专用报关单等有效单证，由海关核查该合同项下进出口、耗料等情况，以确定征税、免税、退税和补税的海关后续管理中的一项业务。

工作小技巧：出口合同
圆满履行的四个环节

在中国，企业出口享有出口退税优惠政策，核销完成后，若符合退税要求，可去税务机关申请退税。

1.1.3　出口单证工作基本流程

在外贸业务的总体流程之下，国际商务单证员需要完成单证制作等工作，要熟练掌握进出口单证的工作流程。如以 CIF 贸易术语、信用证项下的出口业务为例，其单证工作的基本流程如图 1-3 所示。

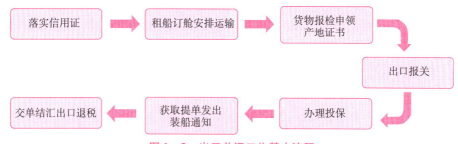

图 1-3　出口单证工作基本流程

1. 信用证项下落实信用证

信用证条件下，出口单证的第一个工作流程就是落实信用证。如果进口商在规定期限内没有开来信用证，国际商务单证员应催促买方尽快办理开证手续。在收到国外开来的信用证后，单证员还必须登记并审核信用证，发现问题及时联系买方修改。改证后，单证员收到信用证修改通知书，内容正确无误后，即可继续进行接下来的工作流程。

2. 租船或订舱，安排运输

接下来出口企业单证员应根据货物的生产情况和相关资料以及信用证的规定及时缮制出口订舱委托书，制作商业发票以及装箱单，联系货代租船或订舱，办理托运。代理人接受承运后，出口企业单证员即可确定船期，获得舱位信息。

3. 货物报检

商品检验是对外贸易业务的一个重要环节。凡应由检验检疫机构实施法定检验的出口商品，出口前必须实行检验，检验后方可报关。对于合同、信用证规定或国家规定须经检验检疫机构检验出证的出口商品，也需要实行检验并取得相关证书。所以，在这些情况下，外贸单证员需要填写出境货物报检信息。

4. 申领产地证

如果合同或信用证中对产地证有要求，单证员应根据合同或信用证的要求，制作产地证申请书，向检验检疫部门或中国国际贸易促进委员会申领原产地证书。

5. 出口报关

商品报关是对外贸易出口的一个必要环节。单证员应及时缮制"出口报关单"，并将合同、商业发票、装箱单等报关所需单据提交给委托的货代或报关行，由货代或报关行办理货物的报关手续，海关查验货物无误后在报关单上加盖放行章，放行出口货物。

6. 办理投保

凡是按 CIF 成交的出口合同，在货物集港装运之前，出口方应及时向保险公司办理投保手续。单证员填具投保单，保险公司据以缮制保险单，然后将保险单交给出口方。

7. 获取提单

货物装船离港后，托运人可以凭大副收据换取"海运提单"。货代企业将提单确认件发给单证员确认，单证员审核无误后，回传货代，货代取得正本提单，然后将其邮寄给单证员，单证员获得提单。

8. 发出装船通知

在货物装运完毕后，出口方单证员还应向买方及时发出装船通知，便于买方掌握运输信息，做好接货、销售、转卖、加工等准备工作，这有利于业务的进一步开展。

9. 交单结汇

收到正本提单后，单证员应根据信用证的要求，准备交单单据，如准备好提单、商业发票、装箱单、保险单和客户要求的其他单证等，将准备好的交单单据按需要的份数及时送交银行。这里单证员需要注意，出口单证均需有一副本留底。交单后，一套完整的副本单据必须存档，以便改单和查阅。银行审查单据无误后，将单证寄送进口地银行，向其索款，货款到账后，出口地银行将款项打入出口企业的外汇账号或人民币账户，出口企业完成货款收取。

如果是非信用证项下的汇款结算方式，单证员可以把商业发票、装箱单、提单、保险单等客户需要的全套单据邮寄给买方结算货款。

10. 出口退税

如果出口商品能够享受出口退税，出口企业收到货款后还可去税务机关申请退税。至此，CIF 贸易术语下，信用证项下的出口单证流转与操作完成。

【任务实施】

对任务描述中提出的要求及任务分析中需要做的工作加以实施，对岗位认知、外贸业务流程和单证工作流程进行准备和梳理。将任务实施情况、总结评价及改进提升结果做好相应记录，并填写表 1 – 1。

表 1 – 1　任务实施记录

执行情况	步骤 1	
	步骤 2	
	步骤 3	
总结评价	优点	
	不足	
改进提升	改进 1	
	改进 2	
	改进 3	

【任务评价】

根据任务完成情况由教师、学生共同进行任务评价，如表 1 – 2 所示。

表 1-2　任务评价

考核项目		教师评分	学生评分	总评分	评语
任务执行质量	对单证员岗位的认知是否清晰正确				
	制作外贸业务流程图的正确性				
	制作出口单证工作流程图的正确性				
任务执行态度					
任务执行效率					

任务 1.2　明确国际商务单证员的要求

【任务描述】

对单证员岗位有了基本认知后，小吴熟悉了外贸业务流程及出口单证工作的流程，对单证员的实际业务工作有了一定了解。接下来小吴准备梳理国际商务单证员的岗位要求，以便更有针对性地为实习面试做好准备。

【任务分析】

小吴需要从各个方面（包括但不限于国际商务单证员知识要求、国际商务单证员能力目标以及国际商务单证员素质要求等方面）梳理国际商务单证员的岗位要求。

步骤 1：梳理国际商务单证员的知识要求。

步骤 2：梳理国际商务单证员的能力目标。

步骤 3：梳理国际商务单证员的素质要求。

【知识储备】

1.2.1　国际商务单证员知识要求

1. 外贸基础知识

掌握一定的外贸知识是做好外贸工作的基础。所有外贸业务流程，包括开证、报关、单证缮制、检验、核销退税等，都需要单证员去完成。因此，掌握扎实的外贸基础知识是做好单证员工作的基础。外贸基础知识包括外贸业务流程、进出口单证工作流程、常见贸易术语、常用结算方式、常用单据，等等。

想一想：国际贸易中常用的结算方式有哪些？

2. 单证制作知识

单证员的工作内容主要就是对国际贸易业务中所应用的单据、证书和文件——信用证、汇票、发票、装箱单、提单等进行制作处理，所以单证员必须要熟练掌握单证制作的专业知识，掌握本行业外贸进出口业务流程、单证缮制和相应时间期限的要求，能够熟练审核信用证并缮制、审核各种单证，了解与国际贸易单证相关的国际标准和国家标准，并能熟练使用各种制单专业软件和现代化办公设备。

3. 外贸法规政策

为了规范货物进出口管理，维护货物进出口秩序，各国都会制定本国的外贸法律法规和贸易政策，在国际贸易中主要进行的就是国与国之间的货物贸易，所以单证员应知晓各个国家对外贸易的有关方针、政策及其最新变化，了解国际贸易发展现状和趋势，避免因不熟悉贸易国法规政策而带来贸易风险和损失。例如我国对进出口商品有相应的货物进出口管理规定，对一部分货物实行限制进出口，主要有配额管理和许可证管理两种方式，单证员应知道自己公司的进出口商品是否受到相应的管制，并辅助外贸业务员办理相应的单证手续。

4. 国际贸易惯例

国际贸易惯例是指在国际贸易领域里经过长期反复实践而逐步形成的，得到各国普遍承认和实际运用的习惯做法和规则，包括合同、支付、货物质量、运输和保险等方面的规定。单证员缮制和审核国际贸易单证也要依据和符合国际贸易惯例的相关规定，所以单证员要对国际贸易惯例有所掌握。

拓展阅读

单证相关的国际贸易惯例

1. UCP600

The Uniform Customs and Practice for Documentary Credits, 2007 Revision, ICC Publication no. 600，国际商会 2007 年修订的《跟单信用证统一惯例》（国际商会第 600 号出版物），简称"UCP600"。该惯例是迄今为止在信用证支付条件下，全世界最具权威、使用最广泛的国际贸易惯例。它对信用证项下各方当事人的职责、权利和义务，单据的缮制、填写、提交的要求都做出了比较详尽的规定和说明，对统一规范信用证支付的操作，起着不可替代的十分重要的作用。

2. ISBP745

International Standard Banking Practice for the Examination of Document Sunder Documentary Credits，国际商会在 2002 年制定的《关于审核跟单信用证项下单据的国际标准银行实务》，简称《国际标准银行实务》或"ISBP"。ISBP745 是国际商会 2013 年在信用证领域修订的最新的国际惯例，ISBP 不仅是各国银行、进出口公司信用证业务单据处理人员在工作中的必备工具，也是法院、仲裁机构、律师在处理信用证纠纷案件时的重要依据。ISBP 包括引言及 200 个条文，它不仅规定了信用证单据制作和审核所应该遵循的一般原则，而且对目前跟单信用证的常见条款和单据都做出了具体的规定。对各国国际业务从业人员正确理解和使用 UCP600、统一和规范信用证单据的审核实务、减少不必要的争议具有重要意义。

3. URC522

《ICC 托收统一规则》（The Uniform Rules for Collections，国际商会第 522 号出版物，以下简称 URC522）于 1996 年 1 月生效。URC522 不仅统一了各国之间对有关托收的惯例和程序的理解与做法，而且及时反映了这一领域业务实践的变化和时代的发展。作为托收业务领域唯一的现行有效的国际惯例，URC522 自生效以来被各国相关机构普遍采纳，得到了广泛的遵守，它在很大程度上减少了托收业务中的争议，极大地促进了托收业务的发展，是进出口公司和银行应当掌握和遵循的国际惯例。

5. 国际结算知识

国际结算是指处于两个不同国家的当事人，通过银行办理的两国间货币收付业务。单证员的实际岗位工作也会涉及国际结算等相关业务，利用汇票等单据或其他方式完成货款的交付或收缴，所以单证员要具备一定的国际结算知识。

前沿视角：保函与
信用证的区别

1.2.2　国际商务单证员能力目标

1. 单证制作能力

就外贸业务而言，单证是外贸业务各个环节的重要凭证，所以制作单证是外贸行业单证员必不可少的一项操作。单证员需要掌握各种单证的用途和作用，知道如何填写各种单证，如装箱单、发票、提单等。

2. 单证办理能力

除了能够制作和缮制单证外，单证员还需要对外销发票进行整理，对出口退税相关单据进行整理和制作，协助财务完成核销、银行收结汇、出口退税的办理，所以单证员还应具备单证办理能力。

3. 单证审核能力

在单证工作中，单证员需要对单证进行审核，对已经缮制、备妥的单据对照信用证（在信用证付款情况下）或合同（非信用证付款方式）的有关内容进行单单、单证的及时检查和核对，发现问题，及时更正，以达到安全收汇的目的。

4. 外语应用能力

目前国际贸易单证工作中使用的语言以英语为主，只有极个别国家要求某些进口单证或个别单证中的某些项目必须使用该国本国语言，所以单证员必须要具备熟练的外语应用能力，能够使用英语缮制单证，阅读合同、信用证和相关单证。

5. 沟通合作能力

单证员需要有良好的人际沟通和团队合作能力。在外贸单证的制作中，单证员贯穿整个外贸流程，单证员既需要与本公司的业务员、财务员、跟单员等进行良好的沟通，又需要与外贸客户、海关、运输、保险公司等多方进行沟通和协商，因此单证员不仅要熟知这些相关部门的工作要求以及程序，还要有好的协调能力、沟通能力，能够准确理解并满足客户的要求，妥善处理各种问题和矛盾，确保顺利完成单证制作工作。

职业指导

国际商务单证员的工作要求

1. 认真核对合同

外贸单证工作的第一步就是认真核对合同。合同是外贸单证工作的依据，只有确保合同的准确性、完整性，才能保证后续的单证工作顺利进行。在核对合同时，要特别注意合同的时间、价格、数量等关键信息，确保与客户的沟通一致，避免出现误解或矛盾。

2. 准确填写发票

发票是外贸单证工作中的重要部分，是证明交易金额的有效凭证。因此，在填写发票时，要认真核对合同的价格、数量等信息，确保填写准确无误，避免出现漏填、错填等问题。同时，还要注意发票的格式、盖章等细节，确保符合国家相关规定，避免被海关退回或扣留。

3. 严格按照要求填写装箱单

装箱单是外贸单证工作中的重要组成部分，是证明货物数量、品质、规格等信息的有效凭证。在填写装箱单时，要认真核对货物的数量、品质、规格等信息，确保填写准确无误。同时，还要注意装箱单的格式、盖章等细节，确保符合国家相关规定，避免被海关退回或扣留。

4. 及时提交单证

外贸单证工作的时间非常紧张，一旦出现延误，就会对整个交易造成不良影响。因此，在办理单证时，要及时提交，确保在规定时间内完成。同时，还要注意单证的递交顺序和要求，确保符合国家相关规定，避免被海关退回或扣留。

5. 认真保管单证

单证是外贸交易的有效凭证，它们的安全保管至关重要。因此，在办理单证后，要认真保管好每一份单证，确保不遗漏、不丢失、不损坏。同时，还要注意单证的保存期限和要求，确保符合国家相关规定，避免出现纠纷或违规行为。

6. 不断学习更新知识

外贸单证工作是一个不断学习更新的过程。随着国家政策的变化和国际贸易的发展，单证工作的要求也在不断变化。因此，从事外贸单证工作的人员要不断学习更新知识，了解最新政策和规定，保持敏感性和预见性，提高工作效率和质量。

外贸单证工作是外贸工作中非常重要的一部分，关系到企业的合法性、合规性以及合同履行的有效性。对从事外贸单证工作的人员来说，掌握外贸单证工作的基本要求是必不可少的。只有认真核对合同、准确填写发票、严格按照要求填写装箱单、及时提交单证、认真保管单证以及不断学习更新知识，才能确保外贸单证工作顺利进行，为企业的发展提供有力保障。

1.2.3　国际商务单证员素质要求

1. 守法意识

守法合规是对外贸行业从业人员职业道德最为基础的要求，其所调整的是外贸从业人员与外贸行业及行业监管之间的关系。单证员一定要具备守法意识，熟悉并遵守法律法规等行为规范。

2. 责任意识

单证工作反映的是货、船、证等业务的管理情况，为了杜绝差错事故的发生，避免带来不必要的经济损失，单证员必须具备高度的责任意识，用高度的工作责任心和使命感重视海关认证事项，一丝不苟，做好每一个环节，做好单证精细化工作，确保工作质量和效率。

3. 团队精神

团队精神是大局意识、协作精神和服务精神的集中体现。单证员的工作并非是独立完成的，而是需要和不同部门互相合作协调，共同推进和完成进出口外贸交易的业务工作，所以单证员要具备团队精神，与其他人员共同配合完成工作。

4. 敬业精神

单证岗位，看似简单、普通、平凡，实际操作起来却充满了复杂性、独特性与挑战性，要求从业人员应具有很高的政治、职业、道德素质以及爱岗敬业、无私奉献的精神，全心全意地对待单证工作。

5. 诚信品质

诚信是一种真诚无欺、实事求是的态度和信守承诺的行为品质，在处理外贸单证的过程中，单证员需要遵守诚实守信的原则，真实填写单证并如实交付所有单证资料。

【任务实施】

对任务描述中提出的要求及任务分析中需要做的工作加以实施，以小组为单位，对单证员的知识要求、能力目标、素质要求进行讨论、展示和分享。将任务实施情况、展示分享、总结评价及改进提升结果做好相应记录，并填写表 1-3。

表 1-3　任务实施记录

执行情况	步骤 1	
	步骤 2	
	步骤 3	
展示分享		
总结评价	优点	
	不足	
改进提升	改进 1	
	改进 2	
	改进 3	

【任务评价】

根据任务完成情况由教师、学生共同进行任务评价，如表1-4所示。

表1-4 任务评价

考核项目		教师评分	学生评分	总评分	评语
任务执行质量	对单证员知识要求的梳理是否清晰明确				
	对单证员能力目标的梳理是否清晰明确				
	对单证员素质要求的梳理是否清晰明确				
任务执行态度					
任务执行效率					

任务1.3 认识国际商务单证

【任务描述】

国际商务单证是外贸商业活动的重要文件资料，反映了商品的整个流转过程，是国际贸易中不可或缺的部分。如果想成为一名合格且优秀的单证员，能够顺利完成单证工作，小吴必须对单证有深刻的认识和了解。接下来小吴需要对国际商务单证的知识进行深入的了解和学习。

【任务分析】

小吴需要通过网络和书本，了解国际商务单证的含义、种类和作用等相关知识，然后理顺思路，整理外贸业务流程中会使用的单据，并按照自己的标准将不同用途的国际商务单证进行分类。

步骤1：搜集整理国际商务单证的含义、种类和作用等相关知识。

步骤2：结合实际业务，明确在外贸业务流程中会使用的单据种类。

步骤3：对实际业务中不同用途种类的国际商务单证进行分类，并完成表1-5。

表1-5 单证种类

划分标准	单证类型	单证具体种类

【知识储备】

1.3.1　国际商务单证的含义

1. 国际商务单证的内涵

国际商务单证（International Business Documents）是指在国际商务中应用的单据、文件与证书，用于处理国际货物的交付、运输、保险、检验检疫、报关、结汇等。

从广义上来说，国际商务单证是指在国际贸易中使用的各种单据、文件与证书，也可以简称为单证（Documents）。从狭义上来说，"单证"就是指"单据"和"信用证"，特别是信用证支付方式下的结算单证。

在出口业务中，企业凭借单证来办理货物的交付与收款。进出口贸易合同签订后，在合同履行过程的每一个环节都有相应的单证缮制、组合及运行。出口单证贯穿于企业对出口产品的备货、出入境检验检疫、租船订舱、报关、保险、结汇等出口业务的全过程之中。出口单证是指在出口贸易中使用的各种单证和证书，凭借这种文件来处理国际货物的交付、运输、保险、商检、结汇等。国际商务单证工作具有工作量大、任务繁杂、时间性强、涉及面广等特点。

想一想：国际商务单证是因何产生的?

2. 国际商务单证的种类

外贸单证工作贯穿于国际贸易活动的每一个环节，涉及众多的相关部门。外贸单证种类繁多，而且每一笔交易所需要的外贸单证也不尽相同，所以国际公约或规则以及惯常业务中从不同的角度对外贸单证进行了分类。

1）按国际贸易实务分类

（1）按交易双方涉及的单证划分为进口单证和出口单证。

进口单证主要包括进口许可证、进口报关单、保险单、信用证、成交合同；出口单证主要包括出口许可证、出口报关单、包装单据、商业发票、保险单、汇票、检验检疫证、产地证等。

（2）按单证的性质划分为金融单据和商业单据。

金融单据主要包括汇票、支票、本票；商业单据主要包括发票、运输单据。

（3）按单证的用途划分为资金单据、商业单据、货运单据、保险单据、官方单据和随附单据。

资金单据主要包括汇票、支票、本票；商业单据主要包括商业发票、形式发票、装箱单、重量单；货运单据主要包括海运提单、不可转让海运单、租船合约提单、空运单、公路运输单据、铁路运输单据、内河运输单据、快递和邮政收据、报关单、报检单、托运单等；保险单据主要包括保险单、预借单、保险证明、投保单；官方单据主要包括海关发票、领事发票、产地证、检验检疫证；随附单据主要包括寄单证明、寄样证明、装运通知、船舱证明。

（4）根据业务环节划分为托运单证、结汇单证、进口单证。

2）按国际贸易通用规则分类

（1）《ICC 托收统一规则》（URC522）的分类。

①金融单证（Financial Documents）。

金融单证具有货币属性，又称为资金单证，它们有的直接代表货币，有的为货币的支付做出承诺或者做出有条件的保证，具有货币的属性，包括汇票（Bill of Exchange）、本票（Promissory Note）、支票（Cheque）或其他用于取得付款或款项的类似凭证。

②商业单证（Commercial Documents）。

商业单证具有商品属性，是指除了金融单证以外的所有单证，它们有的代表商品，有的说明商品的包装内容，有的保证商品的质和量，有的为商品的输入输出提供必要的证明。商业单证主要包括商业发票（Commercial Invoice）、装箱单证（Packing Documents）、运输单证（Transportation Documents）、保险单证（Insurance Documents）和其他类似单证。

URC522 的分类方式使商业单据的范畴相当广泛，涵盖了除金融单据以外的所有单据，实际上商业单据还可以进一步细分为基本单据和附属单据。

基本单据：商业发票、海运提单、保险单等。

附属单据：进口国官方要求的单据，如领事发票、海关发票、原产地证明等；买方要求的单据，如装箱单、重量单、品质证书、寄单证明、寄样证明、装运通知、船龄证明等。

（2）《跟单信用证统一惯例》（UCP600）的分类。

根据 UCP600 将单证分为运输单据、保险单据、商业发票和其他单证。其中运输单据包括海运提单，空运单据，公路、铁路和内陆水运单据等。保险单据包括保险单、保险凭证、承保证明、预保单等。其他单据则包括装箱单、重量单和各种证明书等。

①运输单证（Transportation Documents）。运输单证是承运人收到货物后出具的单证，包括海运提单、非转让海运单、租船合约提单、多式联运单证、航空运单、公路铁路和内陆水运单证、快邮和邮包收据，以及运输代理人的运输单证等。

②保险单证（Insurance Documents）。保险单证是保险公司对投保人的承保证明，也是保险公司与投保人的一种契约，具体规定了双方的权利和义务，主要包括保险单、保险凭证、承保证明和预保单等。

③商业单证（Commercial Documents）。商业单证是货物卖方自己编制的单证，上面写明了所销售货物的品名、数量、单价、总值、买卖双方等信息，主要有商业发票、商业凭据和各类证书等。

④其他单证（Other Documents）。其他单证主要包括装箱单、重量单和各种证明等。

（3）UN/EDIFACT 的分类。

UN/EDIFACT，英文全称为 United Nations/Electronic Data Interchange for Administration, Commerce and Transport，是由联合国欧洲经济委员会从事国际贸易程序简化工作的第四工作组（UN/ECE/WP4）于 1986 年发布的 EDI 国际通用标准，该标准分为行政（Administration）、商业（Commerce）和运输（Transportation）三个领域。

UN/EDIFACT 国际通用标准将国际贸易单证分为九大类：生产单证、订购单证、销售单证、银行单证、保险单证、货运代理服务单证、运输单证、出口单证、进口和转口单证。

3）按照单证形式分类

国际贸易单证按照单证的形式分为纸面单证和电子单证。纸面单证和电子单证具有同等效力，在实际业务中，出口商既可以提供纸面单证，也可以使用电子单证。

1.3.2　国际商务单证的作用

国际贸易单证的使用与进出口贸易程序密切相关，单证工作贯穿于进出口企业的外销、进货、运输、收汇的全过程，工作量大，时间性强，涉及面广。除了进出口企业内部各部门之间的协作配合外，还必须与银行、海关、交通运输部门、保险公司、检验检疫机构以及有关的行政管理机关发生多方面的联系，环环相扣，既互有影响，也互为条件。

1. 国际商务单证是国际贸易合同履行的基础

国际贸易是跨国的货物买卖，履约的每个环节都要缮制相应的单据，以满足企业、运输、保险、商检、海关、银行及政府管理机构等国际贸易工作的需要。买卖合同的履行，主要取决于两个方面，即卖方交货与买方付款。而在国际货物交易中，由于买卖双方相隔遥远，在大多数情况下，货物与货款的对流并非直接进行，而必须通过单证来作为交换的手段。

国际贸易中使用的单证有两类属性：一类具有货物属性，如提单是物权凭证，保险单是承担货物在运输过程中的风险的说明等；另一类具有货币属性，如汇票、本票和支票，直接代表着货币，而信用证为付款的承诺。在国际贸易中，货物与货款的直接交易比较少，主要体现在单证的交付上。每种单证都有其特定的功能，它们的签发、组合、流转、交换和应用反映了合同履行的进程，也反映了买卖双方权责的产生、转移和中止。

由此可见，国际贸易合同的履行过程，实际上就是各种国际商务单证的制作及流转过程。所以国际商务单证是国际贸易合同履行的基础。

2. 国际商务单证是国际结算的基本工具

国际贸易是国与国之间的商品买卖，但由于买卖双方处在不同的国家、地区，商品与货币不能简单地直接交换，而必须以单证为交换的凭证。因此，现代贸易又称为单据买卖。

按照国际商会《跟单信用证统一惯例》规定，"在信用证业务中，各有关当事人所处理的只是单据，而不是单据所涉及的货物、服务或其他行为。"同时规定，"银行必须合理小心地审核信用证规定的一切单据，以确定其是否表面与信用证相符合。本惯例所体现的国际标准银行实务是确定信用证规定的单据表面与信用证条款相符合的依据。单据之间表面互不一致即视为表面与信用证条款不符。"如果单据与信用证有细小差别，开证银行就可不负承付责任。所以，正确地缮制好各种单证，以保证交货后能及时地收回货款就显得十分重要。

比如说 CIF 术语成交，这一类象征性交货的贸易术语实质上就是"卖方凭单交货，买方凭单付款"。单证是出口货物推定交付的证明，是结算的工具，贸易的最终完成以单证交流的形式来实现。

3. 国际商务单证是重要的涉外法律文件

国际商务单证贯穿于进出口贸易的全过程。它的缮制、流转、交换和使用，不仅反映了合同履行的进程，还体现了货物交接过程中所涉及的有关当事人之间的权利义务关系。

当买卖双方发生争议的时候，国际商务单证又是处理国际贸易索赔和理赔的依据。所以国际商务单证是一项重要的涉外法律文件。

同时，国际商务单证作为涉外法律文件，必然要体现国家的对外政策，因此，单证处理必须严格按照国家有关外贸的各项法规和制度办理。例如，进出口许可证就关系到国家对进出口商品的管理，甚至还会牵涉两国之间的贸易协定。

4. 国际商务单证是实现企业利益的重要保障

国际商务单证是维系国际货物买卖各方当事人权利和义务的凭证，与外贸企业的自身利益密切相关。在国际贸易业务中，单证工作是为贸易全过程服务的。贸易合同的内容、信用证条款、货源衔接、商品品质、交货数量、运输的安排以及交单议付等业务管理上的问题，最后都会在单证工作上集中反映出来。如果单证管理工作出现差错，不能及时发货交单，以致客户延迟付款造成利息损失，如果单证本身出现差错，致使客户或银行换单、退单，甚至拒绝付款，这些都会给企业带来一定的经济损失。因此国际商务单证工作是外贸企业经营成果得以实现、经济效益得以提高的重要保障。

1.3.3　进口单证工作流程

目前我国进口合同大多以 FOB 条件成交，以信用证方式结算货款。这种方式下，进口单证的工作流程一般是：申请进口许可证、开立信用证、租船订舱和安排运输、办理保险、付款赎单、接货报关、检验、索赔。

1. 申请进口许可证

进口贸易多数须先向有关机关申请进口许可证。取得许可证后才能对外正式签约。进料加工、来料加工及补偿贸易等的进口货物也须向有关管理机构提出申请，批准后向海关备案，然后对外签订合同。

2. 开立信用证

以信用证为付款方式的进口贸易，在合同规定的期限内进口单位须按合同条款向开证银行申请开立信用证，并将外汇或外汇额度移存开证银行，经银行审核后将信用证开给卖方。

3. 租船订舱和安排运输

大宗商品的进口多采用 FOB 价格条件，应由我方进口单位负责安排运输工具。例如，租用船只或飞机到对方港口或机场接运。租船、租机及订舱工作可委托货运代理公司办理，也可自行联系承运单位办理。运输工具落实后应及时发出到船通知，卖方据此做好发货前的准备工作，并与承运人的当地代理人安排装运事宜。

4. 办理保险

FOB、CFR、FCA、CPT 价格条件者需要我方进口单位办理运输保险，卖方有义务在货物发运后将装船通知（Shipping Advice）以电讯方式发给进口单位，进口单位据以缮制投保单向保险公司办理保险。

5. 付款赎单

信用证项下的货运单证经进口方银行审核后送交进口单位，再经进口单位审核认可后，银行即对外付款或承兑。托收（如 D/P）项下的货运单证也由银行转寄给进口单位，但不管是对方的托收银行还是进口方的代收银行均不负单证审核之责，进口单位更有必要加强审核。无论信用证或托收，就我国的情况来看，进口单位的审核往往是终局性的。经过审核，如发现单证不符或有异状，应通过银行及时提出拒付或拒绝承兑的理由。

6. 接货报关

运达进口方指定目的地后，进口单位应迅即缮制"进口货物报关单"，连同贸易合同、进口发票、装箱单和运输单证等副本向进口地海关申报进口，经海关查验单证和货物相符，核定进口关税，进口单位付清关税及相关税费后即可凭正本运输单据或有关证明向承运单位或其代理提货。

7. 检验

货物到达后，进口单位应抓紧时间做好数量和质量的检验工作，属于国家法定的检验商品必须由商品检验局检验，在合同索赔有效期内取得商品检验局检验证书。列入国家规定的动植物检疫范围的进口货物，应申请动植物检疫所进行消毒和检疫。货物卸下后发现有残损的，须及时通知保险公司做残损检验并协商索赔和理赔事宜。

8. 索赔

进口货物经过检验后如发现卖方责任的数量短缺或质量不符等情况，须在合同索赔有效期内向卖方提出索赔，索赔时须提供检验证明书和发票、提单等货运单证的副本。

【任务实施】

对任务描述中提出的要求及任务分析中需要做的工作加以实施。将任务实施情况、总结评价及改进提升结果做好相应记录，并填写表1-6。

表1-6 任务实施记录

执行情况	步骤1	
	步骤2	
	步骤3	
总结评价	优点	
	不足	
改进提升	改进1	
	改进2	
	改进3	

【任务评价】

根据任务完成情况由教师、学生共同进行任务评价，如表1-7所示。

表1-7 任务评价

考核项目		教师评分	学生评分	总评分	评语
任务执行质量	对国际商务单证认知的全面性				
	对国际商务单证分类的清晰性				
任务执行态度					
任务执行效率					

任务1.4 理解国际商务单证工作基本要求

【任务描述】

对国际商务单证有了基本的了解后，小吴知道，在国际商务单证工作中，不同的单证有不同的填写规范，但是在单证工作中也有一些普适的、原则性的要求，可以总结为"正确、完整、及时、简明、整洁"。但小吴对这些基本要求只有简单的了解，并不清晰其具体含义是什么，所以小吴打算对国际商务单证工作的基本要求进行更深入的学习。

【任务分析】

小吴需要通过网络和书籍的学习，总结梳理国际商务单证工作五个基本要求的具体含义，并对"正确、完整、及时、简明、整洁"这五个基本要求的内涵进行解释和说明。

步骤1：梳理国际商务单证工作基本要求的具体含义。

步骤2：对国际商务单证工作基本要求的具体含义进行解释和说明。

【知识储备】

在国际贸易中，制单水平的高低事关出口方能否安全、迅速地收汇以及进口方能否及时地接货，同时也能从侧面说明进出口商的业务素质和管理水平，所以在进行各种进出口单证工作时，必须符合有关商业惯例、法令法规以及业务实际需要，原则上应该做到正确、完整、及时、简明和整洁。

1.4.1 正确

单证的正确性是最基本也是最重要的要求，是单证工作的前提，离开了正确性，其他的要求就无从谈起。这里所说的正确，包括三方面内容。

1. 各种单证必须做到"三相符"

单证的"三相符"是指单据与信用证相符、单据与单据相符、单据与贸易合同相符，也就是单证、单单、单同相符。

在单证"三相符"中，"单证相符"占首要地位。这是因为"单单相符"是以"单证相符"为前提的，离开了这个前提，单单之间即使相符，也会遭到银行的拒付。同时，"单同相符"也必须具备"单证相符"的前提和条件。因为信用证虽然体现了合同的内容，但对银行来说，信用证是一个独立的文件，它既不依附于合同，也不管实际交货是否与单据的论述相一致。因此，当信用证的某一方面与合同不符，而且未做修改时，缮制出口单据应以信用证的规定为准。所以，从安全收汇的角度来说，结汇单据必须首先注意处理好单、证是否相符的问题。

因此，在信用证业务中，单证的正确性要求精确到不能有一字之差，同时还要求出口人出具的各种单据的种类、份数和签署等必须与信用证的规定相符。所以，单证员在实际的单证出单工作中，一定要认真看清楚信用证的有关规定，严格按照信用证的要求出具各种单据。

2. 单证必须与有关惯例和法令规定相符

目前，各国银行开来的信用证，绝大多数都在证内注明按照国际商会《跟单信用证统一惯例》（UCP600）解释。银行在审单时，除信用证另有特殊规定外，都是以 UCP600 作为审单的依据。因此，在缮制单据时，应注意不要与 UCP600 的规定有抵触，否则，就会被银行当成出单不符而退还或拒付。

在信用证结算方式下的单证，必须与《跟单信用证统一惯例》和《关于审核跟单信用证项下单据的国际标准银行实务》条款相一致；在托收结算方式下的单证，必须要与《ICC 托收统一规则》条款相一致。

3. 单证注意要与特殊规定相符

在这里，单证员还需要注意进口国对单证或进口货物有无特殊规定，如果有，单证也要与其相符。目前有不少国家对进口的单据都有特殊的规定，如果出单时，疏忽了进口国的这些规定，就很有可能遭到进口国当局的拒绝接受。

拓展阅读

ISBP 中对于单证不符的规定

《关于审核跟单信用证项下单据的国际标准银行实务》（ISBP）第 6 条规定，使用普遍承认的缩略语不导致单据不符，例如，用"LTD."代替"LIMITED"（有限），用"IN-TL"代替"INTERNATIONAL"（国际），用"CO."代替"COMPANY"（公司），用"KGS"或"KOS."代替"KILOS"（千克），用"IND"代替"INDUSTRY"（工业），用"MFR"代替"MANUFACTURER"（制造商），用"MT"代替"METRIC TONS"（公吨）。反过来，用全称代替缩略语也不导致单据不符。

ISBP 第 25 条规定，如果拼写及/或打印错误并不影响单词或其所在句子的含义，则不构成单据不符。例如，在货物描述中用"MASHINE"表示"MACHINE"（机器），或用"MODE"表示"MODEL"（型号）都不会导致单据不符。但是，将"MOD-EL 321"（型号 321）写成"MODEL 123"（型号 123）则不应视为打印错误，而应是不符点。

工作小技巧：实际业务中单据不符点的判定与处理

1.4.2 完整、及时

1. 完整

完整的意义在于信用证规定的各项单证必须齐全，不能缺少，单证的种类、每种单证的份数和单证本身的必要项目都必须完整，以避免单证不符。

（1）单证内容要完整。

任何单证都有它的特定作用，这种作用是通过单证本身的特定内容即格式、项目、文字、签章等来体现的，如果格式使用不当，项目漏填，文理不通，签章不全，就不能构成有效文件，也就不能为银行所接受。所以单证本身的内容，包括单证本身的格式、项目、文字、签章、背书等必须完备齐全，不得有遗漏，否则就不能构成有效文件。比如，信用证要求提供"MANUALLY SIGNED COMMERCIAL INVOICE"，即手签的商业发票，如果出口人在商业发票上只盖章不签字，那么银行会因为单证与信用证要求不符而拒付。

（2）单证种类要完整。

在国际贸易中，卖方在交银行议付时提交的单证往往是成套的、齐全的，而不是单一的，这就意味着各种所需单证必须齐全，不得短缺。例如，在 CIF 交易中，卖方除了提交发票、提单、保险单等相关单证外，还必须提交一些附属单证，如检验证书、箱单、原产地证、受益人证明等，保证全套单证的完整性。

（3）单证的份数要完整。

在单证工作中，往往会对一些重要单证有份数上的要求，这里应该注意提供的单证的份数要如数交齐，避免多或少。比如，信用证规定"SIGNED COMMERCIAL INVOICE IN TRIPRICATE"，表示卖方所提供的经签署商业发票是三份，那卖方就必须按信用证要求如数交齐商业发票份数，不能短缺。

学思践悟

因单据不完整引发的业务损失

2022 年 12 月，浙江某进出口公司出口到新加坡一批货物，货物按时出运后，该公司单证部门在交单议付时，没有注意到海运提单上只有承运人签字，签字下面漏标了承运人身份（As Carrier）。

开证行收到单据后，以此为由，提出不符点。经与开证行、进口商磋商，进口商同意赎单，但以提单内容不完整，提货需支付额外费用为由，要求卖方承担 USD2 000.00。最终卖方承担 USD1 000.00，外加支付 USD60.00 不符点费，卖方因此蒙受近 7 200 元损失。由此可见，单据的完整性与安全收汇息息相关。

2. 及时

国际商务单证在制作过程中往往有时间上的要求，同时一些单证彼此间有次序上的先后。因此这里的及时包含以下几方面的含义：

（1）及时制单。

在国际商务活动中，在不同的环节要缮制不同的单证，及时制单是保证货物托运工作顺利进行和各个相关部门有效衔接的前提。因此，各类单证必须有一个合理可行的出单日期。比如，信用证规定"SHIPPMENT DURING JULY"，意味着卖方的最晚装运期是 7 月，提单最晚的出单日期应该是 7 月 31 日，汇票应在提单签发后或同时出单，但不能晚于议付的有效期。汇票在提单签发后、议付有效期前制作好。其他相关单证要在提单签发前制作好。

（2）及时交单。

在货物出运后，出口商应立即备妥所有单证及时交单结算，早出运、早交货、早结算，可以加速货物和资金的流通，这符合买卖双方的共同利益。在信用证支付方式下，必须在信用证规定的交单日期和信用证的有效期内到银行交单议付。如果信用证没有规定交单日期，则根据 UCP600 的规定，该交单期可以理解为运输单证出单日期后 21 天内，但无论如何必须在信用证的有效期内。超过交单期提交的单证，将导致银行的拒付，给出口商带来损失。例如，信用证中规定："DOCUMENTS TO BE PRESENTED WITHIN 15 DAYS AFTER THE DATE OF SHIPMENT, BUT WITHIN THE VALIDITY OF THE CREDIT."则意味着，需要在安排装运后的 15 天内去银行议付，而且议付的时间要在信用证有效期内。

（3）注意出单次序。

出单时间的先后必须符合进出口的程序，还必须在信用证规定的出单日期内。例如，运输单证的签单日期不能早于发票、装箱单、检验证书、保险单证的签发日期，否则就不符合逻辑，将被银行拒绝。同时，运输单证的日期不应迟于信用证规定的最迟装运日期，同时又必须在信用证的有效期内。

工作小技巧：明确各
单据间的日期关系

1.4.3 其他

1. 简明

这里的简明是指，单证内容要简明扼要，按合同或信用证要求填写，切勿加列不必要的内容，以免弄巧成拙。国际商会《跟单信用证统一惯例》中指出："为了防止混淆和误解，银行应劝阻在信用证或其任何修改书中加注过多细节的内容。"其目的就是避免单证的复杂化。

单证员在缮制单证上各项内容时，要注意语句流畅、语法规范，用词力求简明扼要，恰如其分，尽量避免烦琐冗长。随着我国外贸业务量的迅速增加，单证工作也日益繁重，简化单证不仅可以减少工作量和提高工作效率，而且有利于提高单证的质量和减少单证的差错。

2. 整洁

整洁主要是指单据应清楚、干净、美观、大方，单据的格式设计合理、内容排列主次分明、重点内容醒目突出。单证员应尽量避免更改单证的内容，如果必须更改，对更改的地方要加盖校对图章。对于一些重要的单证，比如海运提单、汇票，以及单证的主要项目，如金额、数量等不宜改动，如有差错，需要重新制单。

随着计算机的广泛应用，单证工作将逐渐变得简单、迅速；而单证设计标准化和单证管理现代化，也会对单证工作起到积极的作用。但无论国际贸易方式或单证工作有何变化，对单证的基本要求，即"正确、完整、及时、简明和整洁"是不会改变的，对单证人员来说，理解并掌握这些基本要求十分重要。

想一想

单据整洁的重要性是什么？

2022 年 12 月，浙江某进出口公司出口一批货物到新加坡。单证人员在缮制 FORM A 时，在"原产地标准"一栏填写了"W"，交单议付时才发现填错了，应该填写"P"，因修改液修改效果不错，为节约时间和成本，单证员用修改液修改了此栏。开证行收到单据后，以 FORM A 涂改为由拒付，进口商以涂改的 FORM A 清关时无法使用为由拒绝赎单。出口商只得要求开证行将单据寄回，重新办理 FORM A，进口商此时以延迟提货产生额外费用并使货物错过销售旺季导致损失为由，要求卖方降价20％，否则拒绝赎单。卖方虽经力争，但由于货物即将到港，为避免更大损失，最终降价10％。可见，注意单据的整洁性以保证单据的外在质量，与注意单据的正确性、完整性以保证其内在质量是同等重要的。

【任务实施】

对任务描述中提出的要求及任务分析中需要做的工作加以实施，明确国际商务单证工作基本要求的具体含义，以小组为单位，对国际商务单证工作的基本要求进行讨论、展示和分享，将任务实施情况、展示分享、总结评价及改进提升结果做好相应记录，并填写表1-8。

表1-8　任务实施记录

执行情况	步骤1	
	步骤2	
展示分享		
总结评价	优点	
	不足	
改进提升	改进1	
	改进2	
	改进3	

【任务评价】

根据任务完成情况由教师、学生共同进行任务评价，如表1-9所示。

表 1-9　任务评价

考核项目		教师评分	学生评分	总评分	评语
任务执行质量	对国际商务单证工作基本要求的具体含义是否理解准确				
	对国际商务单证工作基本要求具体含义的表达是否清晰完整				
任务执行态度					
任务执行效率					

【思政园地】

知识与技能训练

力学笃行：践行单证员职业道德素养

【同步测试】

一、单项选择题

1. 以下不属于外贸单证员职业能力要求的是（　　　）。

A. 审证能力　　　B. 办证能力　　　C. 制单能力　　　D. 质检能力

2. 在信用证项目的业务中，各有关方面当事人处理的是（　　　）。

A. 单据　　　　　B. 货物　　　　　C. 服务　　　　　D. 其他

3. 以下不属于单证工作基本要求的是（　　　）。

A. 完整　　　　　B. 正确　　　　　C. 及时　　　　　D. 诚信

4. 单证工作的前提是（　　　）。

A. 完整　　　　　B. 正确　　　　　C. 及时　　　　　D. 诚信

5. 狭义的单证是指（　　　）。

A. 单证和文件　　B. 信用证和证书　C. 单证和信用证　D. 信用证和文件

二、多项选择题

1. 外贸单证员需具备的专业知识有（　　　）。

A. 国际结算知识　B. 外贸单证知识　C. 产品工艺知识　D. 运输保险知识

2. 外贸单证员的职业素质要求包括（　　　）。

A. 诚信品质　　　B. 守法意识　　　C. 责任意识　　　D. 敬业精神

3. URC522 将单据分为（　　　）。

A. 金融单据　　　B. 商业单据　　　C. 基本单据　　　D. 附属单据

4. 以下关于信用证项下及时出单的表述，正确的是（　　　）。

A. 收到信用证后应立即制作全套单据

B. 单据的制作日期应符合商业习惯的合理日期

C. 单据的出单日期不能超过信用证规定的有效期

D. 向银行交单的日期不能超过信用证规定的交单期限

5. 银行审核单据的标准是（　　）。

A. 单据与信用证相符
B. 单据与贸易合同相符

C. 单据与单据之间相符
D. 单据与所代表的货物相符

三、判断题

1. 外贸单证工作是外贸业务工作的基础。（　　）

2. 信用证业务中，"单证相符"以"单单相符"为前提。（　　）

3. 任何情况下，银行审核单据总是以 UCP600 为依据。（　　）

4. 国际贸易中商品买卖可以通过单据买卖来实现。（　　）

5. 信用证支付方式下，单据的作用非常重要。（　　）

【综合实训】

1. 请完成外贸业务及单证工作流程分析。

2. 罗列单证岗位、单证员证书考试所需知识。

学习单元 2
国际商务合同和信用证操作

🔘【项目介绍】

由于在面试前做了充足的准备，在面试过程中，小吴以其认真诚恳的态度、流畅专业的作答以及良好的英语交流能力赢得了面试官的青睐，并顺利拿到了单证员实习岗位的 Offer。接下来小吴即将开始他在浙江卓信实业有限公司的单证员实习之旅。单证员制单、审单工作的主要依据是国际商务合同和信用证，在浙江卓信实业有限公司实习的过程中，如果小吴想要更顺利地完成公司安排的单证工作，就必须熟练掌握国际商务合同和信用证等相关知识。

🔘【学习目标】

知识目标：

- 掌握销售合同的主要条款
- 熟悉信用证的概念、特点、操作流程
- 熟悉信用证的主要内容
- 掌握信用证的审核和修改要求

技能目标：

- 能基本准确地填制销售合同
- 能阅读合同条款
- 能阅读信用证主要项目
- 能阅读信用证条款
- 能根据合同审核信用证

素养目标：

- 具备基本的专业英语阅读能力，能阅读合同和相关英文资料
- 具备良好的职业道德，诚实守信
- 养成耐心细致的工作态度
- 具有国际化视野和分析能力

【思维导图】

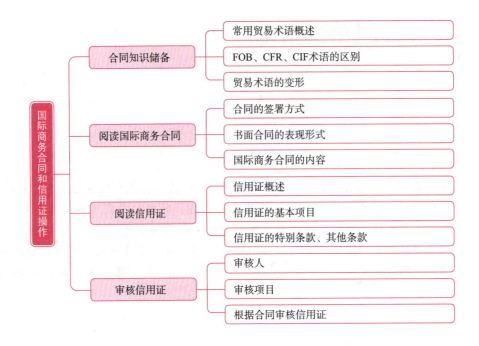

任务2.1 合同知识储备

【任务描述】

小吴进入公司实习的第一天，暂时没有什么实际单证工作的安排。不过经理告诉小吴，作为单证员，了解合同的基本知识，学会阅读国际商务合同是一项必备的基本技能。于是经理让小吴先向公司前辈请教阅读合同的实际业务经验，以便后续更好地完成公司实际业务中国际商务合同的阅读。

【任务分析】

在国际商务合同的阅读中，需要提前储备一些有关合同的知识，其中比较重要的是国际贸易术语。公司在实际的国际贸易进出口业务中，比较常用的贸易术语是 FOB、CIF 和 CFR。接下来小吴需要对 FOB、CIF 和 CFR 这三种常用的贸易术语进行梳理和回顾，并总结三种不同贸易术语下的实际业务注意事项。

步骤1：梳理 FOB 术语的含义、术语变形及实际业务注意事项，填写表 2-1。

步骤2：梳理 CIF 术语的含义、术语变形及实际业务注意事项，填写表 2-1。

步骤3：梳理 CFR 术语的含义、术语变形及实际业务注意事项，填写表 2-1。

表 2-1　常见贸易术语梳理

贸易术语	FOB	CIF	CFR
术语含义			
术语变形			
实际业务注意事项			

【知识储备】

2.1.1　常用贸易术语概述

贸易术语是在国际贸易的长期实践中形成的，它的出现推动了国际贸易的发展。但是，最初各国对贸易术语并没有统一的解释，为了减少分歧，陆续出现了一些有关贸易术语的解释和规则，这些规则在国际上被广泛采用，从而形成了一般的国际贸易惯例。

在国际贸易中，交易双方在订立合同时通常都会商定采用何种贸易术语，用以明确各自在货物交接过程中，有关风险、责任和费用的划分，并在合同中具体订明。订明贸易术语后，后续各项工作会以此为依据来进行，单证员掌握一些常用的贸易术语是必要的。在业务中，比较常用的贸易术语有 FOB、CIF 和 CFR。

想一想：为什么会产生国际贸易术语？

1. FOB

FOB 的全称是 Free on Board（…Named Port of Shipment），即装运港船上交货（……指定装运港）。FOB 是国际贸易中常用的贸易术语之一，是指卖方必须在合同规定的日期或期限内，将货物运到合同规定的装运港口，并交到买方指派的船上，即完成其交货义务。FOB 的费用和风险示意如图 2-1 所示。

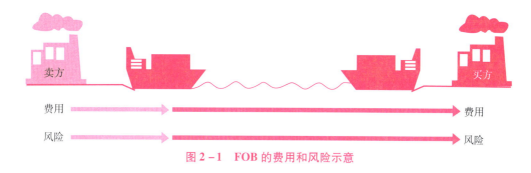

图 2-1　FOB 的费用和风险示意

1）卖方的主要义务

（1）负责在合同规定的日期或期限内，将符合合同规定的货物交至买方指派的船上，并及时通知买方。

（2）负责取得出口许可证或其他官方批准的证件（如商检证、原产地证等），并办理货物出口所需的一切海关手续。

（3）负担货物在装运港交到买方所指派船上之前的一切费用和风险。在《2000通则》中，FOB术语的风险划分点以货物在指定的装运港指定的船只"越过船舷"为界。以"船舷"为界表明货物在装上船之前的风险，包括在装船时货物跌落码头或海中所造成的损失，均由卖方承担。但在《2010通则》中，对FOB条件下风险划分的界限做了实质性的变更，即不再规定以"船舷为界"，而是规定以货物装到船上为界限，这时风险才由卖方转移至买方。这种修改更符合业务实际操作情况，《2020通则》延续了这一规定。

（4）负责提供商业发票和证明货物已交至船上的通常单据（已装船海运提单）。如果买卖双方约定采用电子通信，则所有单据均可被具有同等效力的电子数据交换信息（EDI Message）代替。

2）买方的主要义务

（1）根据买卖合同的规定受领货物并支付货款。

（2）负责租船或订舱、支付运费，并将船名、装船地点和交货时间及时通知卖方。

（3）自负风险和费用，取得进口许可证或其他官方批准的证件，并负责办理货物进口所需的一切海关手续。

（4）负担货物在装运港交到自己所派船只上之后的一切费用和风险。

3）实际业务中的注意点

（1）通常发生以下五种情况，风险将提前转移给买方。

①在约定的时间，买方拟派的船只未到，导致码头仓储费用或货物停留造成损失，此时风险应提前转移给买方。

②船只虽按约定的时间到港，但是停靠码头时要排队，此时卖方的风险应提前转移给买方。

③只约定装运期，未约定买方何时派船到装运港，过了装运期船只才到，那么在装运期届满时，货物受损的风险就提前转移给买方，而不管买方所派船只到否。

④买方按时派船，但是由于各种原因（可能是船不适航或不适货）不能装货上船，或者提前结束装船，此时风险应提前转移给买方。

⑤船按时到港，但是卖方没能及时装船，如果原因在于买方未给卖方留出足够的时间装运货物，则由买方承担责任。

（2）卖方须慎重履行交货与交单义务。

FOB术语项下卖方必须提供符合买卖合同规定的货物。同时，由于采用FOB条件成交，卖方是在装运港交货，而一般情况下，买方不可能亲临交货地点去接受货物，卖方通常都是凭提交合同要求的单据来完成其交货义务。所以，卖方及时提交合格的单据，包括商业发票、检验证书、运输单据，特别是海运提单或同等效力的电子单证等，成为其一项基本义务。

（3）FOB术语项下提单托运人的规定。

根据《中华人民共和国海商法》的解释，托运人是指：①本人或委托他人以本人的名义为本人与承运人订立海上货物运输合同的人；②本人或委托他人以本人的名义为本人将货物交给与海上货物运输合同有关的承运人的人。因此，FOB合同的买方和卖方都符合条件，但最好以卖方为托运人，否则，如果买方和承运人相互串通，则在没有付清货款的情况下，买方就会以托运人的身份先行将货物提走。

（4）出口通关的办理与美国贸易惯例的差异。

《2020 通则》中延续了《2010 通则》中的明确规定，卖方必须自行承担取得任何出口许可证或其他官方核准证件的风险和费用，并办理货物出口所需的一切海关手续（如果该地需要办理这些海关手续）。而根据《美国对外贸易定义》的解释，申领许可证和办理出口通关手续由买方负责，其费用和风险也由买方承担。只有当买方自行办理有困难时，在买方要求，并由买方承担费用和风险的情况下，卖方可以协助办理。因此，为了避免由于贸易惯例的不同产生误解，双方最好在合同中明确规定。

（5）FOB 合同的风险防范措施。

①FOB 合同的出口商应将货物交给船公司。一般而言，船公司大多信誉良好，即便有时凭担保将货物放给客户后出现问题，其也会凭借信誉与实力妥善地处理纠纷。但是从目前的实际情况来看，买方指定船公司的比较少，绝大部分是指定境外货运代理。众所周知，货运代理公司的信誉度是远远不能和大多数船公司相比的。因此，卖方为了防止买方与货运代理公司联手欺诈，一定要采取防范措施。例如，通过国际咨询机构对货运代理公司进行资信调查或要求买方配合让境外货运代理公司出具担保，如果不行，最好让对方在发货前预付全部货款。

②采用 FOB 条件成交时，卖方为保障自身利益，一般会在合同中明确规定买方派船到港装货的时间或期限，以及如果延迟或不能指定船只而引起的额外费用和风险责任均由买方承担。买方须在船只到达指定装运港前若干天通知卖方有关船名和预计到达时间。同样，买方往往也会要求规定船只按时到达后，如卖方未能按合同规定将货物装船以致造成空舱和滞期等的后果。

③按照 FOB 贸易术语的规定，卖方没有办理货运保险的义务，买方应根据情况自行办理。如果履约时行情对买方不利，买方拒绝接收货物，就有可能不办保险，这样一旦货物在途中出险卖方就可能钱货两空。如买卖双方已按 FOB 术语成交，而且采用非信用证支付方式，卖方应在当地投保卖方利益险。

学思践悟：贸易术语下的出口业务实例

2. CIF

CIF 的全称是 Cost, Insurance and Freight（...Port of Destination），即成本加保险费加运费（……指定目的港）。CIF 是国际贸易中最常用的贸易术语之一。采用 CIF 术语成交时，卖方也是在装运港将货物装上船完成其交货义务。卖方负责按通常条件租船订舱，支付货物运至指定目的港所需的费用和运费，但是货物交付后的灭失或损坏的风险，以及因货物交付后发生的事件所引起的任何额外费用自交付时起由卖方转移给买方承担。卖方在规定的装运港和规定的期限内将货物装上船后，要及时通知买方。CIF 的费用和风险示意如图 2-2 所示。

《2010 通则》规定 CIF 和 CIP 下的卖方有义务"自费取得至少符合《伦敦保险协会货物条款》（ICC）C 款或其他类似条款的最低险别的货物保险"。《2020 通则》在 CIF 和 CIP 术语中却规定了不同的最低险别。首先，由于 CIF 更可能用于海运大宗商品贸易，尽管双方当事人仍可以自由商定更高的保险险别，《2020 通则》仍然维持将《伦敦保险协会货物条款》C 款作为默示立场的现状；而在更可能用于制成品贸易的 CIP 下卖方现在必须取得符合《伦敦保险协会货物条款》A 款的更高保险险别，尽管双方当事人仍可以自由商

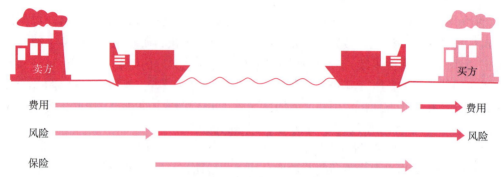

图 2-2　CIF 的费用和风险示意

定更低的保险险别。概括来说，《2020 通则》维持了对于 CIF 下的卖方投保险别规定，但提高了 CIP 下的卖方投保要求。为此，适用于《2020 通则》的 CIP 卖方在报价时应该考虑到更高的额外保险费。

学思践悟

贸易术语下的出口业务实例

2021 年 7 月，中国某出口公司 A 与韩国进口公司 B 签订一笔业务，A 公司向 B 公司出口一批洗发制品。双方一直有合作，此前一般采用的是 CIF 术语，术语解释以《2010通则》为准。而对于该批洗发制品，韩国 B 公司要求采用 CIP 术语，并以《2020 通则》为准。A 公司认为 CIP 的适用范围大于 CIF，于是不以为意，同意了 B 公司的要求。A 公司在投保时投保了平安险。随后，货物在运输过程中，因轮船上的水管破裂而遭受损失。B 公司找保险公司索赔时发现 A 公司只投保了平安险，该批货物损失所涉及的淡水雨淋险不在其范围之内，于是认为 A 公司投保考虑不周，索要违约金赔偿。

根据《2020 通则》，在 CIP 下，卖方有义务投保更高险别，买卖双方另有约定的除外，因此 A 公司按照约定理应投保一切险。为避免损失，A 公司在事前理应对相关贸易术语以及《国际贸易术语解释通则》版本的选择进行斟酌。

1）卖方的主要义务

（1）在合同规定的期限内，在装运港将符合合同的货物交至运往指定目的港的船上，并给予买方装船通知。

（2）负责办理货物出口手续，取得出口许可证或其他核准证书（如原产地、商检证书等）。

（3）负责租船或订舱并支付到目的港的海运费。

（4）负责办理货物运输保险，支付保险费。

（5）负责货物在装运港越过船舷为止的一切费用和风险。

（6）负责提供货物运往指定目的港的通常运输单据、商业发票和保险单，或具有同等效力的电子信息。

2）买方的主要义务

（1）负责办理进口手续取得进口许可证或其他核准书。

（2）负担货物在装运港越过船舷后的一切费用和风险。

（3）收取卖方按合同规定交付的货物，接受与合同相符的单据。

3）实际业务中的注意点

（1）概念上的误区。

CIF 和 FOB 术语中交货点及风险点都是在装运港的船上，卖方在装运港将货物安全地装到船上即完成卖方义务，装运后货物可能发生的风险，卖方不再承担责任。卖方将保险单、提单等交由买方，风险索赔等就由买方进行办理。

（2）订舱配载。

CIF 条件下卖方自主订船，选择船公司货代，自付运费、码头费等，一般不接受买方指定的货代/船公司等，实际业务中客户会选择国外服务较好的马士基、APL 等知名船运公司，和买方确认好运费、船期后也可以接受，但一般不由买方指定的货代出运。

除此之外，卖方在装运港办理保险，一般在订立合同时规定具体的保险金额、保险险别和适用保险条款，以及保险责任的起讫期限，选择协会或中国保险条款，保险单银行交单时要背书转让给买方。

（3）卸货费用。

码头作业费等，CIF 中一般用 Port to Port 即港至港条款，启运港的费用由卖方承担，目的港的费用则由买方承担。

（4）租船订舱问题。

由于从装运港到目的港的运输合同由卖方负责签订，因此，一般情况下，卖方根据货物的具体情况，选择适当的船舶，或者租用整船，或者班轮订舱。这就是所谓的按通常条件（On Usual Terms）船龄、船籍、船级、船型以及装运某某航运公司的船只等提出某些限制条件。对于这些要求，卖方应慎重考虑，不论对方是在合同订立之前提出的，还是在合同订立之后提出的，如果卖方认为自己可以办到，又不会增添麻烦和额外开支，就可以接受；否则，可以拒绝。一旦接受，就必须严格照办。

采用 CIF 条件成交时，作为合同的卖方在办理租船订舱时，还应注意所租用的船只是否具有适航性和适货性。所谓适航性（Seaworthiness），是指载货的船只在装运港启运时，从船舶的性能和船上人员的配备情况来看，已具备了将货物从装运港运抵目的港的能力。适货性（Cargoworthiness），是指船舶从其性能和设备情况来看，适合运输合同所约定的货物。

（5）装运港、目的港及航线问题。

装运港和目的港在海洋运输中即运输的起点和终点。在合同中规定装运港和目的港时，可以是各规定一个，也可以规定两个或两个以上，甚至是选择港（Optional Ports），这要由交易双方根据需要协商确定。从实际做法来看，较多的还是各规定一个装运港和目的港。

根据英美法的有关规定，在 CIF 合同中，目的港属于要件（Condition），而装运港不是要件，只属于担保（Warranty）。因此，如果合同中明确规定了目的港的名称，双方就必须遵照执行。任何一方想要变更目的港，必须征得对方同意，否则属于违反要件，即构成重大违约。

3. CFR

CFR 的全称是 Cost and Freight（...Named Port of Destination），即成本加运费（……指

定目的港），是指买方应在合同规定的装运港和规定的期限内，将货物装上船，并及时通知买方。货物装上船以后发生的灭失或损害的风险，以及因货物交付后发生的事件所引起的任何额外费用，自交付之日起即由卖方转移给买方。CFR 的费用和风险示意如图 2 - 3 所示。

图 2 - 3　CFR 的费用和风险示意

1）卖方的主要义务

（1）负责在合同规定的时间和装运港，将约定的货物装上船，运往指定目的港，并及时通知买方。

（2）负责办理货物出口手续，取得出口许可证或其他官方批准的证件。

（3）负责租船或订舱，并支付至目的港的正常运费。

（4）负担货物在装运港交到自己安排的船只上之前的一切费用和风险。

（5）负责提供符合合同规定的货物和商业发票，或具有同等效力的电子数据交换信息，以及合同规定的运输单据和其他相关凭证。

2）买方的主要义务

（1）负责按合同规定支付价款。

（2）自负风险和费用，办理货物进口手续，取得进口许可证或其他官方批准的证件。

（3）负担货物在装运港交到卖方安排的船只上之后的一切费用和风险。

（4）按合同规定接收货物，接受运输单据。

3）实际业务中的注意点

（1）虽然 CFR 贸易术语下，是由卖方租船或订舱，并支付至目的港的正常运费，但卖方完成交货是在装运港船上，风险也随之转移，所以买卖双方应在合同中尽可能准确地约定好装运港。

（2）买卖双方还应在合同中尽可能准确地约定好目的港的交付点，以便卖方准确核算应该支付的运费。

（3）CFR 贸易术语的风险点为卖方在装运港将货物装到船舱内，风险即转移到买方，因此买方必须在此之前向保险公司办妥保险，实际业务中卖方应于装运前和国外买方就如何发装船通知以及何时发运通知商定办法，贸易合同中也应注明装船通知的发送内容、方式、发送时间等。

（4）当使用集装箱海运货物时，卖方通常将货物在集装箱码头移交给承运人，而不是交到船上，此时使用的贸易术语应是 CPT（运费付至）术语，而不是 CFR 术语。

前沿视角：《2020 年
国际贸易术语解释通则》

2.1.2　FOB、CFR、CIF 术语的区别

1. FOB、CFR 和 CIF 三种术语的价格构成

$$FOB 价 = 进货成本价 + 国内费用 + 净利润$$
$$CFR 价 = 进货成本价 + 国内费用 + 国外运费 + 净利润$$
$$CIF 价 = 进货成本价 + 国内费用 + 国外运费 + 国外保险费 + 净利润$$

国内费用主要有：

（1）加工整理费用；

（2）包装费用；

（3）保管费用（包括仓租、火险等）；

（4）国内运输费用（仓至码头）；

（5）证件费用（包括商检费、公证费、领事签证费、产地证费、许可证费、报关单费等）；

（6）装船费（装船、起吊费和驳船费等）；

（7）银行费用（贴现利息、手续费等）；

（8）预计损耗（耗损、短损、漏损、破损、变质等）；

（9）邮电费（电报、电传、邮件等费用）。

国外费用主要有：

（1）国外运费（自装运港至目的港的海上运输费用）；

（2）国外保险费（海上货物运输保险）；

（3）如果有中间商，还包括支付给中间商的佣金。

2. FOB、CFR 和 CIF 三种术语的价格换算

（1）FOB 价换算为其他价。

$$CFR 价 = FOB 价 + 国外运费$$
$$CIF 价 = (FOB 价 + 国外运费)/(1 - 投保加成 × 保险费率)$$

（2）CFR 价换算为其他价。

$$FOB 价 = CFR 价 - 国外运费$$
$$CIF 价 = CFR 价/(1 - 投保加成 × 保险费率)$$

（3）CIF 价换算为其他价。

$$FOB 价 = CIF 价 × (1 - 投保加成 × 保险费率) - 国外运费$$
$$CFR 价 = CIF 价 × (1 - 投保加成 × 保险费率)$$

知识小窍门：FOB、
CFR 和 CIF 的费用区别

2.1.3　贸易术语的变形

《2020 通则》并未禁止贸易术语的变形，但同时明确指出使用贸易术语的变形是有风险的。为避免不必要的误解与纠纷，买卖双方需要在合同中非常清晰地明确他们希望通过贸易术语的变形达到的效果，清楚地表明该贸易术语的变形是否只是改变买卖双方之间费用的划分，还是同时也改变了风险划分的界限。

1. FOB 术语的常用变形

FOB 术语的常用变形主要解决使用程租船运输时装货费的负担问题。

FOB 术语下采用班轮运输时，货物从船边吊上船舶的装货费用（Loading Charge），以及货物在船舱内整理（Stow）的费用（Stowage）是包括在运费内而由负担运费的买方承担。但按 FOB 术语成交大宗商品时，买方通常采用程租船运输，由于船方通常按"不负担装卸费用"（Free In and Out）条件出租船舶，装货费用及理舱费用不包括在运费中，买卖双方容易就装货费用及理舱费用、平舱费用由谁负担的问题产生异议。为了明确这些费用的划分可以使用 FOB 术语的变形，该变形在风险、责任划分上和正常的 FOB 术语没有任何区别，只是在费用划分上有某些变化。常用的 FOB 术语变形有：

FOB Liner Terms——FOB 班轮条件，是指装货费用按班轮办法处理，由船方或买方承担，卖方不负担装船的有关费用。

FOB under Tackle——FOB 吊钩下交货，是指卖方只需要负担将货物交到买方指定船只的吊钩所及之处的费用即可，吊装入舱以及其他各项费用均由买方负担。

FOB Stowed——FOB 理舱费在内，理舱费是指货物入舱以后进行安置和整理的费用。这一贸易术语的变形是指卖方负责将货物装入船舱并承担包括理舱费在内的装船费用。

FOB Trimmed——FOB 平舱费在内，平舱费是指对装入船舱的散装货物进行平整所需的费用。这一变形的含义是指卖方需要负责将货物装入船舱并承担包括平舱费在内的装船费用。

FOB Stowed and Trimmed——FOB 包括理舱和平舱，这一变形是指卖方承担包括理舱费和平舱费在内的装船费用。

2. CFR 和 CIF 术语的常用变形

由于世界各港的惯例不同，对于卸货费用也有不同的规定，有的港口规定由船方负责，有的港口规定由收货人负责。所以买卖双方在实际业务中也会使用一些 CFR 或 CIF 的变形来进行有关卸货费用的说明，解决使用程租船运输时卸货费用的负担问题。

CFR 和 CIF 术语下采用班轮运输时，卸货费用包括在运费内而由负担运费的卖方承担。但按 CFR 和 CIF 术语成交大宗商品时，卖方通常采用程租船运输，由于船方通常按"不负担装卸费用"条件出租船舶，卸货费用不包括在运费中，买卖双方容易就卸货费用由谁负担的问题产生异议。为了明确卸货费用的划分，可以使用 CFR 和 CIF 术语的变形，该变形在风险、责任划分上和正常的 CFR 和 CIF 术语没有任何区别，只是在费用划分上有某些变化。常用的 CFR 和 CIF 术语变形有：

CFR 或 CIF Liner Terms——CFR 或 CIF 班轮条件，是指卸货费用按照班轮的办法来处理，由船方或卖方承担费用，买方不负担卸货费用。

CFR 或 CIF Landed——CFR 或 CIF 卸到岸上，由卖方负担卸货费，包括因为船舶不能靠岸，需将货物用驳船卸到岸上支出的驳运费在内的费用。

CFR 或 CIF under Ship's Tackle——CFR 或 CIF 吊钩下交接，卖方负责将货物从船舶起卸到吊钩所及之处——码头或驳船上的费用。

CFR 或 CIF Ex Ship's Hold——CFR 或 CIF 舱底交接，货物运到目的港后，由买方自行启舱，并负担货物从舱底卸到码头上的费用。

【任务实施】

对任务分析中需要做的工作加以实施，明确常用贸易术语的含义及实际应用，将任务实施情况、总结评价及改进提升结果做好相应记录，并填写表 2 – 2。

表 2 – 2 任务实施记录

执行情况	步骤 1	
	步骤 2	
	步骤 3	
总结评价	优点	
	不足	
改进提升	改进 1	
	改进 2	
	改进 3	

【任务评价】

根据任务完成情况由教师、学生共同进行任务评价，如表 2 – 3 所示。

表 2 – 3 任务评价

考核项目		教师评分	学生评分	总评分	评语
任务执行质量	对 FOB 贸易术语的梳理是否清晰明确				
	对 CIF 贸易术语的梳理是否清晰明确				
	对 CFR 贸易术语的梳理是否清晰明确				
任务执行态度					
任务执行效率					

任务 2.2 阅读国际商务合同

【任务描述】

小吴进入公司实习的第三天，恰逢公司与某一外贸客户达成了合作，签署了国际商务合同。经理交代小吴仔细阅读合同。

SALES CONTRACT

卖方 SELLER：	Zhejiang Zhuoxin Industrial Co.，Ltd Zhongshan East Road，Ningbo. China TEL：0574－635571 FAX：0574－46916	编号 NO.	DS2023SC205
		日期 DATE：	Mar. 23，2023
		地点 SIGNED IN：	NINGBO，CHINA
买方 BUYER：	Virginia TRADE CO. LTD NO. 893，W. N STREET，LONDON，BRITISH TEL：4577301/4577312 FAX：4577461		

买卖双方同意以下条款达成交易：

This contract is made by and agreed between the BUYER and SELLER，in accordance with the terms and conditions stipulated below.

1. 品名及规格 Commodity & Specification	2. 数量 Quantity	3. 单价及价格条款 Unit Price & Trade Terms	4. 金额 Amount
			CIF LONDON
CANNED APPLE JAM 24 TINS × 340 GMS	2,200CARTONS	USD6. 80	USD14,960. 00
CANNED STRAWBERRY JAM 24 TINS × 340 GMS	2,200CARTONS	USD6. 80	USD14,960. 00
Total：	4,400CARTONS		USD29,920. 00

允许　　10%　　溢短装，由卖方决定

With　　10%　　More or less of shipment allowed at the sellers' option

5. 总值
Total Value　　U. S. DOLLAR TWENTY NINE THOUSAND NINE HUNDRED AND TWENTY ONLY.

6. 包装
Packing　　EXPORT CARTONS

7. 唛头
Shipping Marks　　N/M

8. 装运期及运输方式
Time of Shipment & Means of Transportation　　Not Later Then Dec. 05，2023 BY VESSEL

9. 装运港及目的地　　From：NINGBO PORT，P. R. CHINA
Port of Loading & Destination　　To：LONDON PORT，BRITISH

10. 保险
Insurance　　To be effected by seller for 110% of CIF invoice value covering all risks only as per China Insurance Clause.

11. 付款方式
Terms of Payment　　By Irrevocable Letter of Credit to be opened by full amount of S/C，Payment at Sight document to presented within 21 days after date of B/L at beneficiary's account.

12. 备注
Remarks
1）Transshipment allowed，Partial shipment not allowed.
2）Shipment terms will be fulfilled according to the L/C finally.

The Buyer　　　　　　　　　　　　　　　The Seller

Virginia TRADE CO. LTD　　　　　　Zhejiang Zhuoxin Industrial Co.，Ltd

⏰ 【任务分析】

小吴需要熟悉国际商务合同的形式和主要内容及条款，根据公司实际签署的合同，完成对国际商务合同的阅读。

步骤 1：梳理国际商务合同的基本结构和主要条款，明确国际商务合同所包含的内容信息。

步骤 2：对国际商务合同进行翻译，完成对国际商务合同中文含义的标注。

步骤 3：对国际商务合同中的内容条款进行解读，完成表 2 - 4。

表 2 - 4　国际商务合同解读记录

合同结构	合同内容	内容解读
约首		
正文		
约尾		

📚 【知识储备】

2.2.1　合同的签署方式

合同签署方式可以分为口头形式、书面形式、公证形式、鉴证形式、批准形式、登记形式。实际业务中常见的合同签署方式主要有口头形式和书面形式两种。

1. 口头形式

口头形式是当事人口头协商达成协议，比如买卖双方通过电话或通过当面谈判的方式达成一致协议，这种形式订立合同，有利于节约时间，方便易行，但如果发生纠纷，会导致合同当事人举证困难，不易分清责任。

2. 书面形式

书面形式是指合同书、信件以及数据电文（如电传、电子邮件）等，可以有形地表现合同所载的内容。这种形式可以约束合同当事人的行为，在履约中发生纠纷时也便于举证和分清责任。国际商务合同是买卖双方确立商务关系、履行权利和义务，以及解决纠纷的基本法律文件，一般金额较大，内容繁杂，有效期长，因此许多国家的法律要求采用书面形式。

2.2.2　书面合同的表现形式

在国际贸易中，书面合同的形式没有特定的限制。常见的书面形式的合同有正式合同（Contract）、确认书（Confirmation）、协议（书）（Agreement）、备忘录（Memorandum）、订单（Order）、委托订购单（Indent）等。

目前，我国的外贸企业主要使用正式合同和确认书两种，它们分别适应不同的需要而被采用。虽然二者在格式、条款项目和内容的繁简上有所不同，但在法律上具有同等效力，对买卖双方均有约束力。

1. 确认书

确认书是一种简易合同。它在格式上与正式合同有所不同，条款也相对简单，主要是就交易中的一般性问题做出规定，而对双方的权利、义务规定得不是很详细。此种合同订立形式主要用于成交金额相对较小或者是已经订立代理、包销等长期协议的交易。

根据起草人的不同，确认书分为售货确认书（Sales Confirmation）和购货确认书（Purchase Confirmation）。如果双方建立业务关系时已经订立一般交易条件，对洽谈内容较复杂的交易，往往先签订一份初步协议（Premium Agreement），或先签订备忘录，把双方已商定的条件确定下来，其余条件以后再行洽商。在这种情况下，外贸企业可采用确认书的方式，将已签协议作为该确认书的一个附件。现在使用的简式确认书大多不包括仲裁、不可抗力、异议索赔条款等，在意外发生时易造成纠纷，因此建议补加此类条款。销售确认书示例如图 2 - 4 所示。

SALES CONFIRMATION

S/C NO: YG899

Date: JULY 20,2023

The Seller: YALI FASHION CORP.
Add: 99 FUQIN ROAD,NINGBO,CHINA

The Buyer: TAD TRADE CO.LTD
Add: NO.555,W.N STREET,LONDON,BRITISH

The Sellers Agree to Sell And The Buyers Agree to Buy The Undermentioned Goods According to The Terms And Conditions as Stipulated Below :

Name of Commodity,Specification,Packing	Quantity	Unit Price	Total Amount
100% WOOLEN SWEATER ART. 768 ART. 769 PACKING: ONE PIECE TO A POLY BAG AND 80PCS TO ONE CARTON.	2000PCS 1600PCS	CIF LONDON USD12.00/PC USD10.00/PC	USD24000.00 USD16000.00
Total Value(In Words): SAY U.S.DOLLARS FORTY THOUSAND ONLY.			

Shipment: Within 45 days of receipt of letter of credit and not later than the month of October 2023 With partial shipments and transshipment allowed. from any Chinese port to London,British.

Insurance: To be effected by seller for 110% of CIF invoice value covering all risks only as per China Insurance Clause.

Payment: By 100% confirmed Irrevocable Letter of Credit of 30 days after Sight opened by the Buyer.

Confirmed by:

The Seller: YALI FASHION CORP
陈志伟
General Manager

The Buyer: TAD TRADE CO.LTD
Steven
Dept.Manager

图 2 - 4　销售确认书示例

2. 正式合同

外贸业务人员在签订正式合同时，不仅要对商品的质量、数量、包装、价格、保险、运输及支付加以明确规定，还要对检验条款、不可抗力条款、仲裁条款详尽列明，明确地划分双方的权利和义务。为了明确责任避免争议，合同内容应该全面详细，对双方的权利、义务以及发生争议的处理均有详细规定，应使用第三人称语气。

根据合同起草人的不同，合同分为售货合同（Sales Contract）和购货合同（Purchase Contract），前者由卖方起草，后者由买方起草。一般各公司会以固定格式印刷（有的制成表格）正式合同，在业务成交前由业务人员按双方谈定的交易条件逐项填写并经授权人授权签字，然后寄交对方审核签字。合同一般为一式两份，一份供对方留存，一份经对方签字认可后寄回。

售货合同又称出口合同，出口合同的圆满执行，除了及时组织货源以外，主要靠运输和结汇单证来实现。而运输和制单工作能否顺利进行，又与合同条款的订立有着密切的关系。在签订合同时除了应该考虑买方的要求外，更要认真考虑我方履约的可能性。因此，出口合同的正确签订是顺利组织出口运输和有利于制单结汇的基本保证。售货合同示例如图 2-5 所示。

SALES CONTRACT

S/C NO：

Date：

The Seller：

Add：

The Buyer：

Add：

The Sellers Agree to Sell And The Buyers Agree to Buy The Undermentioned Goods According to The Terms And Conditions as Stipulated Below：

Description of Goods	Quantity	Unit Price	Total Amount
Total Value（In Words）：			

With percent more or less both in the amount and quantity of the S/C allowed.

Shipment：

Within 45 days of receipt of letter of credit and not later than the month of October 2023 With partial shipments and transshipment allowed. from any Chinese port to London，British.

Insurance：

To be effected by seller for 110% of CIF invoice value covering all risks only as per China Insurance Clause.

Payment：

By 100% confirmed Irrevocable Letter of Credit of 30 days after Sight opened by the Buyer.

图 2-5 售货合同示例

Commodity Inspection:

It is mutually agreed that the Certificate of Quality and Quantity issued by the Chinese Import and Export Commodity Inspection Bureauat the port of shipment shall be took as the basis of delivery.

Claims:

Claims concerning quality shall be made within 3 months and claims concerning quantity shall be made within 30 days after the arrival of the goods at destination. Claims shall be supported by a report issued by a reputable surveyor approved by the Sellers. Claims in respect of matters within the responsibility of the insurance company or of the shipping company will not be considered or entertained by the Sellers.

Force Majeure:

The Sellers shall not be responsible for late delivery or non – delivery of the goods due to the Force Majeure. However, in such case, the Sellers shall submit to the Buyers acertificate issued by the China Council for the Promotion of International Trade or other related organization as evidence.

Arbitration:

All disputes arising from or in connection with the execution of this contract shall be resolved through friendly negotiation. If no settlement can be reached through negotiation, it shall be submitted to the Foreign Trade Arbitration Commission of the China Council for the Promotion of International Trade in Beijing for arbitration in accordance with the procedures. The arbitration award is final and binding on both parties.

Other Conditions:

Any modifications and supplements to the contract shall only be effective if made in writing and signed by both parties. Without the written consent of the other party, neither party shall have the right to transfer its rights and obligations under this contract to a third party.

Other Terms:

This contract shall be valid from the date when it is signed by both parties.

The Seller: The Buyer:

图 2 - 5 售货合同示例（续）

　　购货合同又称进口合同，是订购进口商品应签订的合同。进口合同的形式分为条款式和表格式，一般由买方根据交易磋商的具体情况拟定条款式或填写固定格式的书面合同，经卖方核对无误后签字生效，其内容与出口合同大致相同。

2.2.3　国际商务合同的内容

　　在国际贸易的实际业务中，买卖双方通常需要将双方磋商的内容签订成固定格式的书面合同，即国际商务合同。国际商务合同的内容随其使用形式和名称的不同而异，但其基本内容大体相同，一般可分为约首、本文和约尾三个部分。

　　约首是合同的序言部分。本文是合同的主体，列明合同的各项交易条款，包括主要条款和次要条款。主要条款包括品名条款、品质条款、数量条款、价格条款、包装条款、运输条款、支付条款、保险条款。其他的检验条款、索赔条款、仲裁条款、不可抗力条款则被认为是次要条款。约尾是合同的尾部，主要是合同的份数、合同所使用的文字效力、缔约人的签字等。有的合同还在尾部订明生效条件以及合同适用的法律和惯例等。

国际商务合同的内容应符合我国的政策、法律、国际贸易惯例和有关国际条约的规定和要求，并做到内容完备、条款明确、严谨、前后衔接一致，与双方当事人通过发盘和接受所取得的协议相符。

1. 约首

约首包括合同名称、合同编号、签约时间、签约地点以及双方当事人名称、地址及联系方式等信息，其作用是明确合同的当事人和合同包括的内容。

（1）合同名称。

合同名称也就是合同的标题，一般采用销售合同或销售确认书的名称，其中销售合同多被一些经营大宗商品的企业所采用。

（2）合同编号。

凡是书面合同都应该有一个编号。因为在履约过程中，无论是在传真、信函、电子邮件等联系过程中，还是在开具信用证、制单、托运，乃至刷制运输标识等流程中，都要引用合同编号。

（3）签约时间。

一般应尽可能在成交的当天签约，即尽可能做到成交日期与签约日期相同。除非合同中对合同生效的时间另有不同的规定，否则应以签约的时间为合同生效的时间。

（4）签约地点。

在我国外贸出口企业所使用的"销售合同"中，往往都列明了"签约地点"，但"销售确认书"中一般不列"签约地点"这一项目。实际上，当在履约过程中发生争议时，签约地点往往关系到该合同适用何国法律的问题。根据国际司法的法律冲突规则，如果合同中对该合同所应适用的法律没有做出明确的规定，在发生法律冲突时，一般应由合同成立地的法律来确定，这时，签约地点的法律则成为合同履行的依据。所以，签约地点尽量不要漏填。

（5）双方当事人名称、地址及联系方式等。

正确列明这一点，不但能够确定双方的责任和便于卖方查对信用证、正确制单、发运及联系，而且也能明确双方的债务承担情况。在发生诉讼时，由于企业的法律地位不同，出资者对企业的债务承担也不一样。例如，当具有法人地位的股份有限公司破产时，该公司的股东对公司的债务承担仅以其出资为限，除出资之外，不承担进一步的个人责任；而不具有法人地位的合伙企业一旦破产，普通合伙人就必须对企业的债务承担无限责任，即以个人所有的全部财产清偿企业的债务。所以列明双方当事人的名称，确定其法律地位十分重要。如果有代理人或中间商介入，由于洽谈交易的对方并非实际买方，这时往往会导致合同的当事人是与己方直接洽谈交易的代理人或中间商。在这种情况下，如果代理人或中间商要求以"委托人"（实际买方）为抬头拟制合同，不仅应在约首中注明实际买方（委托人）的名称、地址，也应注明代理人或中间商的名称、地址（如通过××成交）。特别是若能在合同中列明代理人应负履约责任的若干规定，将会促使代理人更加认真地对待合同的订立和履行。

2. 本文

1）主要条款

（1）品名条款。

品名就是商品名称，是某种商品区别于其他商品的一种概念或称呼。在国际商务合同中，通常在合同正文的开头部分就首先列明买卖商品的品名，例如稻米、大豆、苹果、小麦，等等。

品名条款（Name of Commodity）的基本内容取决于成交商品的品种和特点。一般来说，列明买卖双方成交商品的名称即可。但有些商品，因其具有不同的品种、规格、型号、等级或商标，为了明确起见，在品名条款中还必须进一步列明该商品的具体品种、规格、型号、等级或商标。

在此种情况下，品名条款实际上已经演变为与品质条款的综合体，在合同中通常称为"货描"（Description of Goods）。

（2）品质条款。

国际商务合同中的品质条款就是对商品品质的表述内容，比如规定服装的材质、工艺和规格等。不同种类的商品，有不同的表示品质的方法。现将其中几种主要表示品质的方法及订立时应注意的事项简述如下：

①凭样品买卖。

以样品作为交接货物的依据，就称为"凭样品买卖"。这种情况下，通常是由卖方提交样品，送买方确认后成交；或由买方提交样品，卖方据此加工或生产。

样品的份数。样品一般分为三份，买卖双方各执一份，另一份送呈合同规定的商检机构或其他公证机构保存，以备买卖双方发生争议时作为核对品质之用。

订约注意事项。在凭样品买卖中，交货的品质必须与样品相符，这是卖方的一项法定义务。若在合同中对品质既有文字规定，又写明"凭样品"，那么交货的品质则不仅要符合文字说明，还须与样品一致。如果合同中规定样品仅供参考，则只要交货的品质符合文字说明，又基本与样品一致，就表明卖方履行了交货品质方面的义务。但严格来说，后一种并非是"凭样品买卖"的合同。

②凭规格、等级或标准。

商品规格。商品的规格是指用来反映商品品质的一些主要指标，如成分、含量、纯度、性能、长短、粗细等。

商品等级。商品等级是指同一类商品按其规格上的差异分为品质各不相同的若干级别，如大、中、小，重、中、轻，一、二、三，甲、乙、丙级等。

商品标准。商品标准是由政府机关或商业团体统一制定用来进行商品品质鉴定的标准。但世界各国制定的品质标准是不一致的，因而在以标准成交时，必须在合同中明确规定以哪国的标准为依据以及该项标准的出版年代和版本，以免产生歧义。

③凭牌号或商标。

对于某些品质稳定且树立了良好信誉的商品，交易时可采用牌号或商标来表示其品质。

④凭说明书。

对于大型的成套设备和精密仪器，由于其构造和性能较复杂，无法用几个指标或标准来反映其品质全貌，所以必须凭详细的说明书具体说明其构造、性能、原材料和使用方法等，必要时还须辅以图样、照片来说明。对于复杂的机电仪器产品，除订有品质条款以外，还须订有品质保证条款和技术服务条款，明确规定卖方须在一定期限内保证其所出售的机器设备质量良好，符合说明书上所规定的指标，以及售后服务项目和范围，否则买方有权请求赔偿。

⑤按现状条件。

按现状条件即按商品成交时的状态交货。在此种买卖中，卖方对货物的品质不负责任，只要货物符合合同所规定的名称，不管其品质如何，买方均须接受货物。此种交货方法多用于拍卖合同。

（3）数量条款。

国际商务合同中的数量条款，主要就是成交商品的数量、计量单位及其计量方法，比如"净重 500 千克"。在填写或制定数量条款时，应当注意以下几点：

①考虑商品的计量单位和计量方法。

由于商品的品种、性质不同以及各国度量衡制度不同，它们的计量单位和计量方法往往也不同。例如，粮食、橡胶、矿石、煤炭、生丝、棉纱、茶叶等交易通常使用重量单位；机器设备、服装、汽车、家电、钟表、毛巾、日用品等通常采用个数单位；棉布、木材等通常采用长度单位。但有些商品在交易中可以用多种计量单位表示，如石油产品既可使用重量单位，也可使用容积单位；木材既可使用长度单位，也可使用体积单位等。

②留意同一计量单位在不同国家所代表的数量。

由于各国的度量衡制度不同，同一计量单位所代表的数量也各不相同。例如，"吨"有长吨、短吨、吨之分；"尺"有公尺、英尺、市尺之分。因此，在签订合同时，除规定适当的计量单位以外，还必须明确使用哪一种度量衡制度，以免发生不必要的误会和纠纷。

③留意重量单位的计量方法。

以重量做单位时须明确是以净重还是毛重计算，是以卖方装船时的重量计算还是以买方收货时的重量计算。在以重量做数量单位时，由于各国习惯不同，所以还必须明确重量是以净重计算，还是以毛重计算。

④注意规定一个浮动范围。

有些外贸产品在交易时，卖方实际交货的数量往往难以完全符合合同的规定数量，为避免引起纠纷，双方当事人往往在交易磋商时对交货数量规定一个机动幅度，这就是合同中的"溢短装条款"，即允许卖方多交或少交一定数量的货物。机动幅度有以下两种规定方法：

明确规定溢短装百分比。如"大米 1 000 吨，5% 上下由卖方决定"。这时只要在 1 000 吨的 5% 上下的幅度范围内都可履行交货的义务。

在数字前加"约"字。如"大米约 1 000 千克"，这也可以使具体交货数量有适当的机动范围。但国际上对"约"字的解释不一，有的解释为可增减 2.5%，有的则解释为可增减 5%。因此，为防止纠纷，使用时双方应先达成一致的理解，并最好在合同中予以规定。

知识小窍门

国际贸易常用计量单位

目前国际贸易中常用的度量衡制有英制、美制和公制。我国采用公制，但为了适应某些国外市场的习惯，有时也采用对方惯用的计量单位，所以必须掌握几种常用度量衡制度中的一些较常用的计量单位及其换算方法。

（4）包装条款。

在国际商务合同中，包装条款通常会包括包装材料、包装方式、包装规格、包装标志等内容。比如，"In international standard cartons, 10 cartons on a pallet, 10 pallets to a container."即国际标准纸箱装，10 箱一个托盘，10 个托盘一个集装箱。这就是合同中的包装条款。

商品是否需要包装以及采用何种包装，主要取决于商品的特点和买方的要求。买卖需要包装货物时，双方当事人必须在合同中对包装事宜进行明确和详细的规定。订立包装条款时应注意以下几点：

①包装费用。

许多包装条款中未涉及包装费用，因为包装费用已包括在货价之中。但若买方提出特殊包装要求，其费用应由买方自理。这时，包装条款中就须注明包装费用由买方负责。

②包装材料。

包装材料的好坏直接影响成本的多少，因而须在合同中明确规定。另外，包装材料还涉及有些国家的进口规定。如有些国家规定不得使用麻袋、木材、稻草等作为包装材料或衬垫物。在合同磋商时，须注意进口国的有关规定，最好在合同中加以明确。

③包装装潢。

如果客户或进口国对内外包装装潢上使用的标签、贴头、印记等有所要求或规定，也应在合同中反映出来。

④运输标识。

按国际贸易习惯，运输标识（即唛头）可由卖方自行设计决定，并不一定要在合同中订明。而卖方自行设计的运输标识一般应包括收货人缩写，订单、合同或信用证号码，目的港，件号等四项内容。有时候买方要求标记运输标识，这时不但应该在合同中将买方的要求订明，而且应规定买方向卖方提供具体运输标识的最后期限及逾期的补救措施等。

工作小技巧

包装条款中的注意事项

在包装条款中应尽量避免使用含糊规定，如"习惯包装""出口包装""合理包装""适宜海运包装"等。因为这类规定看不出有关包装的基本内容，如果发生争议，双方当事人谁也解释不清其中的含义。

（5）价格条款。

国际货物买卖合同中的价格条款主要包括单价和金额两个项目。

①单价。

单价一项中包括计量单位、单位价格金额、计价货币和价格术语等内容，有时还要规定作价的办法。例如，"Unit Price：USD 600 per metric ton CIF New York."这一单价中就表明了计量单位是吨，计价货币是美元，单位价格是 600 美元，价格术语是成本加保险费加运费，目的港是纽约。

②金额或总金额。

合同的金额是单价与数量的乘积，如果合同中有两种以上的不同单价，就会出现两个以上金额，几个金额相加就是合同的总金额。填写金额或总金额时要认真细致、计算准确，否则将可能导致不必要的纠纷和麻烦。合同中的金额除了用阿拉伯数字填写外，一般还应用汉字再次注明金额大小，即所谓"大写"。

（6）装运条款。

国际商务合同中的装运条款主要包括最迟装运时间、装运港和目的港、分批装运和转运等内容。

最迟装运时间是指货物在装运港装船的最晚时间，通常与交单时间是一致的。比如"Shipment within 30 days after receipt of L/C"，即在收到信用证后 30 天内装运。

装运港（Port of Loading）是指货物起始装运的港口。目的港（Port of Destination）是指最后卸货的港口。比如"PORT OF LOADING：SHANGHAI. PORT OF DESTINATION：ROTTERDAM"，就表明装运港是上海，目的港是鹿特丹。

分批装运是指一笔成交货物，是否允许分若干批装运。转运是指货物是否可以通过中途港来进行转运。

（7）保险条款。

保险条款的主要内容包括保险投保人的约定、投保险别的约定、保险金额的约定和以何种保险条款为依据。

如果按 FOB 和 CFR 条件成交，货物的价格中不包括保险费用。因此，保险由买方自行负责。在这种情况下，其保险条款一般都规定得较简单，如"保险由买方自理"。但若应买方的要求，卖方愿意代买方办理保险手续，也应在合同中加以规定，例如，"应买方的要求，由卖方按若干保险价值在××保险公司代买方投保××险。其保险费由买方负责，并在信用证内做相应的规定。"

如果按 CIF 条件成交，由于货价中包括了保险费，因而在保险条款中应具体规定卖方需投保的险别与保险金额等。例如，"由卖方按发票金额的××%投保平安险（或水渍险，或一切险）、战争险和罢工险。按 20××年版中国人民财产保险股份有限公司海洋运输货物保险条款负责。"

工作小技巧：制定保险条款时的注意事项

（8）支付条款。

支付条款是对货款支付的货币、金额、方式以及支付时间的约定。例如，"The buyer shall pay the total value to the seller in advance by T/T."即买方用电汇方式预付全款给卖方。支付条款在合同中要规定得具体、准确，以免发生误会。

2）次要条款

（1）检验条款。

检验条款的基本内容一般包括检验权、检验的时间与地点、检验机构、检验技术标准与检验证书等。

（2）索赔条款。

索赔条款的基本内容一般包括索赔的证据、索赔期限、索赔金额。

实际业务中，根据需要还可以加订"违约金条款"。其内容主要包括交易双方协商确定的违约金数额，并订明履约过程中若出现当事人违约情况，则违约方应向对方支付约定的违约金数额。还可以就支付违约金时有无宽限期和因违约产生的损失赔偿额的具体计算方法做出规定。

（3）不可抗力条款。

不可抗力条款的基本内容一般包括不可抗力事件的性质和范围、不可抗力事件的通知和证明、不可抗力事件的处理原则和办法等。

（4）仲裁条款。

仲裁条款的基本内容一般包括仲裁地点、仲裁机构、仲裁程序规则、仲裁裁决的效力和仲裁费用的负担等。

（5）单据条款。

单据条款的基本内容一般包括单据的种类、单据的份数、对单据出具人的要求、单据关键内容的缮制要求以及单据转移的要求等。

3. 约尾

约尾是合同的结束部分，完整的合同应该在约尾部分注明合同正本份数、使用文字和效力，以及双方当事人的签字、盖章、日期等。通常情况下，合同至少一式两份，双方各执一份。

📚 知识小窍门

国际商务合同的填制

1. 合同号码（Contract No.）

合同号码一般写在合同标题的右下方。如果此项空白，就应该在"No."之后由合同撰写人填写按照本公司的规定为合同所编写的序号。

2. 买卖双方的名称和地址（Sellers/Buyers）

合同最上端填写撰写人的名称与地址。"To"后面填写对方的名称与地址。注意不可将买卖双方的名称和地址颠倒。

3. 商品名称（Commodity）

在填写商品名称时，要注意名称的第一个字母要大写。例如，Men's Shirts，Women's Dress，Warm Gloves。也可以使用全大写的英文商品名称，例如，WOOLEN SWEATER，CANNED APPLE JAM，CANNED STRAWBERRY JAM。

4. 规格（**Specifications**）

注意不同的商品有不同的规格，不同的商品规格也有不同的表达方法。例如，Art. 768，Type 675，Model675。

5. 数量（**Quantity**）

数量通常用数字表示，计量单位用英文单词或缩写。例如，20 cartons，500 pieces，800 dozen，1,340 cases.

6. 单价（**Unit Price**）

填写单价时要注意完整性。一般包括四个部分：货币单位、价格、计量单位、贸易术语。比如，出口男士衬衫，每件 12 美元，采用 CIF 贸易术语，出口到美国纽约，那么价格条款就表示为 "USD 12 per piece CIF NEW YORK"。

7. 总值（**Total Value**）

填写总值时，最好用大小写两种写法，即先用数字后用文字。例如，112 600 美元表示为 "USD 112,600.00（Say U. S. Dollars One Hundred Twelve Thousand Six Hundred Only）"。使用文字时要注意三点：

（1）第一个词用 "Say"，最后一个词用 "Only"（没有小数时）。

（2）每个单词的第一个字母大写，或者所有字母都大写。

（3）币别也可写在后面（Say One Hundred Twelve Thousand Six Hundred U. S. Dollars Only）。

8. 包装（**Packing**）

常见的包装表达法有：

（1）"in…" 用某物包装，用某种形式装货。例如，用纸箱子包装："in cartons"，散装："in bulk"。

（2）"in…of…each" 或 "in… each containing…" 用某物包装，每件装多少。例如，用纸板箱装，每箱装 30 打：…in cartons of 30 dozen each…。

（3）"in…of…each, …to…" 用某物包装，每件装多少，若干件装于一大件中。例如，用盒装，每打装一盒，50 盒装一木箱："in boxes of a dozen each, 50 boxes to a wooden case"。

9. 唛头（**Shipping Mark**）

唛头也叫运输标志。既可以由卖方选定，也可以由买方选定。合同中往往用 "at one's option" 表示。国际标准唛头包括四个部分：收货人代码、目的港、参考号、箱号或货号。举例如下：

ORTAI 进口商名称；

TSI0601005 参考号；

NEW YORK 目的港；

C/NO. 1 – 1231 箱号。

10. 保险（**Insurance**）

买卖双方其中一方投保时，往往会按照约定投保。在 CIF 合同下，卖方负责保险，按信用证要求投保相应的险别，多保或少保都会影响到合同的履行。投保金额一般为发票金额加成 10%，即按 110% 投保，双方做出规定的除外。常见的三大基本险别：FPA（Free from Particular Average）平安险；WPA（With Particular Average）水渍险；All Risks 一切险，包含一般附加险。

11. 装运期（Time of Shipment）

填写这一项要注意有关装运的表达法：

（1）某年某月装运：英文要先写月份再写年份，月份前的介词"in"或"during"加不加均可。例如，2023 年 5 月可写作"in May 2023"，或"May 2023""during May 2023"。某月某日前装运往往用"on or before"。比如，"on or before Dec 20th, 2023"，表示 2023 年 12 月 20 日前装运。

（2）转船：在某地转船用介词短语"with transshipment at…"来表示。例如，2023 年 6 月在香港转船"in June 2023 with transshipment at Hong Kong"。允许转船的表达为"transshipment allowed"，不允许转船的英文表达法是"transshipment not allowed/not permitted/prohibited"。

（3）分批装运：分批装运需要具体说明分几批，从何时开始，是否每批等量装运，按月分批还是按季度或星期。英文表达法是"in…equal monthly/weekly/quarterly installments（lot）beginning from…"例如，从 8 月开始分三批等量装运"in three equal monthly lots beginning from August"。允许分批装运的表达为"partial shipment allowed"，不允许分批装运的表达为"partial shipment not allowed/ not permitted /prohibited"。

12. 装卸港（Port of Shipment & Destination）

装卸港包括装运港（Port of Shipment）和目的港（Port of Destination），也可以用介词短语"From…to…"来表示。例如，自宁波至大阪："From NINGBO to OSAKA"。

13. 支付条件（Terms of Payment）

支付条款是国际贸易中的重要条款，其英文表达要求严谨准确。表示支付方式的短语用介词"by"引导。付款方式一般有以下几种：付款交单（Payment by Document Against Payment）；承兑交单（Payment by Document Against Acceptance）；用信用证支付（Payment by Letter of Credit）。例如，提单签发后 30 天付款交单，"by D/P at 30 days after B/L date"，即期信用证付款，"by L/C at sight"。

14. 签章

在合同的最下方左右两边买卖双方盖章并签字。

📚 职业指导

国际商务合同中常见错误

在我国外贸企业执行出口合同的实践中，常会因一些合同中的漏洞与差错而贻误了合同的正常履行。出口合同中容易出现的漏洞与差错主要有以下几种：

（1）合同的客户名称写得不全或字母不准；

（2）客户的电传、传真等信息被遗忘；

（3）价格计算有误或阿拉伯数字与相应的大写不符，货币单位错漏；

（4）包装条款含糊不清；

（5）合同条款中对双方约定的权责不清晰、不明确或前后矛盾；

（6）唛头标记不明确；

（7）目的港选择不当；

（8）装运港出现错误；

（9）船期安排不合理等。

以上种种漏洞与差错往往不易引起外贸审核人员的注意，然而就是这些漏洞与差错影响了很多出口合同的正常履行，因而要认真审核。

【任务实施】

明确国际商务合同的具体形式和基本结构，对合同内容进行翻译和解读，将任务实施情况、总结评价及改进提升结果做好相应记录，并填写表 2 - 5。

表 2 - 5　任务实施记录

执行情况	步骤 1	
	步骤 2	
	步骤 3	
总结评价	优点	
	不足	
改进提升	改进 1	
	改进 2	
	改进 3	

【任务评价】

根据任务完成情况由教师、学生共同进行任务评价，如表 2 - 6 所示。

表 2 - 6　任务评价

考核项目		教师评分	学生评分	总评分	评语
任务执行质量	对合同表现形式及内容认知的明确性				
	合同内容翻译的正确性				
	内容解读结果的准确性				
任务执行态度					
任务执行效率					

任务2.3　阅读信用证

【任务描述】

外贸客户发来信用证后，经理把信用证交给小吴，交代他对照合同仔细审核信用证，看看信用证条款有无问题。

这是小吴第一次实际接触信用证，拿到信用证后小吴有些不知所措，不知从何下手。经理告诉小吴，可以先从阅读好一份信用证入手。

【任务分析】

小吴需要梳理信用证的有关知识，完成对信用证的阅读。

步骤1：梳理信用证的基本项目，明确信用证包含的内容信息。

步骤2：对信用证条款进行翻译，完成对信用证内容中文含义的标注。

步骤3：对信用证内容条款进行解读。

DOCUMENTARY LETTER OF CREDIT

FROM: BRITISH ROYAL BANK,LONDON,BRITISH

SEQUENCE OF TOTAL	27: 1/2
L/C NO.	20: LC73456
DATE OF ISSUE:	31C: APR 10,2023
EXPIRY DATE AND PLACE	31D: OCT 10,2023,LONDON
APPLICANT	50: Virginia TRADE CO.LTD
	NO.893,W.N STREET,LONDON,BRITISH
BENEFICIARY	59: Zhejiang XinZhuo Industrial Co., Ltd
	Zhongshan East Road, Ningbo.China
CURRENCY CODE,AMOUNT	32B: USD299220,00
AVAIABLE WITH/BY	41D: WITH ANY BANK BY NEGOTIATION IN CHINA
DRAFT AT	42C: AT 30 DAYS AFTER SIGHT
DRAWEE(PAYING BANK)	42D: OURSELVES

PARTIAL SHIPMENT　　　　　　43P: NOT ALLOWED

TRANSHIPMENT　　　　　　　　43T: NOT ALLOWED

LOADING AT/FROM　　　　　　44A: NINGBO

FOR TRANSPORTATION TO　　　44B: LONDON,BRITISH

THE LATEST DATE OF SHIPMENT　44C: Jul 5,2023

DESCRIPTION OF GOODS　　　　45A:

APPLE JAM ANG STRAWBERRY JAM AS PER S/C NO.DS2023SC205 DD.Mar. 23, 2023

CANNED APPLE JAM　　　　2200CARTONS　USD6.80/CARTON

CANNED STRAWBERRY JAM　2200CARTONS　USD6.80/CARTON

TERMS OF DELIVERY :　CIF LONDON

DOCUMENTS REQUIRED　　　　46A:

1.　SIGNED COMMERCLAL INVOICE IN 3 COPIES AND SHOWING FREIGHT CHARGES AND FOB

VALUE.

2.　PACKING LIST IN 3 COPIES

3. 2/3 SET OF CLEAN ON BOARD MARINE BILLS OF LADING MADE OUT TO ORDER AND

ENDORSED IN　BLANK SHOWING FREIGHT PREPAID AND NOTIFYING APPLICANT.

4. FORM E ISSUED BY CHINESE GOVERNMENTAL ORGANIZATION.

5. BENEFICIARY'S CERTIFICATE CERTIFYING THAT 1/3 ORIGINAL B/L AND ONE SET OF

NON-NEGOTIABLE DOCUMENTS HAVE BEEN SENT TO APPLICANT AFTER SHIPMENT

IMMEDIATELY.

6.　SHIPPING ADVICE

ADDITIONAL CONDITIONS　　　　47A:

+ALL DOCUMENTS MUST SHOW THIS L/C NO.

+PLS NOTE IF DOCS PRESENTED CONTAIN DISCREPANCY,A FEE OF USD30 WILL BE DEDUCETED.

PERIOD FOR PRESENTATION:　　　48:

DOCUMENTS MUST BE PRESENTED WITHIN 15 DAYS AFTER SHIPMENT DATE BUT WITHIN L/C

VALIDITY.

CONFIRMATION INSTRUCTIONS　　49：WITHOUT

CHARGES　　　　　　　　　　71B:

ALL　BANKING　COMMERCIAL　CHARGES　OUTSIDE　OF　NEW　YORK　ARE　FOR

THE BENEFICIARY'S ACCOUNT.

BANK TO BANK INFORMATION　　　72:

THIS　CREDIT　IS　SUBJECT　TO THE　UNIFORM　CUSTOMS　AND　PRACTICE FOR

DOCUMENTARY CREDITS,2007 REVISION,ICC PUBLICATION NO.600

————————————END————————————

【知识储备】

2.3.1　信用证概述

国际贸易买卖双方利害冲突不断，双方互不信任。由于买卖双方都不愿意将货物或款项先交给对方，所以出现了"商业信用危机"。在这种情况下，为了保障买卖双方的利益，需要一个双方信得过的第三者作为中间人来起担保作用。最终，这一任务落到了银行的身上，因为银行具有资金雄厚和信誉卓著的特点，完全能够承担这项任务。于是，银行信用证这一银行产品应运而生，用银行信用代替了商业信用，以解决买卖双方之间的信用危机。信用证自 19 世纪初出现以来，在国际贸易中被广泛应用，逐步成为国际贸易中主要的支付方式。

1. 信用证的含义

根据 UCP600 的规定，信用证（Letter of Credit，L/C）是指一项不可撤销的安排，无论其名称或描述如何，该项安排构成开证行对相符交单予以承付的确定承诺，是开证银行应申请人的要求并按其指示向第三方开立的载有一定金额的、在一定期限内凭符合规定的单据付款的书面保证文件。信用证是国际贸易中最主要、最常用的支付方式。

2. 信用证的当事人

信用证业务中，常见的当事人有开证申请人、开证银行、通知银行、受益人四种。

（1）开证申请人（Applicant）：是指要求开立信用证的一方，一般为进口商，也就是买卖合同的买方。开证申请人依据合同向其往来银行申请开证。如开证行接受申请、愿意为其开出信用证，开证申请人就要承担开证行为，执行其指示所产生的一切费用和凭与信用证条款相符的单据进行付款的义务。

（2）开证银行（Issuing Bank）：是指应申请人要求或代表自己开出信用证的银行，一般是进口地银行。开证申请人与开证行的权利和义务以开证申请书为依据。开证申请人通过开证申请书要求开证行向受益人提供信用，同时代为行使根据买卖合同应由开证申请人享有的要求受益人交付单据的权利。按信用证条款的规定，开证行负有到期付款的责任。

（3）通知银行（Advising Bank）：是指应开证行的要求通知信用证的银行。通知行一般是开证行在出口人所在地的代理行。通知行除应合理审慎地鉴别信用证及其修改书的表面真实性并及时、准确地通知受益人以外，无须承担其他义务。

（4）受益人（Beneficiary）：是指接受信用证并享受其利益的一方。一般为出口商，也就是买卖合同的卖方。受益人通常也是信用证的收件人（Addressee）、货运单据的发货人（Shipper）、汇票的出票人（Drawer）与发票和装箱单的制作人（Maker）。只要履行了按信用证条款发货制单的义务，就有向信用证开证行或其指定银行提交单据收取价款的权利。可转让信用证的受益人通常为中间商，其转让信用证时就成为可转让信用证的转让人或称第一受益人，供货方为受让人或第二受益人。

信用证的当事人除了上述四个之外，根据不同情况还可能涉及议付银行、付款银行、保兑银行和偿付银行等。

（1）议付银行（Negotiating Bank）：是指愿意买入受益人汇票/单据，办理议付业务的银行。在信用证业务中，议付行通常又是以受益人的指定人和汇票的善意持票人（Bonafide Holder）的身份出现。

（2）付款银行（Paying Bank）：是指开证行自身或开证行指定的担任信用证项下付款义务或充当汇票付款人的银行，是承担信用证最终付款责任的银行。信用证规定由开证行自己付款时，开证行就兼为付款行，因为开证行自开立信用证之时起即不可撤销地承担付款责任。指定付款行要负责审查单据，在确认无误后，才根据表面上符合信用证条款的单据付款，随后再要求开证行予以偿付。指定银行承付相符单据并将单据转给开证行之后，开证行即承担偿付该指定银行的责任。

（3）保兑银行（Confirming Bank）：是指根据开证行的授权或要求对信用证加具保兑，在开证行承诺之外做出承付或议付相符交单的确定承诺的银行。保兑行具有与开证行相同的责任和地位。保兑行自对信用证加具保兑之时起，即不可撤销地对受益人承担承付或议付的责任。

（4）偿付银行（Reimbursement Bank）：是指受开证行的委托或授权，对有关指定银行（索偿行）予以偿付的银行。偿付行是开证行的偿付代理人，有开证行的存款账户。偿付行接受开证行的委托或授权，凭指定银行的索偿指示进行偿付，但此偿付不视作开证行的终局性付款，因为偿付行并不审查单据，不负单据不符之责。开证行在见单后发现单据不符时，可直接向索偿行追回业已付讫的款项。

3. 信用证的特点

（1）开证行负首要付款责任。

信用证是开证行以自己的名义做出的付款承诺，属银行信用，开证行承担第一性的付款责任。

（2）信用证是纯单据业务。

信用证项下，各当事人处理的是单据，而不是有关的货物、服务或履约行为。在信用证业务中，只要受益人或其指定人提交符合信用证规定的单据，开证行就应承担付款、承兑或议付的责任；只要单据符合开证申请书的规定，开证申请人就有义务接受单据并对已付款的银行进行偿付。但如果开证申请人对合格单据付款后，发现货物与单据不一致，开证申请人只能根据买卖合同和收到的相关单据与受益人或有关责任方交涉，与银行无关。相反，即使货物合格，但提交的单据与信用证规定不符，银行和开证申请人也有权拒付。

（3）信用证是一项自足文件。

信用证虽以买卖合同为基础，但一经开立就成为独立的法律文件。买卖合同是进出口人之间的契约，只对买卖双方有约束力；信用证是开证行与受益人（合同卖方）之间的契约，开证行、受益人、参与信用证业务的其他银行均受信用证的约束。

UCP600 第 4 条 A 款规定："就其性质而言，信用证与可能作为其开立基础的销售合同或其他合同是相互独立的，即使信用证中含有对此类合同的任何援引，银行也与该合同无关，且不受其约束。因此，银行关于承付、议付或履行信用证项下其他义务的承诺，不受开证申请人基于其与开证行或与受益人之间的关系而产生的任何请求或抗辩的影响。"所以，信用证是一项自足文件，开证行只对信用证负责，并只凭符合信用证条款的单据付款。参与信用证业务的其他银行也完全按信用证的规定办事。

4. 信用证的使用流程

在信用证条件下，买方会缴纳开证保证金，由银行开立信用证，通知卖方的开户银行传递给卖方，然后卖方按合同和信用证规定的条款发货后，进口方银行代买方向卖方付款。具体的信用证使用流程如图2-6所示。

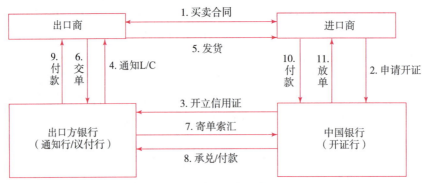

图2-6　信用证使用流程

①进出口商签订买卖合同，决定以信用证方式支付。②进口商向开证行申请开立信用证。③开证行开立信用证，并通知出口方银行，通知银行接到开证行开立的信用证。④通知银行将信用证通知给出口商。⑤出口商发运货物。⑥出口商发货后将单据交给当地银行。⑦当地银行将单据寄往开证行，索取信用证款项。⑧开证行收到单据后，向出口商当地银行承兑或付款。⑨出口商当地银行将款项付给出口商。⑩进口商将款项付给开证行。最后开证行再将单据放单给进口商。

（1）开证申请人和受益人（即进口人和出口人）就货物的交易条件进行磋商，达成协议后订立国际货物买卖合同。在合同中明确规定进口人以开立跟单信用证方式支付货款。

（2）进口人作为开证申请人，在合同规定的时限内向其所在地银行申请开立信用证。进口人申请开证时须递交开证申请书，内容包括：①根据合同规定，指示开证行在信用证中应列明的条款。这些条款也是开证行凭以向受益人或其指定人付款的依据。②开证申请人向开证行的保证和声明。如保证向开证行支付该信用证项下的货款、手续费、利息及其他为执行其指示所产生的一切费用；若单据表面符合信用证条款规定，保证在规定期限内付款赎单。开证申请人申请开证时，还应向开证行缴纳全部或部分保证金，并支付开证费及相关手续费。

（3）开证行按开证申请书规定的内容和方式向指定的受益人开立信用证，并将信用证通过通知行通知受益人。实务中，信用证大多通过SWIFT系统开立和传递。开证行接受了开证申请并据以开立信用证后，就在法律上与开证申请人构成了有关该项信用证的权利和义务关系。

（4）通知行收到信用证后，应立即核实信用证的表面真实性。经证实无误后，应准确地将信用证通知受益人。

（5）受益人收到并审核信用证。审查内容包括：政策性条款、开证行资信情况、信用证是否已经生效、信用证的类别、到期日和到期地点、单据条款、特殊条款等。如发现有与买卖合同不符且受益人不能接受的条款，应立即通知开证申请人提请开证行修改。修改无误后方可发货。货物发运完毕后，缮制并取得信用证所规定的全部单据，开立汇票，连同信用证正本，在信用证规定的交单期和有效期内，送交指定的议付行，或者送交在自由议付信用证项下受益人自己选择的议付行。

（6）议付行对受益人送交的单据进行审核，在确认单据无误后进行议付。

（7）议付行根据信用证规定，将单据连同汇票以航邮方式寄给开证行，同时向开证行或偿付行发出索偿指示请求偿付。

（8）开证行或其指定的偿付行向议付行偿付。

（9）开证行履行付款责任后向开证申请人出示单据。开证申请人核验单据无误后，应立即付款。如申请开证时，开证申请人曾向开证行交付押金，则付款时可予以扣减。

（10）开证申请人付款后，即可从开证行处取得全套单据。如货已到达，可凭运输单据立即提货。如货物尚未到达，应先查询到货日期，等到货时凭单提货。如发现货物的质量、数量或包装等与买卖合同或信用证的规定不符，可针对不同情况向相关责任方，如受益人（出口人）、承运人或保险公司交涉索赔，必要时提请仲裁或向法院起诉。

5. 信用证的种类

在信用证的实际应用过程中，根据不同分类方式，我们可以将其分为不同的种类。

（1）根据信用证项下的汇票是否附有货运单据，可以将信用证划分为跟单信用证和光票信用证。

跟单信用证是凭着附带货运单据的汇票或仅凭货运单据付款的信用证。这里的货运单据指的是代表货物所有权的海运提单或证明货物已交运的单据，如铁路运单、航空运单、邮包收据等。光票信用证是指不附货运单据，凭汇票要求银行付款的信用证。不过为了保障买方利益，银行凭光票信用证付款，也可要求受益人附交一些非货运单据，如发票、垫款清单等。在国际贸易的货款结算中，绝大部分使用的都是跟单信用证。

（2）根据开证行对所开出的信用证所负的责任来区分，信用证可以分为可撤销信用证和不可撤销信用证。

不可撤销信用证指的是信用证开出以后，在有效期内，只要受益人提供的单据符合信用证规定，开证行就必须履行付款义务，未经受益人及有关当事人的同意，开证行不能片面地修改和撤销信用证。可撤销信用证就是指开证行对所开信用证不必征得受益人或有关当事人的同意，有权随时撤销或修改的信用证。

在 UCP600 中，认为信用证是"开证行兑付相符交单的一种确定的和不可撤销的承诺安排"，明确了信用证是不可撤销的。如果实务中确实有开立可撤销信用证的需要，按照 UCP600 起草小组的评述，必须在信用证中列明具体条款以反映信用证的可撤销特性。

（3）根据是否有另一家银行对信用证加以保兑，不可撤销信用证又可分为保兑的和不保兑的信用证。

UCP600 中对保兑的详细定义是："保兑是指保兑行根据开证行的授权或要求，在开证行承诺之外做出的对相符交单付款、确认到期付款或议付的确定承诺。"其意义为：一份信用证，除了有开证银行付款保证以外，还有另一家银行——保兑行的付款保证，这样的信用证就是保兑信用证。而不保兑信用证就是未经另一家银行加保的信用证。在国际贸易中，如果出口商担心进口商的履约能力，不信任或不认同信用证的开证行，就可以要求进口商开具保兑信用证。

（4）根据付款时间的不同，可以将信用证分为即期信用证和远期信用证。

即期信用证（Sight L/C），是指开证行或付款行收到符合信用证条款的跟单汇票或装运单据后，立即履行付款义务的信用证。即期信用证项下，可以不要求受益人出具汇票，开证行或付款行凭全套合格的货运单据付款。

远期信用证（Usance L/C），是指开证行或付款行收到信用证的单据时，在符合期限内履行付款义务的信用证。远期信用证一般分为 30 天、60 天和 90 天远期，以 30 天远期为例，就是开证行收到单据 30 天以后再付款。

即期信用证和远期信用证只是付款的期限不同。付款期限为 At Sight，就是即期信用证，加上 At XX Days Sight 就是远期信用证。对于卖方而言，即期信用证相对远期信用证的风险较小，在实际业务中，出口商更愿意选择即期信用证。

（5）根据受益人是否可以转让信用证，可以将信用证分为可转让信用证和不可转让信用证。

可转让信用证就是受益人可以自己使用也可以转让给他人使用的信用证，根据 UCP600 的规定，如果是可转让信用证，要在信用证中明确注明"Transferable"（可转让）字样，如果信用证中未注明"可转让"，那就是不可转让信用证。

UCP600 第 38 条规定：转让行系指办理信用证转让的指定银行，或当信用证规定可在任一银行兑用时，指开证行特别授权并实际办理转让的银行。开证行也可担任转让行。可转让信用证只能转让一次，第二受益人不能再将信用证转让给他人，但第二受益人可将信用证重新转让给第一受益人。

已转让信用证（以下简称子证）须准确转载原证条款，但信用证金额、单价、到期日、最迟交单日、最迟发运日期等项目可以减少或缩短；投保的加成比例可以增加，以达到原证规定的保险金额。为保守商业秘密，允许用第一受益人的名称替换原证中的开证申请人名称。如果原证特别要求开证申请人名称应在除发票以外的任何单据中出现时，子证必须反映该项要求。

第一受益人有权以按原证缮制的发票和汇票替换第二受益人的发票和汇票，以获得两个发票之间的差价。但如果第一受益人未能及时更换发票或汇票，或因第一受益人换单导致第二受益人交单形成不符点，且第一受益人未能在第一次要求时修正，转让行有权将第二受益人交付的单据照交开证行，并不再对第一受益人承担责任。

要求开立可转让信用证的第一受益人通常是中间商，他将信用证转让给实际供货人，由后者办理装运手续，从中赚取差额利润。

工作小技巧：信用证业务的"圣经"

2.3.2 信用证的基本项目

目前信用证的格式还不能完全统一，但是信用证的基本内容大致相同，包含买卖合同的各项条款和要求受益人提交的单据以及银行保证，具体来说，信用证的基本项目包括以下内容：

（1）对信用证本身的说明。

对信用证本身的说明包括信用证的名称、号码、开证行、类型、开证日期、有效期限、到期地点、申请人、受益人和信用证金额等内容，主要体现与信用证本身有关的内容和信息。

①信用证号码（L/C No.）。

信用证的号码是开证银行制作的，作用是方便查询和归档。

②信用证开证日期（Issuing Date）。

开证日期是开证行开立信用证的日期。开证日期也可表述为"Date of Issue"。信用证中必须明确表明开证日期。如果信用证中没有开证日期（Date of Issue）字样，则视开证行的发电日期（电开信用证）或抬头日期（信开信用证）为开证日期。

确定信用证的开证日期非常重要，特别是需要使用开证日期计算其他时间或根据开证日期判断所示提单日期是否在开证日期之后等情况时更为重要。同时，开证日期还表明进口商是否是根据商务合同规定的开证期限开立的信用证。

③信用证有效期限（Expiry Date）和到期地点（Expiry Place）。

信用证的有效期限是指受益人向银行提交单据的最后日期。受益人应在有效期限日期之前或当天向银行提交信用证单据。

到期地点是受益人在有效期限内向银行提交单据的地点。境外开来的信用证一般规定有效地点在我国境内，如果有效地点在境外，受益人（出口商）要特别注意，一定要在有效期限之前提前交单，以便银行在有效期限之内将单据寄到有效地点的银行。如果有效地点在境外，最好建议将其修改在境内。如果信用证未列明有效地点，则应立即要求开证行进行确认。如果开证行始终不予答复，则应视同有效地点在我国境内。

想一想

信用证中有效期限和到期地点的描述都有哪些？

1. 直接写明到期日和到期地点

EXPIRY DATE：MAY 18，2023 PLACE：CHINA

信用证到期日：2023 年 5 月 18 日 地点：中国

THIS LETTER OF CREDIT IS VALID FOR NEGOTIATION IN CHINA UNTIL OCT. 20，2023.

本信用证在 2023 年 10 月 20 日前在中国议付有效。

THIS CREDIT IS AVAILABLE FOR NEGOTIATION OR PAYMENT ABROAD UNTIL DEC. 15，2023.

此证在国外议付或付款即日起到 2023 年 12 月 15 日止有效。

2. 以"交单日期""汇票日期"等来表达信用证的有效期限

THIS CREDIT SHALL CEASE TO BE AVAILABLE FOR NEGOTIATION OF BENEFICIARY'S DRAFTS AFTER MAR. 02，2023.

本信用证受益人的汇票在 2023 年 3 月 2 日前议付有效。

DOCUMENTS MUST BE PRESENTED FOR NEGOTIATION WITHIN 10 DAYS AFTER SHIPMENT DATE.

单据须在装船后 10 天内提示议付。

④信用证的类型（Form of Documentary Credit）。

信用证的类型一般是用来标明信用证的使用方式，如信用证的类型是跟单信用证还是光票信用证，是可转让信用证还是不可转让信用证，等等。

⑤信用证金额（Amount）和货币（Currency）。

信用证中金额的写法一般有：Amount（金额），For the Amount of...（金额是……），In the Amount of...（金额是……），To the Amount of...（最高金额达……）。

（2）汇票条款。

凡是使用汇票的信用证，都会包含信用证汇票条款，主要包括出票人、付款期限、付款人和汇票金额等内容。凡是不需汇票的信用证则无此项内容条款。

（3）运输条款。

运输条款一般包括装运期、装运港（地）、目的港（地）、分批装运和转运的规定等。

（4）货物条款。

货物条款主要包括货物名称、规格、数量、单价、贸易术语，以及合约号码等，这一部分主要是标明货物的具体信息。

（5）单据条款。

信用证中的单据条款，主要包括受益人应该提交的单据种类、份数以及具体要求。一般有商业发票、装箱单、提单、保险单、检验证书、原产地证书等。

2.3.3 信用证的特别条款、其他条款

1. 信用证的特别条款

信用证中的特别条款主要是依据银行和买卖双方交易的具体需要，以及进口国的政治、经济和贸易政策等的变化而定。常见的条款有以下几方面：

（1）议付与索偿条款（Negotiation and Reimbursement）。

议付与索偿条款一般是开证行对议付行的指示，但是也涉及其他各方的利益，比如，"UPON PRESENTATION OF THE DOCUMENTS STRICTLY COMPLIED WITH ALL CREDIT TERMS, WE AUTHORIZE YOU TO DRAW ON OUR H/O REIMBURSEMENT A/C VALUE FIVE WORKING DAYS LATER UNDER AUTHENTICATED SWIFT ADVICE TO US WITHOUT ANY CHARGES ON OUR PART."即收到单证严格相符的单据后，我们授权贵行向我总行索偿，五个工作日起息，SWIFT通知我行，费用由贵方承担。

（2）佣金/折扣条款（Commission and Discount）。

信用证中通常有佣金/折扣条款，其表现形式各不一样，在信用证中的表示经常是这样的："SIGNED COMMERCIAL INVOICE MUST SHOW 5% COMMISSION."即签署商业发票必须显示5%的佣金。

（3）费用条款（Charges）。

信用证一般都列有费用条款，大多数规定为，开证行的费用由开证人负担，开证国（地区）以外的银行费用由受益人承担。比如，"ALL BANKING CHARGES OUTSIDE U. A. E AND REIMBURSING CHARGES ARE FOR ACCOUNT OF BENEFICIARY."即所有阿联酋以外的费用及偿付行费用由受益人承担。

2. 信用证的其他条款

信用证中还有一些其他条款作为补充，比如：

"DOCUMENTS TO BE PRESENTED WITHIN 15 DAYS AFTER SHIPMENT DATE BUT WITHIN THE VALIDITY OF THE CREDIT." 即单据于装运日期后15天内提示银行，但必须在信用证的有效期内。

"ALL DOCUMENTS EXCEPT BILL OF LADING SHOULD SHOW THIS L/C NUMBER AND DATE." 即除了提单外，所有单据都须显示信用证号码和日期。

"BOTH QUANTITY AND AMOUNT FOR EACH ITEM 10% MORE OR LESS ARE ALLOWED." 即每一项目数量和金额允许10%的增减。

3. 信用证的其他文句

信用证的其他文句主要包括开证行对议付行的指示、开证行对受益人及汇票持有人保证付款的责任文句，遵守UCP600的责任文句以及特殊条款等。比如：

"WE HEREBY UNDERTAKE ALL DRAFTS DRAWN UNDER AND IN COMPLIANCE WITH THE TERMS AND CONDITIONS OF THIS LETTER OF CREDIT WILL BE DULY HONORED ON PRESENTATION AT THIS OFFICE." 即凡按本信用证所列条款开具并提示的汇票，我行保证承兑。

"THIS CREDIT IS SUBJECT TO THE UNIFORM CUSTOMS AND PRACTICE FOR DOCUMENTARY CREDITS UCP（2007REVISION）INTERNATIONAL CHAMBER OF COMMERSE PUBLICATION NO.600." 即本证根据国际商会（2007年修订本）第600号出版物《跟单信用证统一规则》办理。

【任务实施】

明确信用证包含的基本项目，对信用证内容进行翻译和解读，将任务实施情况、总结评价及改进提升结果做好相应记录，并填写表2-7。

表2-7 任务实施记录

执行情况	步骤1	
	步骤2	
	步骤3	
总结评价	优点	
	不足	
改进提升	改进1	
	改进2	
	改进3	

【任务评价】

根据任务完成情况由教师、学生共同进行任务评价，如表2-8所示。

表 2-8　任务评价

考核项目		教师评分	学生评分	总评分	评语
任务执行质量	对信用证基本项目的认知是否明确				
	对信用证内容条款的翻译是否正确				
	对信用证内容条款的解读是否准确				
任务执行态度					
任务执行效率					

职业指导

信用证的阅读

　　信用证作为一种基于银行信用的支付方式，有助于出口公司的安全收汇。但是由于信用证本身涉及的内容较多，如果没有正确阅读和分析信用证导致单据有问题，就会使出口公司无法顺利结汇。以下面一则 SWIFT 信用证为例，对信用证进行阅读。

DOCUMENTARY LETTER OF CREDIT

FROM: BRITISH ROYAL BANK,LONDON,BRITISH

SEQUENCE OF TOTAL	27: 1/ 2
L/C NO.	20: LC222
DATE OF ISSUE:	31C: SEP 10,2023
EXPIRY DATE AND PLACE	31D: NOV 15,2023,CHINA
APPLICANT	50: TAD TRADE CO.LTD
	NO.555,W.N STREET,LONDON,BRITISH
BENEFICIARY	59: YALI FASHION CORP.
	99 FUQIN ROAD,NINGBO,CHINA
CURRENCY CODE,AMOUNT	32B: USD40000,00
AVAIABLE WITH/BY	41D: WITH ANY BANK BY NEGOTIATION IN CHINA
DRAFT AT	42C: AT 45 DAYS AFTER B/L
DRAWEE(PAYING BANK)	42D: OURSELVES
PARTIAL SHIPMENT	43P: ALLOWED

TRANSHIPMENT	43T: ALLOWED
LOADING AT/FROM	44A: ANY CHINESE PORT
FOR TRANSPORTATION TO	44B: LONDON,BRITISH
THE LATEST DATE OF SHIPMENT	44C: OCT 31,2023
DESCRIPTION OF GOODS	45A:

100% WOOLEN SWEATER AS PER S/C NO.YG899 DD.JULY 20,2023

STYLE 768　2000 PCS　USD12.00/PC

STYLE 769　1600 PCS　USD10.00/PC

TERMS OF DELIVERY :　CIF LONDON

DOCUMENTS REQUIRED　　　　46A:

1. SIGNED COMMERCLAL INVOICE IN 4 COPIES CERTIFYING THAT THE QUALITY OF SHIPMENT IS IN ACCORDANCE WITH THE STIPULATION OF S/C AND SHOWING FREIGHT CHARGES AND FOB VALUE.

2. PACKING LIST IN 3 COPIES

3. FULL SET OF CLEAN ON BOARD MARINE BILLS OF LADING MADE OUT OT ORDER AND ENDORED IN BLANK SHOWING FREIGHT PREPAID AND NOTIFYING APPLICANT.

4. FORM A ISSUED BY CHINESE GOVERNMENTAL ORGANIZATION.

5. BENEFICIARY'S CERTIFICATE CERTIFYING THAT 1/3 ORIGINAL B/L AND ONE SET OF NON-NEGOTIABLE DOCUMENTS HAVE BEEN SENT TO APPLICANT AFTER SHIPMENT IMMEDIATELY.

6. INSURANCE POLICY IN DUPLICATE FOR 110% OF INVOICE VALUE COVERING ALL RISKS AND WAR RISK SUBJECT TO CIC DATED JAN.IST,1981.

7. QUALITY INSPECTION CERTIFICATE SIGNED BY GOVERNMENTAL ORGANIZATION SHOWING SHRINKAGE RATE IS UNDER 6%.

8. SHIPPING ADVICE

ADDITIONAL CONDITIONS　　　　47A:

+ALL DOCUMENTS MUST SHOW THIS L/C NO.

+PLS NOTE IF DOCS PRESENTED CONTAIN DISCREPANCY,A FEE OF USD30 WILL BE DEDUCETED.

PERIOD FOR PRESENTATION:　　　　48：

DOCUMENTS MUST BE PRESENTED WITHIN 15 DAYS AFTER SHIPMENT DATE BUT WITHIN L/C VALIDITY.

```
CONFIRMATION INSTRUCTIONS        49: CONFIRMED BY ADVISING BANK

CHARGES                          71B:

ALL  BANKING  COMMERCIAL  CHARGES  OUTSIDE  OF  NEW  YORK  ARE  FOR

THE BENEFICIARY'S ACCOUNT.

BANK TO BANK INFORMATION         72:

THIS    CREDIT IS    SUBJECT    TO THE    UNIFORM    CUSTOMS    AND    PRACTICE FOR

DOCUMENTARY CREDITS,2007 REVISION,ICC PUBLICATION NO.600

                              ·····END·····
```

"DOCUMENTARY LETTER OF CREDIT" 是信用证名称，表明这是一份信用证文件。FROM 后面是开证行，此份信用证开证行是英国伦敦的皇家银行。

"SEQUENCE OF TOTAL" 是合计页次，27：1/2 表明此信用证一共两页，本页是第 1 页，27 是代码（没有实际意义）。

"L/C NO." 是信用证号码，LC222 是信用证号（20 没有实际意义）。在信用证项下缮制进出口单据时，如果信用证规定单据上需要显示信用证号码，那么必须标明信用证号。

"DATE OF ISSUE" 是开证日期，指开证行开立信用证的时间。SEP 10，2023，表明英国皇家银行在 2023 年 9 月 10 日开立了这份信用证。

"EXPIRY DATE AND PLACE" 是指信用证的有效期限和到期地点，以此来表明受益人向银行提交单据的最后日期和到期地点，受益人应在有效期限的日期之前或当天向银行提交完成有关单据。

"APPLICANT" 是开证申请人，是向银行申请开立信用证的人，一般为进口商，

"BENEFICIARY" 是受益人，是信用证上指定的有权使用信用证的人，一般为出口商。

"CURRENCY CODE，AMOUNT" 是指信用证的货币代码和金额，这里信用证的金额是 40 000 美元。

"AVAIABLE WITH/BY" 是信用证中标明的兑付银行及兑付方式。WITH 后面填写的是兑付银行，比如，ISSUING BANK；ANY BANK 或具体的某家银行等；BY 后面填写的是兑付方式，有 PAYMENT；DEFERRED PAYMENT；ACCEPTANCE 和 NEGOTIATION。这份信用证的 AVAIABLE WITH/BY 就是 WITH ANY BANK BY NEGOTIATION IN CHINA，是指在中国任何银行进行议付。

"DRAFT AT" 是汇票的付款期限，AT 45 DAYS AFTER B/L，是提单后 45 天付款。

"DRAWEE" 是付款人，这里 DRAWEE 付款人是 OURSELVES，表明这份信用证的付款人是开证行自己，由开证行承担付款责任。

PARTIAL SHIPMENT：ALLOWED，允许分批装运；TRANSHIPMENT：ALLOWED，允许转运；LOADING AT/FROM：ANY CHINESE PORT 装运港是中国任何港口；FOR

TRANSPORTATION TO：LONDON，BRITISH 目的港是英国伦敦；THE LATEST DATE OF SHIPMENT：OCT 31，2023，表明装运期限是最迟不晚于 10 月 31 日装运。在阅读信用证时，要注意其对运输条款的规定，以便合理地安排货物运输工作。

"DESCRIPTION OF GOODS" 是信用证中的货物条款，包括货物名称、规格、数量、单价、贸易术语，以及合约号码等，这一部分主要是标明货物的具体信息。

"DOCUMENTS REQUIRED" 是信用证中的单据条款，主要包括受益人应该提交的单据种类、份数以及具体要求。一般有商业发票、装箱单、提单、保险单、检验证书、原产地证书，等等。

"ADDITIONAL CONDITIONS" 是附加条款，要求所有的单据都必须显示信用证号码，如果单据出现不符点，就会被扣 30 美元。

"PERIOD FOR PRESENTATION" 是交单期限，要求所有的单据都必须在发货 15 天内向银行提交，但注意必须在信用证有效期内。

"THIS CREDIT IS SUBJECT TO THE UNIFORM CUSTOMS AND PRACTICE FOR DOCUMENTARY CREDITS, 2007 REVISION, ICC PUBLICATION NO. 600." 是一则银行指示，表明此信用证根据国际商会（2007 年修订本）第 600 号出版物《跟单信用证统一惯例》来办理。

任务 2.4　审核信用证

【任务描述】

小吴梳理完如何阅读信用证的相关知识后，接下来需要比照任务 2.2 任务描述中的 DS2023SC205 号合同，对任务 2.3 任务分析中的信用证进行认真审核。

【任务分析】

小吴需要依照合同，认真仔细地审核信用证，一一对照，找出信用证与合同的不符点，并提出修改意见，填写表 2-9。

表 2-9　信用证审核记录

序号	合同规定	信用证不符点	信用证修改意见
1			
2			
3			
4			
5			
6			
…			

【知识储备】

信用证是国际贸易中使用最普遍的付款方式，其特点是受益人（通常为出口人）在提供了符合信用证规定的有关单证的前提下，开证行承担第一付款责任，其性质属于银行信用。在满足信用证条款的情况下，利用信用证付款既安全又快捷。但必须特别注意的是，为保证所提交的单据与信用证规定相符，受益人必须对信用证进行认真分析和审核，及早发现存在的问题，对于不符合出口合同规定或无法做到的信用证条款应及时提请开证人（通常为进口方）进行修改。如果信用证与买卖合同不一致，而受益人又没有提出修改意见，就等于接受了信用证。

2.4.1　审核人

信用证的审证工作由银行和进出口公司共同承担。银行审核开证行的政治背景、资信情况、付款责任和索汇路线，以及鉴定信用证真伪等。进出口公司则着重审核信用证内容与合同条款是否一致。一般国际商务单证员在收到信用证的当天，就应对照有关的合同认真仔细检查，审核信用证，这样可以及早发现错误，采取相应的补救措施。

2.4.2　审核项目

1. 对信用证本身的审核

（1）审核开证日期：是否按合同要求及时开出了信用证。

（2）审核信用证金额：所使用的货币、金额大小、单价、数量等是否一致。

（3）审核信用证证号：是否具有唯一性，以及信用证的页码是否齐全。

（4）审核信用证有效期和到期地点：必须有有效期且符合合同规定，通常有效期比最迟装运期晚 10～15 天为宜。

（5）审核信用证当事人：信用证开证申请人和受益人的名称和地址是否有误、通知行是否与受益人在同一地点，等等。

2. 对信用证汇票条款的审核

（1）付款人是否为信用证中的开证行或指定的付款行。

（2）付款期限是否与合同中的付款期限相符。

3. 对信用证单据条款的审核

（1）信用证项下要求受益人提交议付的单据通常包括商业发票、海运提单、保险单、装箱单、检验证书及其他证明文件。要注意单据由谁出具、信用证对单据是否有特殊要求、单据的规定是否与合同条款一致等。

（2）信用证中有无影响收款的软条款，"软条款"也就是"陷阱条款"，是指在信用证中加入特殊条款，增加开证人单方面的主动权，使信用证项下的付款责任可随开证人的单方行为而解除，不受受益人的掌控，情况复杂且极具隐蔽性，这一点要认真审核。

4. 对信用证中货物描述的审核

（1）信用证中商品的品名、规格、包装、数量、贸易术语是否与销售合同一致。就数量而言，对于大宗散装货物，除非信用证规定数量不得有增减，那么在支付金额不超过信用证的情况下，货物数量可以允许有5%的增减，但不适用于以包装单位或以个体为计算单位的货物。

（2）唛头是否对应合同中的唛头。

（3）如果货物描述出现详细资料参照×××，要注意所引用的参照资料是否与买卖双方签订的合同内容相符。

5. 对信用证装运条款的审核

（1）审核装运港与目的港是否与合同相符。若存在重名港问题，其后应加国别。

（2）审核装运时间是否恰当，若到证时间与装运期太近，无法如期装运，就应及时与开证申请人联系修改。逾期装运的运输单据将构成单证不符，银行有权不付款。

（3）审核货物是否允许转运，除非另有规定，否则货物是允许转运的。

（4）审核货物是否允许分批出运，若信用证中没有明确规定，应理解为货物是允许分批装运的。但最好提前明确是否允许分批装运，并且如果信用证中明确规定了每一批货物出运的确切时间，那么我们应该注意能否悉数办到，若无法做到，则应立即要求修改。

6. 对信用证其他条款的审核

（1）审核是否有银行保证付款的责任文句，如"Undertaking clause of opening bank"。

（2）审核信用证对费用的规定是否可接受。

（3）审核信用证是否受 UCP600 的约束等。

（4）审核信用证中有无影响收款的软条款。

工作小技巧

信用证的修改

在信用证审核过程中，如果对某一问题有疑问，可以向通知行或付款行查询，寻求他们的帮助。在实际工作中，我们会根据买卖合同条款，参照国际商会《跟单信用证统一惯例》的最新规定和解释，以及我们在贸易中的一些政策和习惯做法，逐条详细审核，如果发现问题，应该根据情况及时处理，对于影响安全收汇、难以接受或做到的信用证条款，必须要求国外客户进行修改。修改时，应该注意以下细节：

（1）凡需修改的各项内容应一次性向对方提出，这样既节约时间，又节省费用。

（2）对经过对方修改后的内容，要仔细审核，若我方仍无法接受部分条款，应坚持让对方改正，直至满意为止。

（3）对于信用证和合同条款不一致的情况，我们可以接受的，可以变通处理。只要不影响安全收汇，不影响我方费用，也可以不进行修改，按信用证的要求办理即可。

（4）信用证修改通知书，要经过原来的通知行传递才是有效的。

2.4.3　根据合同审核信用证

在实际单证业务中，由于各种原因，买方开来的信用证常有与合同条款不符的情况。为了维护己方的利益，确保收汇安全和合同顺利履行，外贸业务人员应对照合同对国外来证进行认真核对和审查。审核信用证时的主要依据是国内的有关政策和规定、交易双方成交的合同、国际商会《跟单信用证统一惯例》以及实际业务中出现的具体情况。

1.　检查信用证付款时间是否与有关合同规定相一致

（1）信用证中规定有关款项须在向银行交单后若干天内或见票后若干天内付款等情况。对此，应检查此类付款时间是否符合合同规定或公司的要求。

（2）信用证在国外到期。规定信用证国外到期，有关单据必须寄送国外。由于我们无法掌握单据到达国外银行所需的时间且容易延误或丢失，有一定的风险，通常我们要求在国内交单/付款。在来不及修改的情况下，应提前一个邮程（邮程的长短应根据地区远近而定），以最快方式寄送。

（3）如信用证中的装期和有效期是同一天，即通常所称的"双到期"，在实际业务操作中，应将装期提前一定的时间（一般在有效期前 10 天），以便有合理的时间来制单结汇。

2.　检查信用证的金额、币制是否符合合同规定

（1）信用证金额是否正确。

（2）信用证的金额应该与事先协商的相一致。

（3）信用证中的单价与总值要准确，大小写并用，内容要一致。

（4）如数量上可以有一定幅度的伸缩，那么，信用证也应相应规定支付金额允许有一定幅度增减。

（5）如果在金额前使用了"大约"一词，其意思是允许金额有 10% 的伸缩。

（6）检查币制是否正确。如合同中规定的币制是"英镑"，而信用证中使用的是"美元"。

3.　检查信用证的数量是否与合同规定相一致

（1）除非信用证规定数量不得有增减，那么，在付款金额不超过信用证金额的情况下，货物数量可以允许有 5% 的增减。

（2）货物数量可以有 5% 增减的规定一般适用于大宗货物，对于以包装单位或以个体为计算单位的货物不适用。

4.　检查价格条款是否符合合同规定

不同的价格条款涉及具体的费用，如运费、保险费由谁分担。如合同中规定："FOB SHANGHAI AT USD50/PC"，根据此价格条款，有关的运费和保险费由买方即开证人承担；如果信用证中的价格条款没有按合同的规定做上述表示，而是做了如下规定："CIF NEW YORK AT USD50/PC"，对此条款如不及时修改，那么受益人将承担有关的运费和保险费。

 职业指导

根据合同审核信用证

下面是一份完整的合同及信用证单据，以此为例，依照 SR3574648 号合同，对 LC2202 号信用证内容条款进行审核，查找信用证不符点，并提出修改意见。

SALES CONTRACT

NO. : SR3574648　　　　　　　　　　　　　　　　DATE: Aug. 26, 2022

THE SELLER: Shangrao Yibo Import and Export Co., Ltd

　　　　　　　　No. 05, Xinjiang Middle Road, Xinzhou District, Shangrao City, Jiangxi Province

　　　　　　　　TEL: 0086-0793-71437548

　　　　　　　　FAX: 0086-0793-71437549

THE BUYER: 　Datung Trading Co., Ltd

　　　　　　　　38 San Bruno Ave. San Francisco, CA 94066, USA

　　　　　　　　TEL: 001-415-5787344

　　　　　　　　FAX: 001-415-5787345

This Contract is made by and between the Buyer and the Seller, whereby the Buyer agree to buy and the Seller agrees to sell the under-mentioned commodity according to the terms and conditions stipulated below:

1. ARTICLE NO., NAME OF COMMODITY, QUANTITY AND AMOUNT:

Commodity	Size(inch)	Quantity(sets)	Unit Price （USD/SET） CFR San Francisco	Amount （USD）
Men's camouflage suit CA3645	M	600	12.00	7,200.00
	L	800	12.00	9,600.00
	XL	700	12.00	8,400.00
Men's camouflage suit CA3646	M	600	13.00	7,800.00
	L	800	13.00	10,400.00
	XL	700	13.00	9,100.00
Total		4,200		52,500.00
TOTAL CONTRACT VALUE: ***				

2. PACKING:

Packed in carton, then wooden pallet.

Shipping mark includes Consignee Name, S/C No., port of destination and carton No.

Side mark must show the Article No., the size of goods, the size of carton and sets per carton.

3. SHIPMENT:

Within 45 days upon receipt of the L/C which accord with relevant clauses of this Contract. Shipped from Jiangxi, China to San Francisco, USA. Transshipment is allowed and partial shipment is prohibited.

4. TERMS OF PAYMENT:

By Letter of Credit at sight, reaching the Seller before Sept. 6, 2022.

****

Signed by:

THE SELLER: THE BUYER:

LC2202 号信用证内容条款如下所示：

MT700	ISSUE OF A DOCUMENTARY CREDIT
SENDER	BANK OF COMMUNICATIONS, SAN FRANCISCO BRANCH
RECEIVER	BANK OF CHINA, SHANGRAO BRANCH
SEQUENCE OF TOTAL	27 : 1/1
FORM OF DOC. CREDIT	40A: IRREVOCABLE
DOC. CREDIT NUMBER	20 : LC2202
DATE OF ISSUE	31C: 220802
DATE AND PLACE OF EXPIRY	31D: DATE 220907 PLACE IN CHINA
APPLICANT	50 : DATUNG TRADING CO., LTD
	38 SAN BRUNO AVE. SAN FRANCISCO, CA 94066, USA
BENEFICIARY	59 : SHANGRAO YIBO IMPORT AND EXPORT CO., LTD
	NO. 05, XINJIANG MIDDLE ROAD, XINZHOU DISTRICT, NANCHANG CITY, JIANGXI PROVINCE
AMOUNT	32B: CURRENCY USD AMOUNT 52500.00
PERCENTAGE CREDIT AMOUNT TOLERANCE	39A: 05/05
AVAILABLE WITH/BY	41D: ANY BANK CHINA, BY NEGOTIAATION
DRAFIST AT...	42C: AT SIGHT
DRAWEE	42A: BANK OF COMMUNICATIONS, SAN FRANCISCO BRANCH
PARTIAL SHIPMENT	43P: PROHIBITED

TRANSSHIPMENT	43T:ALLOWED			
PORT OF LOADING/AIRPORT OF DEPARTURE	44F: SAN FRANCISCO, USA			
LATEST DATE OF SHIPMENGT	44C: 221017			
DESCRIPTION OF GOODS	45A: 4200 SETS OF MEN'S CAMOUFLAGE SUIT			
AND/OR SERVICES	STYLE NO.	QUANTOTY	UNIT PRICE	AMOUNT
	CA3645	2,100SETS	USD13.00SET	USD25,200.00
	CA3646	2,100SETS	USD13.00SET	USD27,300.00
**				

序号	合同规定	信用证不符点	信用证修改意见
1	DATE：Aug. 26，2022	DATE OF ISSUE：220802	改为：DATE OF ISSUE：20220827
2	THE SELLER：Shangrao Yibo Import and Export Co.，Ltd No. 05，Xinjiang Middle Road，Xinzhou District, Shangrao City，Jiangxi Province	BENEFICIARY：SHANGRAO YIBO IMPORT AND EXPORT CO.，LTD NO. 05，XINJIANG MIDDLE ROAD，XINZHOU DISTRICT，NANCHANG CITY, JIANGXI PROVINCE	改为： BENEFICIARY：SHANGRAO YIBO IMPORT AND EXPORT CO.，LTD NO. 05，XINJIANG MIDDLE ROAD，XINZHOU DISTRICT，SHANGRAO CITY，JIANGXI PROVINCE
3	CA3645 Unit Price：12.00	AND/OR SERVICES：STYLE NO. QUANTOTY UNIT PRICE AMOUNT CA3645 2,100SETS USD13.00SET USD25,200.00 CA3646 2,100SETS USD13.00SET USD27,300.00	改为：AND/OR SERVICES：STYLE NO. QUANTOTY UNIT PRICE AMOUNT CA3645 2,100SETS USD12.00SET USD25,200.00 CA3646 2,100SETS USD13.00SET USD27,300.00

【任务实施】

认真审核信用证的内容条款，把任务描述中提出的要求及任务分析中需要做的工作进行实施，完成信用证审核记录表，将任务实施情况、总结评价及改进提升结果做好记录，如有需要可以自行设计相关表格。

【任务评价】

根据任务完成情况由教师、学生共同进行任务评价，如表 2－10 所示。

表 2 - 10　任务评价

考核项目		教师评分	学生评分	总评分	评语
任务执行质量	对信用证本身说明的审核情况				
	汇票条款审核情况				
	运输条款审核情况				
	货物条款审核情况				
	特殊条款审核情况				
	其他条款审核情况				
任务执行态度					
任务执行效率					

【思政园地】

知识与技能训练

与时俱进、开放思维：适应变化中的国际商务单证工作

【同步测试】

一、单项选择题

1.《国际贸易术语解释通则》最新的版本是（　　　）。

A. Incoterms 1990　　B. Incoterms 2000　　C. Incoterms 2010　　D. Incoterms 2020

2. 信用证中，软条款指的是（　　　）。

A. 价格条款　　　　B. 运输条款　　　　C. 保险条款　　　　D. 陷阱条款

3. 信用证上如未明确付款人，则制作汇票时，受票人应为（　　　）。

A. 开证行　　　　B. 议付行　　　　C. 任何人　　　　D. 开证申请人

4. 在合同规定的有效期，负有开立信用证义务的是（　　　）。

A. 买方　　　　B. 卖方　　　　C. 开证行　　　　D. 议付行

5. 在下列有关可转让信用证的说明中，错误的说法是（　　　）。

A. 该证的第一受益人可将信用证转让给一个或一个以上的人使用

B. 该证的第二受益人不得再次转让

C. 该证转让后由第二受益人对合同履行负责

D. 可以分成若干部分分别转让

二、多项选择题

1. 信用证业务中，常见的当事人有（　　　）。

A. 开证申请人　　B. 受益人　　　　C. 开证银行　　　　D. 通知银行

2. 根据付款时间的不同，可以将信用证分为（　　　）。

A. 即期信用证　　B. 中期信用证　　C. 长期信用证　　D. 远期信用证

3. 下列对信用证与合同关系的表述，正确的是（　　　）。

A. 信用证的开立受买卖合同的约束　　B. 有关银行只根据信用证的依据

C. 信用证的履行不受买卖合同的约束　　D. 合同是审核信用证的根据

4. 根据 UCP 600 规定，银行有权拒受（　　）。

A. 迟于信用证规定的到期日提交的单证

B. 迟于装运日后 21 天提交的单证

C. 内容与买卖双方销售合同规定不符的单证

D. 单证之间内容有矛盾的单证

5. 按 UCP 600 规定，信用证（　　）。

A. 未规定是否保兑，即为保兑信用证

B. 有关银行只根据信用证的规定办理信用证业务

C. 未规定可否撤销，即为可撤销信用证

D. 未规定可否撤销，即为不可撤销信用证

三、判断题

1. 从狭义上来说，"单证"就是指"单据"和"信用证"。　　　　（　　）

2. 信用证的号码是开证银行制作的，作用是方便查询和归档。　　（　　）

3. 根据 UCP 600 规定，信用证如未规定有效期，则该证可视为无效。（　　）

4. 可撤销信用证对出口人安全收汇没有保障。　　　　　　　　（　　）

5. 在审核信用证时，无须对陷阱条款进行审核。　　　　　　　（　　）

【综合实训】

1. 完成对"2.2 阅读国际商务合同"任务描述中的合同和"2.3 阅读信用证"任务分析中信用证条款的翻译。

2. 根据 DS2023SC205 号合同完成"任务 2.4 审核信用证"任务分析中对信用证的审核。

学习单元 3
出口基本单据缮制

【项目介绍】

小吴完成了对信用证的审核工作后，经理发现小吴对信用证的审核非常全面仔细，于是在确定所修改的信用证无误之后，安排小吴着手进行全套单证的缮制工作。在本单元的学习过程中，小吴需要根据信用证，完成对商业发票、装箱单、托运单、海运提单、保险单等出口基本单据的缮制工作。

【学习目标】

知识目标：

- 掌握商业发票的定义、作用和分类
- 掌握装箱单的定义、作用和分类
- 掌握海运提单的定义、作用和分类以及确认流程
- 掌握保险单的定义、作用和分类以及操作流程
- 掌握信用证的基本内容、跟单信用证 UCP 的部分规定
- 掌握商业发票、装箱单、托运单、海运提单、保险单的填写要求，以及单据填写的特殊情况
- 了解其他发票、包装单据、运输单据、保险单据的内容和使用

技能目标：

- 能翻译信用证商业发票、装箱单、海运提单、保险单主要条款，读懂信用证基本内容
- 能根据信用证填制商业发票
- 能根据信用证填制装箱单
- 能根据信用证填制托运单和海运提单
- 能根据信用证填制保险单

素养目标：

- 具有健康的体魄和积极的心态
- 具有耐心细致的工作态度
- 具备精益求精的工匠精神
- 具备基本的专业英语阅读能力
- 具有国际化视野和分析能力

【思维导图】

任务 3.1　缮制商业发票

【任务描述】

在国际商务单证缮制工作中，发票是整套单据的核心，其他单据都是以发票为核心来缮制的。小吴在"Virginia TRADE CO. LTD"开来的 LC73456 号信用证"DOCUMENTS RE-QUIRED * 46A"（单据要求）中发现，信用证的商业发票条款要求是："SIGNED COM-MERCLAL INVOICE IN 3 COPIES AND SHOWING FREIGHT CHARGES AND FOB VALUE."小吴需要根据信用证商业发票条款的要求，对商业发票进行缮制。

【任务分析】

小吴需要梳理商业发票的基本知识，对商业发票的填制内容、缮制方法等内容进行回顾，然后严格按照信用证的要求，完成对商业发票的缮制。

步骤 1：梳理回顾商业发票的项目要素，明确商业发票包含的基本信息。

步骤 2：梳理回顾商业发票的缮制方法，填写表 3 - 1。

表 3 - 1　商业发票填写要求

序号	项目要素	填写要求
1		
2		
3		
…		

步骤 3：根据合同信息及信用证发票条款的要求，对商业发票进行缮制。

【知识储备】

现代国际贸易一个非常重要的特点是单证买卖。国际商务单证的制作是否及时、准确、完整，关系到出口方能否安全、及时收汇，所以国际商务单证的制作尤为重要。按照合同或信用证的要求及业务流程制作单证，是国际贸易顺利进行的必要条件。

3.1.1　发票的定义、种类和适用范围

1. 发票的定义

发票，在国际贸易实务中通常称商业发票（Commercial Invoice），是卖方向买方开立的，载有对所交货物的货物名称、数量、价格等内容的总说明，是一张发货价目清单。进口商凭发票核对货物及了解货物的品质、规格、价值等情况。作为买卖双方交接货物和结算货款的主要单证，商业发票是进口国确定征收进口关税的依据，也是买卖双方索赔、理赔的依据。

在这里还需注意，发票在作为结汇单据前，还有以下作用：

（1）作为国际商务单据中的基础单据，商业发票是缮制报关单、产地证、报检单、投保单等其他单据的依据。

（2）商业发票是报关、报检单据的组成部分。出运过程中，报检报关单都需要附上发票才能起到相应的作用。而在作为结汇单据之后，发票还有核销外汇的作用，收到外汇后，办理核销时需要提供发票。

2. 发票的种类和适用范围

在国际贸易结算中，根据交易情况，发票可分为以下几种：

（1）一般发票（Invoice/Commercial Invoice）。

一般商业交易开出的商业发票直接称为发票，这就是一般发票。如果信用证只要求"Invoice"发票，受益人除了不能出具"Provisional/Proforma Invoice"（临时发票或形式发票）以外，可以出具任意种类的发票。但是当信用证规定为"Commercial Invoice"（商业发票）时，受益人就只能出具"Commercial Invoice"或"Invoice"。

（2）证实发票（Certified Invoice）。

证实发票是证明所载内容真实、正确的一种发票，证实的内容视进口方的要求而定，比如发票内容真实无误、货物的真实产地、商品品质与合同相符、价格正确等。证实发票同商业发票一样列明当事人名称、地址，商品名称、规格、货号、单价、总金额、运输标

志等常见项目，除此之外，特别地加注了有关的证明文句，如"我们特此证明上述各项目及数字是真实准确的"。

需说明的是，证实发票不能有通常发票中打有的"错误和纰漏除外"字样，因为证实发票已排除了这种可能性。证实发票应在进口商提出证实要求时使用。

（3）形式发票（Proforma Invoice）。

形式发票也称为预开发票，是在没有正式合同之前，经双方签字或盖章之后产生法律效力的充当合同的文件，包括产品描述、单价、数量、总金额、付款方式、包装、交货期等。这是出口商将所要销售的货物的名称、规格、单价等以发票形式报给进口商，供进口商作为参考或供进口商向当局申请进口许可证使用。

在适用范围方面，如果形式发票具备报价单的内容而构成法律上的要约（Offer），那么可以用来替代报价单，甚至可以作为销售确认书（Sales Confirmation）使用，形式发票还可以用于其他需要结算的场合。

（4）样品发票（Sample Invoice）。

样品发票又称小发票，是卖方向买方寄样时出具的清单，供进口报关时使用。样品发票不同于商业发票，只是便于客户了解商品的价值、费用等，便于向市场推销，便于报关取样。但样品发票同样应当包括：种类、尺寸、数量、单价及总价等，并且发票里必须要有下面的内容："样品没有商业价值，仅供报关使用。"

（5）厂商发票（Manufacturer's Invoice）。

厂商发票是由出口货物的制造厂商所出具的以本国货币为计价单位、用来证明出口国国内市场出厂价格的发票。它的目的是供进口国海关估价、核税以及征反倾销税之用。厂商发票应在国外来证有此要求时制作使用，参照国内价格填制办理即可。

（6）海关发票（Customs Invoice）。

海关发票是进口国海关当局规定的进口报关必须提供的特定格式的发票，主要作为估价完税、确定原产地、征收差别待遇关税或征收反倾销税的依据。因此，海关发票又称为估价和原产地联合证明书。目前，要求提供海关发票的主要国家（地区）有美国、加拿大、澳大利亚、新西兰、牙买加、加勒比共同市场国家以及非洲的一些国家等。

3.1.2　商业发票的项目要素

1. 商业发票内容结构

商业发票（见图3-1）是出口企业自行拟制的，没有统一格式，但其基本栏目内容大致相同，在结构上都是分为首文、本文、结尾三部分。首文部分包括发票名称、号码、日期、发票抬头人等与商业发票单据本身有关的信息；本文部分包括货物唛头、货物描述、单价和总值等与出口货物有关的商品信息；结尾部分包括有关货物产地等内容的特别声明、发票制作人签章等。

COMMERCIAL INVOICE					
To：			Invoice No.：		
			Invoice Date：		
			S/C No.：		
			S/C Date：		
From：		To：			
L/C No.：		Issued By：			
Date of Issue：					
Marks and Numbers	Description of Goods	QUANTITY	UNIT PRICE		AMOUNT
N/M					
Total：					
SAY TOTAL：					
SEPECIAL CONDITIONS：					
				XXXXXX CORP.	

图 3-1　商业发票

2. 商业发票内容要素

（1）发票名称。

发票的单据名称表明这是一份发票文件，应明确标明"INVOICE"或者"COMMER-CIAL INVOICE"字样。如果是在信用证项下，为防止单、证不符，发票名称注意应该与信用证的规定或要求一致。

（2）抬头。

抬头处填写的内容是指明这张发票是开给谁的，一般为货物的购买人，即进口方。在填写的时候，要注意进口商公司的名称和地址要分两行填写，并且要填写名称和地址的全称。

（3）发票号码和日期。

发票上的号码和日期是由出口公司根据实际情况自行编制的，一般来说，在全套单据中，商业发票是签发日期最早的单据，因此商业发票的日期一般是在合同之后，而且早于提单签发日期，不能晚于信用证规定的交单日期。

（4）合同号码和日期。

发票的出具会有买卖合同作为依据，所以合同号码与日期应与信用证上所列的相一致，如果一笔交易牵涉到几个合同时，注意应在发票上全部表示出来。

（5）信用证号码和日期。

当采用信用证结算方式时，商业发票上应填写信用证号码和相关信息。如果信用证没有要求在发票上标明信用证号码，或者采用的支付方式不是信用证时，这一项目可以不填。

（6）启运地和目的地。

这个栏目不是商业发票的必需项目，可以省略。如果不省略，则启运港、目的港应该和提单上表示的内容一致，并且要标明具体的地名，不能用统称。比如，"From：NING-BO，CHINA To：LONDON，BRITISH. "

（7）唛头及件数编号。

唛头包括客户名称缩写、合同号、目的港、件数号等部分，一般由卖方自行设计。但需注意，如果信用证或合同中有规定，那么商业发票上的这一部分必须按规定填写，并与提单、托运单等单据严格一致。如果没有唛头，那么发票上应当填写"NO MARK"，缩写为"N/M"。

（8）货物描述。

货物描述是与货物有关的信息，包括货物的品名、规格等内容，一般用列表的方式将同类项并列集中填写。而且商业发票这一部分的内容必须与信用证规定的货物描述完全一致，必要时可以照信用证的原样填写，不能随意减少内容，如果信用证对货物描述有错误的地方，也应该将错就错，如果有需要，可以用括号将正确的描述在后面进行标注。

（9）商品数量。

商品数量就是商品的各个种类数量各有多少，按照信用证内容填写即可，但要注意，数量的单位问题不要出现差错。一般来说，如果货物品种规格较多，每种货物除了写明小计数量，最后还应该进行合计。

（10）单价和总值。

商业发票上这一部分是用来表明贸易商品的价格，包含单价和总值两部分。单价包括计价货币、计量单位、单位金额和贸易术语。总值是商品单价的总计，这一部分必须准确计算，正确缮制，并认真复核。

在商业发票上还要写明"SAY TOTAL"（相当于人民币的大写金额），用"SAY TOTAL＋具体金额＋ONLY"来表示，如"SAY U. S. DOLLARS FORTY THOUSAND ONLY. "

（11）其他要素。

在商业发票"SAY TOTAL"下方的空白处，可以填写需要特别在发票上注明的内容，具体的内容根据不同国家或地区以及不同信用证的要求来缮制，要求确切、通顺、简洁即可。比如，如果需要证明发票所列货物与合同相符，那么可以在"SEPECIAL CONDITIONS"处注明："WE CERTIFY THAT THE GOODS NAMED ABOVE HAVE BEEN SUPPLIED IN CONFORMITY WITH ORDER NO. 12345. "用来注明货物与合同要求相符。

（12）出票人签章。

根据UCP600的规定，商业发票无须签署，但是如果信用证要求提交签署的发票"SIGNED COMMERCIAL INVOICE. "或手签的发票"MANUALLY SIGNED. "，那么商业发票上的这部分就必须签署盖章，而且要注意手签发票必须由发票授权签字人手签。

3.1.3　信用证项下商业发票填制及特殊要求

1. 信用证中的商业发票条款

（1）Invoice to certify that the goods shipped and other details are as per suppliers S/C

No. 123 dated March 3rd 2023.

发票应证明装运货物和其他有关细节符合 2023 年 3 月 3 日第 123 号的销售合同书。

（2）Your declaration that no wood container has been used in packing of the goods listed on the invoice is required.

发票上须声明所列货物未使用木制容器包装。

（3）All invoices must show FOB Freight and Insurance Costs separately.

所有发票均应分别列明 FOB 价、运费和保险费。

（4）Combined invoice is not acceptable.

不接受联合发票。

（5）3% discount should be deducted from total amount of the commercial invoice.

商业发票总额中必须扣除 3% 的折扣。

2. 信用证项下商业发票填制注意事项

（1）发票的名称。

ISBP745 第 C1 条规定：当信用证要求提交"发票"而未做进一步描述时，提交任何类型的发票（如商业发票、海关发票、税务发票、最终发票、领事发票等）都能满足要求。但是，发票不得为临时发票、形式发票或类似名称。当信用证要求提交"商业发票"时，提交名称为"发票"的单据也满足要求，即便该单据含有供税务使用的声明。由此，如果信用证要求发票，除了不能是临时发票和形式发票之外，提交其他名称的发票都可以；而当信用证规定为商业发票时，则发票名称只能是商业发票或发票。

（2）发票的出具与抬头。

UCP600 第 18 条规定：商业发票必须看似由受益人出具，必须以申请人为抬头。同时，UCP600 第 14 条第 J 款也规定：当受益人和申请人的地址出现在任何规定的单据中时，无须与信用证或其他规定单据中所载相同，但必须与信用证中规定的相应地址在同一国。联络细节（传真、电话、电子邮件及类似细节）作为受益人和申请人地址的一部分时将被不予理会。由此，发票的缮制必须由信用证的受益人出具，以信用证的申请人为抬头。受益人和申请人的地址可以与信用证规定的不一致，但必须在同一国；地址中的联络细节比如传真、电话、E - mail 等可以不用显示。如果信用证的受益人在收到信用证后发生了名称的改变，可以通过修改信用证的方式来实现信用证受益人名称的改变。

如果来不及修改信用证或者申请人不同意改证，则可按照 ISBP745 第 C2 条第 B 款规定执行：当受益人或第二受益人变更了名称，且信用证提及的是以前的名称时，只要发票注明了该实体"以前的名称为（第一受益人或第二受益人的名称）"或类似措辞，发票就可以新实体的名称出具。

（3）发票的价值。

发票必须显示的内容：所装运或交付货物的价值，或所提供的服务或履约行为的价值；单价（如果信用证有规定）；信用证表明的相同币别；信用证要求的任何折扣或扣减。发票可以显示的内容：信用证未规定的预付款、折扣等扣减。

发票不得显示的内容：信用证未规定的货物、服务及履约行为。即便是超出信用证所规定数量的货物、服务及履约行为，或者样品和广告材料，都表明为免费，也是不可以的。这样规定也避免了因为装运了信用证未规定的货物而带来的货物清关不畅等后果。

（4）发票的货物描述。

发票显示的货物、服务或履约行为的描述应当与信用证中的描述一致，反映实际装运或交付的货物、提供的服务或履约行为。

（5）发票的价格条款。

当信用证规定了贸易术语作为货物描述的一部分时，发票应当显示该贸易术语，如信用证规定："SHOWING FREIGHT CHARGES AND FOB VALUE."则发票就应显示 FOB 贸易术语。

当信用证规定了贸易术语的出处时，发票也应当显示贸易术语的相同出处。例如，信用证规定贸易术语为"FOB London Incoterms 2020"，发票也应显示贸易术语为"FOB London Incoterms 2020"，不能显示任何其他版本。

（6）商品的数量、发票金额以及增减幅度。

商品的数量、发票金额和增减幅度要求符合信用证的规定。信用证都会规定数量、金额的增减幅度以及是否允许分批发运。

发票上显示的信用证规定的货物数量可以在 10% 的溢短装浮动幅度之内。货物数量最高 +10% 的变动，并不允许交单项下所要求的支款金额超过信用证金额。

货物数量的 10% 溢短装浮动幅度，不适用于下列情形：信用证规定货物数量不应超过或减少；或者信用证以包装单位或商品件数规定货物数量。当信用证规定了货物数量不得超过或者减少，就应该以信用证要求为准，10% 的增减幅度便不再适用。同时，如果货物单位不是立方米、米、千克等，而是 PCS、UNIT 等类似包装单位，10% 的增减幅度也不适用。

当信用证未规定货物数量，且禁止部分装运时，发票金额在少于信用证金额最大 10%的幅度内，将视为发票涵盖全部货物数量，不构成部分装运。

3. 信用证项下商业发票填制特殊要求

信用证对单据有专门的条款，其中对单据的种类、数量以及正副本等会有具体的规定。受益人需要按照信用证的规定交单，即受益人只有提交与信用证要求相符的单据，才能够获得开证行的付款。因此，信用证对商业发票也有显示其内容的要求。如，信用证中的条款"ADDITIONAL CONDITIONS 47A：+ ALL DOCUMENTS MUST SHOW THIS L/C NO."即要求所有单据必须显示信用证号码，包括商业发票。

 **职业指导**

根据信用证缮制商业发票

LC222 号信用证下的商业发票条款	
条款	SIGNED COMMERCIAL INVOICE IN 4 COPIES CERTIFYING THAT THE QUALITY OF SHIPMENT IS IN ACCORDANCE WITH THE STIPULATION OF S/C AND SHOWING FREIGHT CHARGES AND FOB VALUE.
单据要求	ADDITIONAL CONDITIONS 47A：+ ALL DOCUMENTS MUST SHOW THIS L/C NO.
审核结果	信用证要求提供经过签者的商业发票一式四份，在发票上证明"该票货物的质量符合销售合同的规定"，并显示海运费和 FOB 价值。特殊条款要求所有单据必须显示信用证号码。

COMMERCIAL INVOICE				
To:	TAD TRADE CO. LTD NO. 555, W. N STREET, LONDON, BRITISH		Invoice No.:	YL131008 – TD
			Invoice Date:	OCT 22, 2023
			S/C No.:	YG899
			S/C Date:	JULY 20, 2023
From:	NINGBO, CHINA	To:	LONDON, BRITISH	
L/C No.:	LC222	Issued By:	BRITISH ROYAL BANK, LONDON, BRITISH	
Dateof Issue:	SEP 10, 2023			
Marks and Numbers	Description of Goods	QUANTITY	UNIT PRICE	AMOUNT
N/M	100% WOOLEN SWEATER AS PER S/C NO. YG899 DD. JULY 20, 2023 CIF LONDON			
	ART. 768	2,000 PCS	USD12.00/PC	USD24,000.00
	ART. 769	1,600 PCS	USD10.00/PC	USD16,000.00
Total:	3,600 PCS			USD40,000.00
SAY TOTAL:	SAY U. S. DOLLARS FORTY THOUSAND ONLY.			
SEPECIAL CONDITIONS:	HEREBY CERTIFYING THAT THE QUALITY OF SHIPMENT IS IN ACCORDANCE WITH THE STIPULATION OF S/C. FREIGHT CHARGES: USD 480.00 FOB VALUE: USD 39476.00			
				XXXXXX CORP.

【任务实施】

梳理商业发票的基本知识，根据信用证缮制商业发票，将任务实施情况、总结评价及改进提升结果做好相应记录，并填写表 3 – 2。

表 3 – 2　任务实施记录

执行情况	步骤 1	
	步骤 2	
	步骤 3	
总结评价	优点	
	不足	
改进提升	改进 1	
	改进 2	
	改进 3	

【任务评价】

根据任务完成情况由教师、学生共同进行任务评价，如表 3-3 所示。

表 3-3　任务评价

考核项目		教师评分	学生评分	总评分	评语
任务执行质量	对商业发票项目要素的认知是否明确				
	对商业发票缮制方法的掌握是否熟练				
	商业发票缮制结果是否准确				
任务执行态度					
任务执行效率					

任务 3.2　缮制装箱单

【任务描述】

小吴缮制完商业发票后，继续对其他单据进行缮制。他发现，在"Virginia TRADE CO. LTD"开来的 LC73456 号信用证中，"DOCUMENTS REQUIRED * 46A"（单据要求）要求的第 2 种单据是："PACKING LIST IN 3 COPIES."

小吴需要复习梳理装箱单的相关知识，然后根据信用证要求，缮制装箱单。

【任务分析】

小吴需要梳理和回顾装箱单的基本知识，然后严格按照信用证的要求，对装箱单的填制内容、份数等方面的规定进行梳理，完成装箱单的缮制。

步骤 1：梳理回顾装箱单的项目要素，明确装箱单包含的基本信息。

步骤 2：梳理回顾装箱单的缮制方法，填写表 3-4。

表 3-4　装箱单填写要求

序号	项目要素	填写要求
1		
2		
3		
...		

步骤 3：根据合同信息及信用证的相关要求，对装箱单进行缮制。

【知识储备】

在国际贸易中进行交易的货物，除了一小部分货物属于散装货物或裸装货物外，绝大多数货物都需要包装。所以在通常情况下，包装单据是必不可少的文件之一。包装单据是记载或描述商品包装情况的单据，是商业发票的补充，也是货运中的一项重要单据。进口地海关验货、公证行检验、进口商核对货物时，都会以包装单据为依据来了解包装内的具体内容，以便其接收、核对、销售。

3.2.1　包装单据的种类和适用范围

包装单据的种类很多，主要有以下几种：

（1）装箱单（Packing List/Packing Slip）。

装箱单用来表明装箱货物的名称、规格、数量、箱号、件数、重量和尺码，以及包装情况。它是商业发票的补充单据，列明了信用证或合同中买卖双方约定的有关包装事宜的细节，通常在业务中和商业发票一起使用。

（2）重量单（Weight List/ Weight Note）。

重量单也叫磅码单（Weight Memo），是在装箱单的基础上重点说明每件货物、每种规格项目的重量、包装物重量和总重量的包装单据，比较适用于以重量计价的商品。当收货人对商品的重量比较重视，或当商品的重量对其质量会有一定反映的时候，一般会使用重量单这种包装单据。

（3）尺码单（Measurement List）。

尺码单是一种偏重于说明货物每件的尺码和总尺码的包装单据。它也是在装箱单的基础上再重点说明每件、每种规格项目的尺码和总尺码，如果包装内不是统一尺码的货物，那么应该逐一加以说明。它比较适用于以货物体积计价的商品。

（4）包装声明（Packing Declaration）。

包装声明是关于出口货物包装材料的一种声明，主要用于目的港的清关。只需要按客户提供的格式填好打印出来，再盖章即可。

知识小窍门

包装单据种类说明

装箱单、重量单和尺码单等都是商业发票的补充单据，都是用来记载或描述商品包装情况的，之所以会有不同的种类和形式，是因为进口商对所购商品的某一或某几方面比较关注，希望出口方重点提供该方面的单据，对商品的不同规格条件、不同体积或不同重量逐一进行说明。

3.2.2　装箱单的信用证条款

（1）PACKING LIST IN TRIPLICATE.

这是信用证中对包装单据名称和份数的要求。要求提供装箱单一式三份。

（2）SIGNED PACKING LIST, ONE ORIGINAL AND ONE COPY.

这也是信用证中常见的包装单据条款，要求签字的装箱单，一正一副。

（3）DETAILED WEIGHT AND MEASUREMENT LIST SHOWING THE DETAIL OF COL-ORS, SIZES AND QUANTITIES IN EACH CARTON AND ALSO NET WEIGHT AND GROSS WEIGHT.

这个信用证中的装箱单条款要求比较详细，要求出口商提供详细的重量单和尺码单，并详细标注每箱货物的颜色、尺寸和数量以及毛重和净重。

（4）MANUALLY SIGNED PACKING LIST IN TRIPLICATE DETAILING THE COMPLETE INNER PACKING SPECIFICATIONS AND CONTENTS OF EACH PACKAGE.

这个信用证中的装箱单条款比较综合，要求受益人出具装箱单一式三份，并详细标注每件货物内部包装的规格和内容。

（5）DETAILED PACKING LIST IN QUADRUPLICATE SHOWING GROSS WEIGHT, NET WEIGHT, NET NET WEIGHT, MEASUREMENT, COLOR, SIZE AND QUANTITY BREAKDOWN FOR EACH PACKAGE, IF ANY APLLICABLE.

这个条款中要求的是详细装箱单一式四份，并且标明每个包装的毛重、净重、净净重、尺码、颜色、尺寸及数量。

工作小技巧

Detailed Packing List

如果信用证装箱单条款中只要求提供装箱单（Packing List），而没有任何特殊规定，那么只要提供一般装箱单，将货物的包装情况进行一般简要说明即可。但是如果信用证条款要求提供"详细的装箱单"（Detailed Packing List），那么就必须提供详细的装箱内容，如描述每件包装的具体细节，包括商品的货号、色号、尺寸搭配、毛重、净重以及尺码等。

3.2.3　信用证项下装箱单填制

1. 信用证项下装箱单填制内容

（1）装箱单名称。

装箱单名称应按照信用证的规定使用。通常用"Packing List""Packing Specification"或者"Detailed Packing List"来标明包装单据的名称。

（2）受单方（To）。

受单方这一栏要填写买方的名称和地址。在信用证项下，这一栏应与信用证开证申请人的名称和地址一致。

（3）号码（No.）。

装箱单可以填写自己的编号，但是因为商业发票是核心单据，所以一般会用商业发票的编号作为装箱单的编号。

（4）日期（Date）。

出单日期可以按发票日期填写。装箱单的制作一般在发票之后，所以也可比发票日期晚，但不能晚于提单日期。

（5）信用证号码（L/C No.）和合同号码（S/C No.）。

这两项我们如实填写就可以了，但要注意应当与商业发票上的保持一致。

（6）唛头（Marks）。

这里填写的内容应与发票和提单的唛头相一致，如果没有唛头，应当填写"NO MARK"，或"N/M"。如果唛头内容太多，也可填"AS PER INVOICE NO. ×××"（与×××号发票内容一致）。

（7）包装方式及数量（Nos. Kinds of Packages）。

这里需要填写每种货物的包装件数，比如"2,400CTNS（2400纸箱）""400 CTNS（400纸箱）"等，同时还要注明合计总件数，如刚才提到的两种货物数量相加的总数："2800CTNS（2800纸箱）"。

（8）货物名称（Description of Goods）。

货物名称应当与发票和信用证内容保持一致，如果有统称，应该先注明统称，然后再逐项列明详细的规格。如，先列明货物统称"100% WOOLEN SWEATER"，再在后方分别表明详细的货号"ART. 768和ART. 769"。

（9）毛重（G.W.）、净重（N.W.）和尺码（MEAS.）。

这几项填写货物的实际信息即可，不过要注意除了要填写每种货物的毛重、净重和尺码，同时还要注明合计的总毛重、总净重和总尺码。

（10）出单人签章。

这里由出具本单据的单位和负责人签字盖章，并且需要与商业发票一致。但是如果信用证要求中性的包装单"Neutral Packing List""In White Paper"或者"In Plain"等，这里就不需要进行签章了，保持空白就可以。

装箱单并没有固定的格式和内容，只能由出口商根据货物的种类和进口商的要求依照商业发票的大体格式来制作。虽然制作的装箱单格式不尽相同，但基本栏目内容相似，主要包括上述提到的单据名称、编号、出单日期、货物名称、唛头、规格、件数、毛重与净重、签章，等等。

2. 信用证项下装箱单填制注意事项

在制作装箱单这类包装单据时，应根据公司不同、产品不同，根据合同或信用证中的要求不同，相应地来制作单据，在制作时要注意以下几方面内容：

（1）包装单据名称要与信用证内规定的名称一致，信用证中要求提供什么样的包装单据，那么包装单据的名称要与信用证中的要求相符。

（2）如果信用证规定要列明商品内包装的情况，那就必须在包装单据中充分表示出来，例如，信用证规定，商品每件装一胶袋，每打装一盒，每十打装一纸箱，那么包装单据上就需要证明："Packing：each piece in a poly bag, one dozen in a box and then 10 dozens in a carton."

（3）重量单如果冠以重量证明，那么最后要加注上："We certify that the weight are true and correct."这样的证明文句是最好的，避免出现不必要的纠纷。

（4）进口商把商品转售给第三方时一般只交付包装单和货物，不会透露自己的购买成本，因此包装单据一般不会显示货物的单价和总值。

职业指导

根据信用证缮制装箱单

信用证装箱单条款	
条款	PACKING LIST IN 3 COPIES
单据要求	ADDITIONAL CONDITIONS 47A：＋ALL DOCUMENTS MUST SHOW THIS L/C NO.
审核结果	信用证要求提供装箱单一式三份。 特殊条款要求所有单据必须显示信用证号码。

PACKING LIST

		Invoice No.　：	YL131008－TD
To：	TAD TRADE CO. LTD NO. 555，W. NSTREET，LONDON，BRITISH	Invoice Date：	OCT 22，2023
		S/C No.　：	YG899
		S/C Date：	JULY 20，2023

From：	NINGBO, CHINA	To：	LONDON，BRITISH
L/C No.　：	LC222	SHIPPED BY	VD TARUS V. 37W
Dateof Issue：	SEP 10，2023	SHIPPING MARK	TAD/LONDON/YG899/NO. 1－UP

Marks and Numbers	Number and Kind of Package，Description of Goods		QUANTITY（PCS）	PACKAGE（CTNS）	G. W.（KGS）	N. W.（KGS）	MEAS.（M³）
N/M	100% WOOLEN SWEATER	ART. 768	2000	25	875	825	4. 800
		ART. 769	1600	20	700	660	3. 840
	TOTAL：		3600	45	1575	1485	8. 640
SAY TOTAL：	SAY FORTY－FIVE CARTONS ONLY.						
							XXXXXX CORP.

【任务实施】

梳理装箱单的基本知识，根据信用证缮制装箱单，将任务实施情况、总结评价及改进提升结果做好相应记录，并填写表3－5。

表3－5　任务实施记录

执行情况	步骤1	
	步骤2	
	步骤3	
总结评价	优点	
	不足	

续表

改进提升	改进 1	
	改进 2	
	改进 3	

【任务评价】

根据任务完成情况由教师、学生共同进行任务评价，如表 3 - 6 所示。

表 3 - 6　任务评价

考核项目		教师评分	学生评分	总评分	评语
任务执行质量	对装箱单项目要素的认知是否明确				
	对装箱单缮制方法的掌握是否熟练				
	装箱单缮制结果是否准确				
任务执行态度					
任务执行效率					

任务3.3　认识海运出口托运和海运提单

【任务描述】

完成了装箱单的单据制作后，小吴发现 LC73456 号信用证中，"DOCUMENTS RE-QUIRED ＊46A"（单据要求）的第 3 条是："2/3 SET OF CLEAN ON BOARD MARINE BILLS OF LADING MADE OUT TO ORDER AND ENDORSED IN BLANK SHOWING FREIGHT PREPAID AND NOTIFYING APPLICANT."

小吴知道这是信用证对于提单的单据要求，但是小吴有些不清楚其中的具体操作，于是经理告知小吴，这单业务是 CIF + L/C 海运出口，需要小吴先办理出口货物托运手续，再从船公司处获取提单。

【任务分析】

小吴需要了解海运出口的托运手续程序、步骤及具体操作，学习托运单的相关知识，缮制海运出口托运单，委托货代完成出口货物运输的租船或订舱，并在货物装船后，取得海运提单。

步骤 1：学习了解海运出口托运手续的程序、步骤及具体操作，制作海运出口的托运流程图。

步骤 2：梳理回顾托运单的相关知识，明确托运单的缮制方法，并填写表 3 - 7。

表 3 – 7 托运单填写要求

序号	项目要素	填写要求
1		
2		
3		
…		

步骤 3：根据合同信息缮制集装箱货物托运单，委托货代租船订舱，货物装船后从船公司处获取提单。

【知识储备】

3.3.1 出口托运

1. 出口托运含义

在进出口贸易合同签订以后，根据贸易术语和国际货物买卖合同的要求，进口方或出口方通过有权受理对外货物运输业务的单位，办理出口货物的委托运输手续，以将货物完成从出口方到进口方的运输，委托运输的这一过程就是出口托运。不同的运输方式需办理不同的托运手续。通过海洋运输方式进行运输的货物需办理海运出口货物托运手续，即租船订舱。

根据《2020 通则》，CIF、CFR 价格术语下出口的货物，应由出口商自付费用办理出口货物托运手续。出口商既可以自行直接向船公司申请办理，也可以委托货运代理公司办理。在实际业务中，为了提高效率、节省费用，许多出口商愿意选择较为满意的货代公司代为办理托运手续。

2. 出口托运当事人

出口托运中涉及四个当事人，分别是发货人（Shipper）、收货人（Consignee）、货运代理人（Freight Forwarder）和承运人（Carrier）。

发货人又称托运人，是货物出口前实际拥有货物并且委托运输公司发出货物的一方当事人，一般情况下都是出口方。对应的，收货人就是货物出口后，即将实际拥有货物的一方当事人，也就是接收货物的物主，一般情况下是进口方。

货运代理人是安排他人运输货物的一方当事人，既不实际拥有货物也不实际运输货物，只是接受收货人或发货人的委托，代理其跟进和办理国际货物出口运输的相关业务，如租船订舱、申领提单等。

承运人是实际运输货物的一方当事人，一般为运输公司。

一般情况下，出口托运就是由托运人委托货运代理人向承运人办理货物运输的相关事宜，以完成出口货物运输。根据运输方式的不同，出口托运可以分为海运出口托运、陆运出口托运和空运出口托运。

拓展阅读：陆运托运与海运托运流程

3. 出口托运具体操作

在实务中出口大批量货物时，一般会以海运的出口方式为主，而在海运中，货物出口又分为拼箱运输和整箱运输两种。拼箱是指托运货物不足一整个集装箱，需要和去往同一目的地的其他货物拼箱走一个集装箱来运输，一般用 LCL（Less than Container Load）来表示。整箱货就是托运人的货物能够装满一个或几个集装箱，并发往同一个目的地由同一个收货人接收货物的运输，一般用 FCL（Full Container Load）来表示。

拼箱托运手续和整箱托运手续较为类似，但由于整箱运输具有装卸效率高、货损货差小、货物包装费用少等优势，所以整箱运输在海运出口托运中较为常用。以海运整箱出口托运为例，出口托运的具体操作如下：

（1）托运人订舱。托运人（发货人）根据贸易合同或信用证条款的规定，在货物最迟装运期前至少10天，填制订舱委托书（海运出口货物托运单），委托货运代理人或自行送交承运人，向船公司办理租船订舱手续，申请租船或订舱。

（2）承运人接受申请。船公司根据自己的运力、航线等具体情况考虑发货人的要求，决定是否接受承运。如果接受申请，船公司就将装货单、配舱回单等联退还给货运代理人，货运代理人通知出口商订舱已订妥，并且发送舱位信息给出口商。

（3）提取空箱，货物集港。获取到舱位信息后，出口商或其货运代理人就可以从船公司的空箱堆场按订舱规定的数量提取空箱。提取空箱后，发货人或货运代理人进行货物装箱，然后将装好箱的货物按规定时间交至码头仓库，完成货物集港任务。

（4）货物报关，准备出运。码头仓库接收到指定货物后，会签发场站收据给货代。接下来出口商就需要准备好报关资料交给货代，由其委托或他自己向海关报关，海关查验合格后，发放行通知书，货物报关完成。这时集装箱装卸区就会将出运的箱子调整到集装箱码头前方堆场，待船靠岸后，即可装船出运。

（5）装船通知，换取提单。货物装船后，船公司会根据货物情况签发收货单，托运人就可以根据需要向收货人发出装船通知，并凭收货单（"大副收据"）到船公司换取正本已装船提单，以便进行后续的交单议付工作。

职业指导

海运货物出口货运单证的流转程序

（1）托运人填制单据后提交给船公司或者货代公司；

（2）外运公司填制船只和舱位；

（3）外运公司将一联配仓单交出口公司，出口公司据以缮制报关单、投保等；

（4）出口公司将报关单随同所有报关单据交外运公司办理货物装船前的报关；

（5）船方根据出口载货清单和装货清单，编制货物积载图交外轮代理公司；

（6）外轮代理公司将积载图分送港区和理货公司；

（7）港区根据货物积载图，安排货物集港的日程和码头仓位，然后通知外运公司和出口企业；

（8）外运公司或出口企业根据港区通知，到外贸仓库提货，并将货物送到港区指定仓库；

（9）外运公司或出口企业报关员持整套报关单据及装、收货单向海关办理出口报关；

（10）海关验货后，在装货单上盖章放行，并将装、收货单退还外运公司或出口企业，由外运公司或出口企业将装、收货单及缴纳出口货物港杂费申请书交理货公司；

（11）理货公司根据载货船只的到港时间以及外轮代理公司交来的单证编制装船计划，然后凭缴纳出口货物港杂费申请书，通知港区将货物发至船边；

（12）港区接到理货公司通知后，立即将有关货物发至船边；

（13）理货公司理货员负责监督装船，具体核对唛头、件数、包装方式、货名与装、收货单及有关单据描述是否一致，并在装货单上填入实际装船日期、时间、所装舱位和数量，签名后将装、收货单交船方和外轮代理公司；

（14）船方收到装、收货单后，留下装货单作为随船货运资料，由大副在收货单上签字或做适当批注后退交托运人；

（15）托运人收到大副收据后，即可凭此及预制好的提单到外轮代理公司换取正本"已装船提单"；

（16）大副收货单上如无批注，外轮代理公司即可向托运人签发已装船清洁提单，并将提单副本交船方留作货运资料；

（17）外轮代理公司将实际的出口载货清单与签发的提单核对无误后，分别交船方作为货运资料，交沿途各港及目的港代理作为进口舱单报关；

（18）托运人持提单（还有其他单证）到议付银行办理结汇手续。一次海运货物出口货运单证的流转宣告结束。

3.3.2 托运单的基本内容

1. 托运单的含义

以海运出口托运为例，海运出口货物托运单（Booking Note）就是出口商在报关前向船公司申请租船订舱的依据，是日后制作提单的主要背景材料。托运单并不直接影响收汇，但是，若缮制错、漏或延误等，就会影响结汇单据、提单的正确缮制和快速流转，从而影响卖方安全收汇。

托运单（见图 3-2）一般是托运人根据贸易合同和信用证条款内容填制的，是货主向承运人或其代理人办理货物托运的单证。承运人会根据托运单内容，并结合船舶的航线、挂靠港、船期和舱位等条件考虑，认为合适后，即接受托运。

2. 托运单的基本内容

托运单没有固定格式，不同进出口公司缮制的托运单不尽相同，主要内容包括托运人、收货人、装货港、卸货港、唛头、货物描述、货物毛重、货物体积、运费的支付方式、所订船期等。

（1）托运人：Shipper。一般情况下，填写出口公司的名称和地址。但如果信用证没有特别规定，此处可以填写任何人。

（2）收货人：Consignee。在信用证支付的条件下，收货人必须与信用证的规定一致，信用证对收货人的规定一般有两种表示方法：记名收货人和指示收货人。

记名收货人（To the Order of ×××）是直接将收货人的名称、地址完整地表示出来。

Shipper （发货人）				D/R No.（提单号）	
Consignee （收货人）				第一联	
Notify Party （被通知人）				集装箱货物托运单	
Pre-carriage by（前程运输）				货主留底	
Place of Receipt （收货地点）					
Ocean Vessel （船名）		Voy.No.（航次）			Port of Loading （装货港）
Port of Discharge （卸货港）		Place of Delivery （交货地点）			Final Destination for the Merchant's Reference （目的地）
Container No.（集装箱号）	Seal No. （封志号） Marks &No. （标记与号码）	No.of Containers or Pkgs. （箱数或件数）	Kind of Packages; Description of Goods （包装种类与货名）	Gross Weight （毛重/千克）	Measurement （尺码/立方米）
Total Number of Containers or Packages(In Words) （集装箱数或件数合计 ）					
Freight&Charges （运费与附加费）	Revenue Tons （运费吨）	Rate （运费率）	Per （计费单位）	Prepaid（运费预付）	Collect（运费到付）
Ex.Rate （汇率）	Prepaid at （预付地点）	Payable at （到付地点）		Place of Issue （签发地点）	
	Total Prepaid （预付总额）	No.of Original B(S)/L （正本提单份数）			

Service Type on Receiving □—CY □—CFS □— DOOR	Service Type on Delivery □—CY □—CFS □— DOOR	Reefer-Temperature Required （冷藏温度）	°F	℃

Type of Goods （种类）	□ Ordinary 普通	□ Reefer 冷藏	危险品	Class:
	□ Dangerous 危险品	□ Auto 裸装车辆		Property:
	□ Liquid 液体	□ LiveAnimal 活动物		IMDG Code Page
	□ Bulk 散装			UN No.:
可否转船		可否分批		
装运时间		有效期		
金额				

图 3－2　集装箱货物托运单

一般收货人是合同买方。但是记名收货人的单据不能直接转让，这给单据的买卖流通设下了障碍。

指示收货人（To Order/To Order of Shipper）是将收货人以广义的形式表示出来。常用空白指示和记名指示两种表达法。指示收货人掩饰了具体的收货人的名称和地址，使单据可以转让。在空白指示（不记名指示、空白指示）的情况下，单据的持有人可以自由转让单据。在记名指示情况下，记名人有权控制和转让单据。指示收货人的方法补充了记名收货人方法的缺陷，但也给船方通知货方提货带来了麻烦。对此"被通知人"栏目做出补充。

（3）被通知人：Notify Party。此栏填写信用证中规定的被通知人。被通知人的职责是及时接收船方发出的到货通知并将该通知转告真实收货人，被通知人无权提货。

（4）托运单编号：Number。一般填写商业发票的号码。

（5）目的地：Place of Delivery。此栏目按信用证的目的港填写。填写时注意重名港口的现象，一般将目的地所在国家名称填写在这一栏中。如果目的地是内陆城市，这一栏填写卸下最后一艘海轮时的港口名称。运费是根据托运单的本项内容计算航程而得出的。

（6）运输标志：Shipping Marks。此栏填写信用证或合同规定的唛头，买卖合同或信用证中没有规定唛头，可填写"N/M"。

（7）数量：Quantity。托运单中的数量是指最大包装的件数。

（8）货物说明：Description of Goods。这一栏内容允许只写大类名称或统称。

（9）重量：Goss Weight/Net Weight。重量应分别计算毛重和净重。

（10）尺码：Measurement。该栏目填写一批货的尺码总数，一般单位为立方米。

（11）装运日：Time of Shipment。按信用证或合同规定的装运期填写。

（12）期满日：Expiry Date。该栏目的填写一般按信用证的规定填写。

（13）存货地：内容用中文填写。

（14）转船：Transshipment。填写要求与分批一致，只能在"允许"或"不允许"两者中取其一。

（15）分批：Partial Shipment。按照合同或信用证条款填写。只能在"允许"或"不允许"两者中取其一。

（16）运费：Freight。一般不显示具体运费，只填写"运费到付"或"运费预付/已付"。

（17）托运单日期：填写与发票日期一样的内容，即开立发票的日期。

（18）提单正本份数：一般一式三份，"THREE ORIGINAL BILL OF LADING"（三份正本提单或者"ORIGINAL BILL OF LADING IN THREE, FULL SET OF BILL OF LADING"）同时有效，指全套正本提单。按照习惯，一般是指两份以上正本提单。

（19）控制温度指令：如果是冷藏集装箱，需要填写要求的冷藏温度，如果不是冷藏货物，此栏无须填写。

（20）特别条款：根据信用证要求或合同要求中有关运输方面的特殊条款。

（21）签字：经办人签字，出口企业盖章。其他项目如船名、提单号码等由船方或其代理人填写。

3.3.3 海运提单及审核

1. 海运提单的含义及基本内容

海运提单是海运中使用最多的单据，是船方或代理人在收到其承运的货物后签发给托运人的货物收据，用以证明海上货物运输合同和货物已由承运人接收或装船，以及承运人保证据以交付货物的单证。提单是一种有价证券，同时代表物权和债权，是一份非常重要的法律文件和运输单据。

知识链接

运输单据

海运提单是运输单据的一种，运输单据（Transport Documents）是承运人收到承载货物后签发的，表明货物已经装上运输工具或已将货物发运或收妥货物待运的证明文件，是承运人与托运人之间运输契约的证明。运输单据有海运提单、邮包收据、航空运单、承运货物收据、联运提单和国际多式联运提单等。

目前，各船公司所制定的提单虽然格式不完全相同，但其内容大同小异，都有正反两面。提单正面内容需要由船公司或货代根据实际情况填制，包括货物的品名、标志、包数或件数、重量或体积、运输危险货物时对危险性质的说明等。当某些特定港口或特种货物，或托运人要求加列条款时，需要在提单背面添加内容，作为承托双方权利义务的依据，一般由船公司自行印制好。

（1）托运人（Shipper）。

与海运托运单相应栏目填法相同。

（2）收货人（Consignee）。

与海运托运单相应栏目填法相同，必须与信用证规定的一致。

（3）通知人（Notify Party）。

通知人必须与信用证规定的完全一致。如信用证没有规定，此栏可不填或填写"Same as Consignee"。

（4）收货地（Place of Receipt）。

此栏填写实际收货地点，如工厂、仓库等。

（5）装运港（Port of Loading）。

与海运托运单相应栏目填法相同，必须与信用证规定的装运港一致。

（6）船名（Name of the Vessel）。

①若是已装船提单，此栏注明船名和航次。若是收货待运提单，在货物实际装船完毕后再填写船名。该项记载的意义有多方面：便于购买保险、便于跟踪查询、便于发生合同纠纷时法院有确定的客体，可采取诉讼保全等。

②根据 UCP600，如果提单没有表明信用证规定的装货港为装货港，或者载有"预期的"或类似的关于装运港的限定语，则需以已装船批注表明信用证规定的装货港、发运日期以及实际船名。即使提单以事先印就的文字表明了货物已装载或装运于具名船只，本规

定仍适用。

③根据 UCP600，如果提单载有"预期船只"或类似的关于船名的限定语，则需以已装船批注明确发运日期以及实际船名。

④此栏必须填写船名和航次（Voy. No.），如没有航次，允许航次空白。

（7）转运港（Port of Transshipment）。

就提单而言，转运系指在信用证规定的装货港到卸货港之间的运输过程中，将货物从一船卸下并再装上另一船的行为。发生转运时，填写转运港名称，必要时加注所在国家名称。

①根据 UCP600，提单可以表明货物将要或可能被转运，只要全程运输由同一提单涵盖。

②即使信用证禁止转运，注明将要或可能发生转运的提单，银行仍可接受，只要其表明货物由集装箱、拖车或子船运输。

③提单中声明承运人保留转运权利的条款将被银行不予理会。

（8）卸货港（Port of Discharge）。

与海运托运单相应栏目填法相同。在信用证结汇方式下，提单须表明货物从信用证规定的装货港发运至卸货港。

（9）交付地（Place of Delivery）。

根据实际情况填写交货地名称。

（10）签发的提单份数（Number of Original B/Ls）。

与海运托运单相应栏目填法相同。

（11）提单号（B/L No.）。

提单号一般按装货单上的关单号填写在提单规定的栏目内。

不同船公司有不同的提单号组成规则。通常，提单号由代表船公司名称的英文代码、装运港英文代码或目的港英文代码、代表该航次的数字和订舱顺序号数字等组成。提单号是查询、报检、报关、跟踪货物、收运杂费、归档等环节中不可缺少的一项重要内容。

（12）标记与号码，箱号与封号（Marks & Nos.，Container/Seal No.）。

此栏与海运托运单相应栏目填法相同。

（13）箱数与件数（No. of Pkgs. or Shipping Units）。

与海运托运单相应栏目填法相同。

一般提单上的箱数或件数不允许做任何更改，也不允许盖更正章。一旦发生赔偿时，此箱数或件数是计赔的一个计量数。即赔偿金额 = 件数 × 赔偿费率。

（14）货物名称与包装种类（Description of Goods and Pkgs）。

与海运托运单相应栏目填法相同。

（15）毛重（Gross Weight）。

与海运托运单相应栏目填法相同。当货物没有毛重只有净重时，可以在毛重栏目内显示净重"NW…KGS"，不允许空白。

（16）体积（Measurement）。

与海运托运单相应栏目填法相同，一般以立方米（CBM）为计量单位。

（17）总箱数/货物总件数（Total Number of Container and/or Packages in Words）。

用英文大写字母来填写集装箱的总箱数或货物的总件数。一般提单上的总箱数或总件数不允许做任何更改，也不允许盖更正章。

（18）控制温度指令（Temperature Control Instruction）。

与海运托运单相应栏目填法相同。如果为冷藏集装箱，此栏填写要求的冷藏温度。非冷藏货物，此栏为空。

（19）运费的支付（Payment of Freight）。

与海运托运单相应栏目填法相同。

（20）货物价值申报（Excess Value Declaration）。

如果托运人有货物价值向承运人申报，可填写在此栏内。如果不需要对货物价值进行申报，此栏为空。

（21）已装船批注、装船日期、装运日期（Shipped on Board, The Vessel Date, Signature）。

根据UCP600，通过以下两种方式表明货物已在信用证规定的装货港装上具名船只。

①提单上预先印就"已装船"文字或相同意思。如，"Shipped on board the vessel named here in apparent good order and condition"或"Shipped in apparent good order and condition"。这种提单通常被称为"已装船提单"，不必另行加注"已装船"批注。提单的出具日期就是发运日期，除非提单载有表明发运日期的已装船批注，此时已装船批注中显示的日期将被视为发运日期。

②如果提单载有"预期船只"或类似的关于船名的限定语，则需以已装船批注明确发运日期以及实际船名。通常这种提单被称为"收妥备运提单"，提单上加注"已装船"（On Board）批注旁边显示的装船日期即为发运日期，而提单的出具日期不能视作发运日期。

（22）签发的提单日期和地点（Place and Date of Issue）。

与海运托运单相应栏目填法相同。

（23）承运人或承运人代理人签字、盖章（Sign or Authenticate）。

根据UCP600，提单无论名称如何，须表明承运人名称并签署证实。

（24）目的港提货代理（F/Agent Name for Delivery）。

填写承运人或其代理人在目的港提货点联系的公司名称、地址、电话、传真等。

（25）单据名称（Title）。

根据UCP600，提单无论名称如何，表明承运人名称并由承运人、船长或其具名代理人签署的，表明货物已在信用证规定的装货港装上具名船只，并从信用证规定的装货港发运至卸货港的运输单据，都被银行接受。

拓展阅读

提单的承运人条款

提单的正反面一般还会根据国际公约、各国法律和承运人规则印有承运人条款，以用来约束托运人和承运人，常见的承运人条款有以下几种：

1. 提单正面的确认条款

Received in apparent good order and condition except as otherwise noted the total number of containers or other packages or unites enumerated below for transportation from the place of receipt to the place of delivery subject to the terms and conditions hereof.

承运人在货物或集装箱外表状况良好的条件下接受货物或集装箱，并同意承担按照提单所列条款，将货物或集装箱从启运地运往交货地，把货物交付给收货人。

2. 提单正面的不知条款

Weight, measure, marks, numbers, quality, contents and value of mentioned in this bill of lading are to considered unknown unless the contrary has expressly acknowledged and agreed to. The signing of this Bill of Lading is not to be considered as such an agreement.

承运人没有适当的方法对接受的货物或集装箱进行检查，所有货物的重量、尺码、标志、数量、品质和货物价值等都由托运人提供，对此，承运人并不知晓。

3. 提单正面的承诺条款

On presentation of this Bill of Lading duly endorsed to the Carrier by or on behalf of the Holder of Bill of Lading, the rights and liabilities arising in accordance with the terms and conditions hereof shall, without prejudice to any rule of common law or stature rendering them of the Bill of Lading as though the contract evidenced hereby had been made between them.

经承运人签发的提单是有效的，承运人承诺按照提单条款的规定，承担义务和享受权利，公平地也要求货主承诺接受提单条款规定，承担义务和享受权利。

4. 提单正面的签署条款

One original Bill of Lading must be surrendered duly endorsed in exchange for the goods or delivery order. In witness whereof the number of original Bill of Lading stated under have been signed, all of this tenor and date, one of which being accomplished, the other to stand void.

承运人签发的正本提单份数，具有相同法律效力，提取货物时必须交出经背书的一份正本提单，其中一份完成提货后，其余各份自行失效。

5. 提单背面的承运人赔偿责任条款

承运人责任限制是用以明确承运人对货物的灭失和损坏负有赔偿责任应支付赔偿金时，承运人对每一件货物或每单位货物支付最高赔偿金额的条款。

此外，提单正面还印有单据名称、承运人名称和地址或代理人名称和地址。提单背面还有许多其他条款，如承运人的运价本条款、通知与支付条款、承运人的集装箱条款、托运人的集装箱条款、索赔通知与时效条款、运费与附加费条款、共同海损与救助条款、管辖权条款和新杰森条款等。

2. 海运提单的作用

（1）货物收据。

提单是承运人签发给托运人的收据，用来确定承运人已收到提单所列的货物并且已经装船。

（2）运输契约证明。

承运人之所以为托运人承运有关货物，是因为承运人和托运人之间存在一定的权利义务关系，而这种双方权利义务关系是以提单作为运输契约的凭证。

（3）物权凭证。

谁持有提单，谁就有权要求承运人交付货物，并且享有占有和处理货物的权利，出口商在向银行交单时也要提交正确的提单单据。

3. 海运提单的分类

（1）根据货物是否已经装运，可分为已装运提单（Shipped on Board B/L）和备运提单（Received for Shipping B/L）。装运提单是指货物装船后签发的提单，备运提单是轮船公司收到货物，暂代存入码头仓库或驳船，等待承运船舶抵港时再行装运所签发的提单。这种提单虽然列有承运船名，但轮船公司并不负责。所以买方通常不愿意接受备运提单。在贸易合同中，买方一般要求卖方提供已装船提单，因为已装船提单正面载有装货船舶的名称和装船日期，表明货物确已装船，可以保证收货人按时收到货物，在国际贸易实务中更为常用。

（2）根据有无不良批注，可以把海运提单分为清洁提单和不清洁提单，这两种提单主要是根据提单上有没有不良批注来决定的。如果没有不良批注，就称为清洁提单，否则就是不清洁提单。在国际贸易中，银行为了安全起见，一般只接受清洁提单。

（3）根据运输方式的不同，提单可分为直接提单、转运提单、联运提单和多式联运提单等。直接提单是由承运人签发，从启运港通过船舶直接交付到目的港的提单。如果启运港的货船没有直接驶往目的港，那么当另一艘船到达目的港时签发的提单必须在转运港更换，这就是转运提单。如果货物需要分两个或两个以上阶段运输到目的港，而有一个航段是海运，则以海陆、海空联运或海海联运出具的提单称为联运提单。因此，转运提单实际上是一种联运提单。当两种或两种以上不同运输方式连续运输时，联运必须是承运人签发的提单。因此，组合提单又称为多式联运提单。目前，在实际业务中，许多船公司使用的格式与联运提单相同，但在用作联运提单时，不仅必须列出启运港和目的港，还必须列出收货地、交货地和前面运输工具的名称。

（4）根据提单标题的不同，提单可以分为记名提单、不记名提单和指示提单。记名提单不能背书转让，货物只能交付给列明的收货人。不记名提单是提单上没有列明收货人名称的提单。谁持有提单，谁就可以凭借提单从承运人处提货，承运人的交付是以凭证为基础的。提单上未列收货人的，可以背书转让，有利于资金周转，在国际贸易中应用广泛。

4. 海运提单的使用

（1）提单的签发。

向托运人签发提单是船公司的一项重要业务，提单内容正确与否将直接关系到承运人的切身利益，也会对托运人和收货人产生重要影响。提单的签发包括提单的签发人、提单的签发时间、提单的签发地点以及提单签发的正副本件数等四项内容。

①提单的签发人。有权签发提单的签发人有船长、承运人或其代理人。承运人或其代理人签发时必须表明其身份。特别要注意的是，代理人代表承运人或船长签字或证实时，必须表明所代表的委托人的名称和身份，即注明代理人是代表承运人还是代表船长签字。

②提单的签发时间。提单的签发日期应与货物实际装船日期一致，不能提前也不能延后，否则将使提单变成倒签提单、预借提单和顺签提单，承运人将面临较大风险。UCP600 中明确规定：提单日期即是装船完毕日。

拓展阅读

倒签提单、预借提单和顺签提单

倒签提单是指在货物装船完毕后，承运人或其代理人应托运人的要求，由承运人或其代理人签发提单，但提单上的签发日期早于该批货物实际装船完毕的日期，以符合信用证装运期的规定。这种倒填日期签发的提单称为倒签提单。表面上倒签提单使提单签发日期与信用证规定的装运期相吻合，方便结汇，但它改变不了实际开航日期和抵达日期的真实情况。一旦这种倒签日期预先没有征得收货人同意而被发现，后果严重。承运人的这种倒签提单行为虽然是在托运人的正式请求下进行的，但也要承担由此而带来的风险和责任。

预借提单也是倒签提单的一种，由于信用证发运日和截止日都将到期而货物因故尚未装船，或已开始装船尚未完毕，在这种情况下，托运人为了交单结汇往往向承运人或其代理人提出预先签发并借到"已装船提单"，这种行为称为预借，借得的提单称为预借提单。这种情况下，承运人承担的风险比倒签提单更大。按照许多国家的相关法律规定，承运人签发预借提单将丧失享受责任限制和免责的权利。

顺签提单是指在货物装船完毕后，承运人或代理人应托运人的要求，以晚于货物实际装船完毕的日期作为提单签发日期的提单。托运人要求承运人这样做，是为了符合合同关于装运期的规定，同样承运人这样做，也掩盖了提单签发时的真实情况，要承担由此而带来的风险和责任。

③提单的签发地点。签发地点一般为装运港地点，当然也可以是承运人公司所在地或其他地点。

④提单签发的正副本件数。提单有正本和副本之分。正本提单一般签发一式两份或三份，这是为了防止提单流通过程中万一遗失时，可以应用另一份正本，签发正本提单的份数应分别记载于所签发的各份正本提单上以使受益方及银行了解全套正本提单的份数。各份正本具有同等效力，所以通常都在提单上列有"承运人或其代理人已签署本提单一式三份，其中一份经完成提货手续后，其余各份失效"的字样。副本提单承运人不签署，份数根据托运人和船方的实际需要而定。副本提单只用于日常事备，不具备法律效力，不能凭此提货或转让。正本提单上标注有"ORIGINAL"字样，为了表示该份正本提单是全套提单中的第几份时，应该使用"FIRST ORIGINAL""SECOND ORIGINAL""THIRD ORIGINAL"等字样，有的国家用"ORIGINAL""DUPLICATE""TRIPLICATE"标注。有"COPY"字样的为副本提单，根据国际商会的相关出版物，标有副本字样的、没有标明正本字样的、无签署的均属于副本提单。

工作小技巧

提单签发的注意事项

（1）提单的签发日期应与提单上所列货物实际装船完毕的日期即收货单的日期一致。

（2）承运人签发提单的凭证是大副收据，其批注也是从大副收据上转移到提单上的。签单时应使提单上的批注与大副收据上的一致。

（3）若提单上注有"On Board"字样，应在其上盖章，表示承运人确认货物已装船。此外提单若有更正痕迹，在更正处应加盖更正章。

（2）提单的确认。

提单的确认包括提单内容的确认和提单签发人、签发日期、签发地点、签发份数的确认。提单确认主要有两个环节。

①托运人在报关后开船前的确认。

托运人在报关后将提单的每一项内容按照托运单输入规定格式的电子提单中，然后打印成纸质"提单确认样张"，将此样张传真或电子传送给委托人，在载货船舶启航之前进行书面核对，及时修改，并将修改后的"提单确认样张"保存在电脑规定的文档中。

②当货物装上船离境后的确认。

将已经委托人确认后的"提单确认样张"打印在承运人规定格式的提单上，持有承运人签收的"场站收据"或持有 EDI 系统显示海关"已放关和货已装运"的装运记载，交由承运人盖章并签发正本提单。取得提单后应再核对承运人签发的日期、地点、份数，使签发的提单同时符合信用证要求和 UCP600 中对签单人的有关规定。在信用证项下，提单的确认应严格做到"单单相符、单证相符、单货相符"，并符合 UCP600 有关运输单据的规定。

（3）提单的更正与补发。

①提单的更正。提单的更正要尽可能赶在载货船舶开航之前办理，以减少因此而产生的费用和手续。

在实际业务中，提单可能是在托运人办妥托运手续后，货物装船前，在缮制有关货运单证的同时缮制的。在货物装船后，这种事先缮制的提单可能与实际装载情况不符而需要更正或者重新缮制。此外，货物装船后，因托运货物时申报材料有误，或者信用证要求的条件有所变化，或者其他原因，而由托运人提出更正提单内容的要求，在这种情况下，承运人通常都会同意托运人提出的更正提单内容的合理要求，重新缮制提单。

如果货物已经装船，而且已经签署了提单后托运人才提出更正的要求，承运人就要考虑各方面的关系后，才能决定是否同意更改。因更改内容而引起的损失和费用，都由提出更改要求的托运人负担。

②提单的补发。如果提单签发后遗失，托运人提出补发提单，承运人会根据不同情况进行处理。一般是要求提供担保或保证金，而且还要按照一定的法定程序将提单声明作废。

（4）提单的背书转让。

海运提单作为物权凭证，在外贸各单据中具有无可比拟的重要性。关于提单转让的规定为：记名提单不得转让，不记名提单无须背书即可转让，指示提单经过记名背书或空白背书转让。通常所说的"背书"是指"指示提单"在转让时所需要进行的背书。实务中，背书有记名背书、指示背书和不记名背书等几种方式。

记名提单在收货人（Consignee）一栏内列明收货人名称，货物只能交予列明的收货人，这种提单失去了代表货物、可转让流通的便利，但同时也可以避免在转让过程中可能带来的风险。

不记名提单上不列明收货人名称，这种提单不需要任何背书手续即可转让或提取货物，极为简便。承运人应将货物交给提单持有人，谁持有提单，谁就可以提货，承运人交付货物只凭单，不凭人。这种提单丢失或被窃，风险极大，若转入恶意的第三者手中时，极易引起纠纷，故国际上较少使用这种提单。另外，根据有些班轮公会的规定，凡使用不记名提单，在给大副的提单副本中必须注明卸货港通知人的名称和地址。

（5）提单的缴还。

收货人提货时，必须以提单为凭证，而承运人为交付货物时也必须收回提单并在提单上做作废批注（有的国家允许记名提单无须缴还）。提单的缴还和注销表明承运人已完成交货义务，运输合同完成，提单下的债权债务也已解除。

5. 海运提单的审核要点

（1）提单的种类审核。

审核海运提单时，要认真核对信用证对提单种类的要求，提交符合信用证要求的种类。比如，要求提交的是海运提单，那就不能提交多式联运提单。银行一般要求提交"已装船的清洁提单"，提单必须有"已装船"批注，不能有不良批注。

（2）提单的关系人审核。

根据信用证条款的要求，审核提单上的发货人、收货人和通知人，特别是提单的收货人，这个项目是提单的核心项目，代表提单上的货物物权是属于谁的。提单正面应注明承运人名称，认定其为承运人。提单的签署需标明签单者的身份。

（3）运输情况审核。

提单应注明信用证规定的装运港和卸货港，如果信用证不允许转运，提单上不能显示转运的相关信息，运费支付情况、提单的签署时间是否符合要求，都需要审核。

（4）货物情况审核。

提单上应该仅包括信用证所要求的货物，货物的基本信息是否正确，货物的箱数、重量、体积等项目填写是否有误，也是审核的重点。还需要注意包装数量小写和大写数字的对应。有时在审核海运提单时，看到阿拉伯数字就默认没什么问题了，却忽略了英文大写的数量。如"SIXTY – SIX（60）CARTONS ONLY"，在审核的时候，看到 60 就默认没问题了，却忽略了英文大写 SIXTY – SIX 是 66。

（5）注意细节。

提单以英文来显示信息，所以标点符号或字母容易被忽略或弄错，如公司名称中的"CO.，LTD."这些标点容易被漏掉。英文拼写的公司名称和地址往往比较长，商品的英文名称可能不熟悉，常常会字母颠倒或错漏一两个字母。货物的数量、重量、尺码等数字也容易出错，可能会不小心打错一个数字。所以在审核海运提单时，要特别注意对细节的核对。

拓展阅读

海运提单与不可转让海运单

不可转让海运单（Non – negotiable Sea Waybill）是海上运输合同的证明和货物收据。它不是物权凭证，不可背书转让。如果信用证没有表示可接受此类单据时，银行就不能接受。不可转让海运单的正面内容与提单基本一致，但其与提单的区别是：

1. 提单具有三项作用而海运单仅有其中的两项作用

提单是承运人收到托运人货物的收据；是承运人与托运人之间运输合同契约的证明；是收货人在货物到达地提取货物的物权凭证。作为物权凭证，海运提单是可以转让的运输单据。而海运单具有海运提单的第一项、第二项作用，但它不是物权凭证，不可以背书转让。

2. 提单有正反两面内容而海运单仅有正面内容

提单的背面一般印有各种条款，受国际规则《海牙规则》《海牙—维斯比规则》《汉堡规则》等制约。提单中托运人是运输契约的关系人，有权对承运人提出任何主张。但是不可转让的海运单背面一般没有任何条款，海运单中的托运人无权对承运人提出任何主张。

不可转让海运单是近年来新兴的一种海运单据。对进口商而言，用海运单方便、及时、节省费用、手续简便。对托运人和承运人而言，容易推行 EDI（电子数据交换）。因此，虽然它尚未纳入国际法规范畴，但在世界各地被普遍使用。

【任务实施】

对任务描述中提出的要求及任务分析中需要做的工作加以实施，将任务实施情况、总结评价及改进提升结果做好相应记录，并填写表 3-8。

表 3-8　任务实施记录

执行情况	步骤1	
	步骤2	
	步骤3	
总结评价	优点	
	不足	
改进提升	改进1	
	改进2	
	改进3	

【任务评价】

根据任务完成情况由教师、学生共同进行任务评价，如表 3-9 所示。

表 3-9　任务评价

考核项目		教师评分	学生评分	总评分	评语
任务执行质量	对海运出口托运认知的明确性				
	托运单缮制的准确性				
	对海运提单认知的全面性				

续表

考核项目	教师评分	学生评分	总评分	评语
任务执行态度				
任务执行效率				

任务 3.4　缮制保险单

【任务描述】

小吴负责的这单外贸业务是在 CIF 贸易术语下成交的，所以虽然信用证中并未明确规定要求提供保险单据，但是小吴所在的出口公司仍然负有为货物办理运输保险的基本义务。小吴在办理完出口货物的托运手续后，经理安排小吴向保险公司办理投保并取得保险单。

【任务分析】

小吴需要梳理回顾保险单的相关知识，根据国际商务合同中保险条款的规定，为合同项下的出口货物办理运输保险，并取得相应的保险单。

步骤 1：明确保险的风险和险别，对我国可投保的海运保险进行分类整理。

步骤 2：梳理保险单相关知识，掌握保险单缮制方法，填写表 3-10。

表 3-10　保险单填写要求

序号	项目要素	填写要求
1		
2		
3		
…		

步骤 3：明确合同中的保险条款规定，根据保险条款缮制保险单。

【知识储备】

3.4.1　保险的风险和险别

1. 保险的风险

人们在日常生活中经常会遇到一些不可预测的事故和自然灾害，我们称之为风险。在国际货物运输的过程中，同样也有可能会遇到难以预料的风险，导致货物发生损失。为了应对这种风险，就出现了货物运输保险业务。在国际货物运输过程中，海洋运输货物保险是最常用的一种保险，它承保的风险分为海上风险和外来风险两大类。

（1）海上风险。

海上风险一般是指船舶或货物在海上运输过程中发生的风险，包括自然灾害和意外事故两类。自然灾害是指不以人的意志为转移的某些自然现象所引起的灾难，如恶劣气候、雷电、海啸、地震、洪水、火山爆发、浪击落海，等等。意外事故是指偶然的、难以预料的原因所造成的事故，如船舶搁浅、触礁、沉没、焚毁、互撞、遇流冰或其他固体物体，以及与码头碰撞及失火、爆炸等原因造成的事故。

按照国际保险市场的一般解释，海上风险并非局限于海上发生的灾害和事故，那些与海上航行有关的发生在陆上或海陆、海河或与驳船交接之处的灾害和事故，如地震、洪水、爆炸、海轮与驳船或码头碰撞，也属于海上风险。

（2）外来风险。

外来风险是指由海上风险以外的其他外来原因所引起的风险。外来风险又分为一般外来风险和特殊外来风险两种。一般外来风险是指除了海上风险以外的一般外来原因所导致的风险，包括雨淋、短量、偷窃、沾污、渗漏、破碎、受潮受热、串味、锈损和钩损，等等。特殊外来风险是指除了海上风险以外的特殊外来原因所导致的风险，包括战争、罢工、交货不到、拒收，等等。

2. 保险的险别

为了应对这些风险带来的货物损失，于是出现了海运保险业务。海运保险是指专门为海上运输设立的货物运输过程中涉及载运货物财产损失的保险。国际贸易中，海上货物运输保险可以由买方购买，也可以由卖方购买，具体由买卖双方哪一方购买，主要看贸易术语。按照我国现行的《海洋运输货物保险条款》，海运保险分为基本险和附加险两大类。

（1）基本险，包括平安险、水渍险及一切险。

平安险（Free from Particular Average，FPA）原意是"单独海损不赔"，即保险人只负责货物全部损失和特定意外事故部分损失的赔偿责任的保险，是保险公司承保范围最小、除外责任最大的基本险别。但目前平安险的责任范围远远超过了全损险的责任范围。平安险只不过是一种习惯叫法。

根据现行中国海运货物保险条款，平安险规定的责任范围如下：

①被保险货物在运输途中由于恶劣气候、雷电、海啸、地震、洪水造成整批货物的全损。

②由于运输工具遭受搁浅、触礁、沉没、互撞、与流冰或其他物碰撞，以及火灾、爆炸造成的货物损失。

③在运输工具已经发生搁浅、触礁、沉没或焚毁这四种意外事故的情况下，货物在此前后又在海上遭受恶劣气候、雷电、海啸等自然灾害所造成的部分损失。

④在装卸或转运时，由于一件或数件整件货物落海所造成的全部或部分损失。

⑤被保险人对遭受承保风险的货物采取抢救、防止或减少货损的措施而支付的合理费用，但以不超过该批被救货物的保险金额为限。

⑥运输工具遭遇海难后，在避难港由于卸货引起的损失，以及在中途港、避难港由于卸货、存仓及运送货物所产生的特别费用。

⑦共同海损的牺牲、分摊和救助费用。

水渍险（With Average，WA），它的英文名称直译过来是"单独海损也赔"。水渍险的责任范围，是在平安险承保风险的基础上，增加承保货物由于恶劣气候、雷电、海啸、地震、洪水等自然灾害造成的部分损失。相应地，施救费用的赔偿范围也有所扩大。水渍险承保的风险仍属于列明风险，被保险人向保险人索赔时，负责证明损失的近因是承保风险。

平安险和水渍险承保责任的差异并不太大，被保险货物如果因承保风险造成全部损失，无论是平安险还是水渍险，保险人都要赔偿。只有在发生部分损失的情况下，两者才有所不同：水渍险对于不论是自然灾害还是意外事故所造成的保险货物部分损失均予赔偿；平安险对于由意外事故造成的部分损失负责，对由于自然灾害所造成的部分损失一般不予负责，但是在运输过程中如运输工具发生了搁浅、触礁、沉没或焚毁的情况，即使是自然灾害所造成的部分损失也予以负责。

一切险（All Risks，AR）是保险人对海运货物遭受特殊附加险以外的其他原因而造成的损失均负赔偿责任的一种保险。它除了承保包括平安险和水渍险的各项责任外，还负责被保险货物在运输途中由于一般外来原因所致的全部或部分损失。通常是在所发运的货物容易发生碰损破碎、受潮受热、雨淋发霉、渗漏短少、串味、沾污以及混杂污染等情况下投保这种险别。

一切险的承保责任也有一定范围，它的承保责任虽较平安险和水渍险更广，但保险人并不是对任何风险所致的损失都负责。对于一些不可避免的、必然发生的危险所造成的损失，如货物的内在缺陷和自然损耗所导致的损失，以及运输迟延等所导致的损失，保险人均不负责赔偿。另外，一切险条件的承保责任仍然属于列明风险式，被保险人仍然负有举证责任，证明损失是由承保风险造成的，才能获得保险赔偿。

（2）附加险。

在海运途中，货物除了发生因遇到海上自然灾害和意外事故所导致的损失外，还有可能遭受由各种外来原因所造成的损失。为了取得更加充分的保障，投保人一般还会投保附加险。不过附加险不能单独投保，它是对基本险的一种补充和扩大，只有在投保某种基本险的基础上才能加保，它的险别可以分为一般附加险、特别附加险、特殊附加险。

一般附加险的承保范围有偷窃提货不着、淡水雨淋、短量、混杂沾污、渗漏、碰损破碎等 11 种一般外来原因，在平安险或水渍险承保的时候，可以根据实际需要，选择一般附加险进行加保。

特殊附加险，有的地方将它直接由特殊外来原因所造成的风险，都称为特殊附加险，也有的将它分成特别附加险和特殊附加险。

特别附加险是以导致货物损失的某些政府行为风险作为承保对象的，包括提货不到、进口关税、舱面货物、黄曲霉素、拒收、存仓火险责任扩展等险别和条款。它不包括在一切险承保范围内，不论被保险人投保哪种基本险，想获取特别附加险的保险保障，都要与保险人特别约定，否则，保险人对此不承担保险责任。

而特殊附加险主要包括战争险和罢工险，是当前国际海上货物运输保险中普遍适用的。特殊附加险和特别附加险的区别在于：特殊附加险是指除了基本保险责任外，另外约定的保险责任；而特别附加险的保险责任不能超出基本保险合同的保险责任范围。特殊附加险的保险责任范围更广，特别附加险的保险责任范围更窄。

目前，在保险实务中，我国绝大多数企业采用的都是中国人民保险公司所制定的海洋货物运输保险条款，也有部分企业会采用 ICC 条款。ICC 条款是 Institute Cargo Clauses 的简写，英国伦敦保险业协会海运货物保险条款。由英国伦敦保险业协会制定，其包括 ICC（A）、ICC（B）、ICC（C）、战争险、罢工险、恶意损害险等，是目前国际上通用的货物运输保险条款。

协会条款中的 ICC（A）、ICC（B）、ICC（C）所承保的范围依次减小，承保范围大概相当于一切险、水渍险、平安险（按照顺序）。而又不完全一样，其中"平安险"和"水渍险"的责任范围分别要大于 ICC（C）、ICC（B），而"一切险"责任范围则小于 ICC（A）。

拓展阅读：
2009 版 ICC 条款

3.4.2　保险单的种类和使用

保险人与被保险人之间订立的保险合同证明文件就是国际货物运输保险单据，它是保险人的承保证明，反映了保险人与被保险人之间的权利和义务关系。当发生保险责任范围内的损失时，它是保险索赔和理赔的主要依据。在国际货物运输保险实务中，国际货物运输保险单据主要分为以下几种类别：

（1）投保单（Insurance Application）。

投保单是进出口企业向保险公司对运输货物进行投保的申请书，在保险实务中，当投保人提出要投保时，一般需要填具投保单。

在这里需要特别注意：投保单是由保险人事先准备、具有统一格式的一种单据。投保人缮制时必须要如实填写，以供保险人决定是否承保或以何种条件、何种费率承保。投保单本身并不是正式合同的文本，但是一经保险人接受后，也会成为保险合同的一部分。如果投保单填写的内容不实或者故意隐瞒、欺诈，会影响保险合同的效力。

（2）保险单（Insurance Policy）。

保险公司在收到投保单后会缮制保险单，保险单又称大保单，是保险人与被保险人之间订立的正式保险合同。

保险单除了正面印制海上保险所需的基本项目外，还会在背面印有一般保险条款，规定保险人和被保险人的各项权利和义务、保险责任范围、除外责任、责任起讫、损失处理、索赔理赔、保险争议处理、失效条款等各项内容。这是一种内容较为全面的保险单，是目前保险业务中最常采用的形式。

（3）保险凭证（Insurance Certificate）。

保险凭证俗称小保单，是一种简化的保险合同。这种凭证除了背面没有写出保险人和被保险人双方的权利义务等保险条款以外，其他内容与保险单相同，与大保单具有相同的法律效力。

（4）批单（Endorsement）。

保险单出立以后，如果投保人需要补充或变更其内容的时候，可以根据保险公司的规定，向保险公司提出申请，保险公司同意后会另出一种凭证，注明保险单上更改或补充的内容，这种凭证就是批单。保险单一旦批改，保险公司就按批改后的内容承担责任。如果批改的内容涉及保险金额增加和保险责任范围扩大，那么保险公司只有在证实货物未发生出险事故的情况下才同意办理。原则上批单必须粘贴在保险单上，并且加盖缝章，作为保险单不可分割的一部分。

（5）预约保险单（Open Policy）。

预约保险单是保险人和被保险人之间订立的一种长期保险合同，通常为长期保单。投保人和保险公司事先约定好货物的保障范围、承保费率、合同期限、保险责任、最高限额等一系列承保条件，然后凡是属于预约保险范围内的进出口货物，一经启运，进口商向保险公司发出预约保险启运通知书或装船通知，保险人自动承保，签发保险单证，作为该批货物的承保证明，所以可以很好地防止进口公司漏保。预约保单通常每月结算一次。投保人或被保险人在期初支付一定比例的保险费，在期末根据实际启运情况予以调整。

3.4.3　根据信用证填写保险单

1. 信用证保险单据条款

（1）MARINE INSURANCE POLICY OF CERTIFICATE IN DUPLICATE, INDORSED IN BLANK, FOR FULL INVOICE VALUE PLUS 10 PERCENT STATING CLAIM PAYABLE IN LONDON COVERING FPA AS PER THE 2018 VERSION OF OCEAN MARINE CARGO CLAUSE OF THE PEOPLE'S INSURANCE COMPANY OF CHINA, INCLUDING T. P. N. D. LOSS AND /OR DAMAGE CAUSED BY HEAT, SHIP'S SWEAT AND ODOR, HOOP - RUST, BREAKAGE OF PACKING.

保险单或保险凭证一式二份，空白背书，按发票金额加 10% 投保，声明在伦敦赔付，根据中国人民保险公司 2018 版的海洋运输货物保险条款投保平安险，包括偷窃提货不着、受热、船舱发汗、串味、铁箍锈损、包装破裂所导致的损失。

（2）INSURANCE PLOICIES OR CERTIFICATE IN DUPLICATE ENDORSED IN BLANK OF 110% OF INVOICE VALUE COVERING ALL RISKS AND WAR RISKS AS PER CIC WITH CLAIMS PAYABLE AT LONDON IN THE CURRENCY OF DRAFT（IRRESPECTIVE OF PERCENTAGE）, INCLUDING 60 DAYS AFTER DISCHARGES OF THE GOODS AT PORT OF DESTINATION（OF AT STATION OF DESTINATION）SUBJECT TO CIC.

将保单或保险凭证做成空白背书，按发票金额的 110% 投保中国保险条款的一切险和战争险，按汇票所使用的货币在伦敦赔付（无免赔率），并根据中国保险条款，保险期限在目的港卸船（或在目的地车站卸车）后 60 天为止。

（3）INSURANCE POLICIES OR CERTIFICATE IN TWO FOLD PAYABLE TO THE ORDER OF COMMERCIAL BANK OF LONDON LTD. COVERING MARINE INSTITUTE CARGO CLAUSES A（1. 1. 09）, INSTITUTE STRIKE CLAUSES CARGO（1. 1. 09）, INSTITUTE WAR CLAUSES CARGO（1. 1. 09）FOR INVOICE VALUE PLUS 10% INCLUDING WAREHOUSE TO WAREHOUSE UP TO THE FINAL DESTINATIN AT SWISSLAND, MARKED PREMIUM PAID, SHOWING CLAIMS IF ANY, PAYABLE IN SWISS, NAMING SETTLING AGENT IN SWISS.

保险单或保险凭证一式二份，由伦敦商业银行做记名指示背书，按伦敦保险协会条款（2009 年 1 月 1 日版）投保 ICC（A）、协会罢工险条款（货物）（2009 年 1 月 1 日版）和协会战争险条款（货物）（2009 年 1 月 1 日版）投保，按发票金额加 10% 投保，包括仓至仓条款到达最后目的地 SWISSLAND，标明保费已付，在瑞士赔付，同时标明在瑞士理赔代理人的名称。

（4）INSURANCE POLICY/CERTIFICATE. ISSUED TO THE APPLICANT（AS INDICATED ABOVE），COVERING RISKS AS PER INSTITUTE CARGO CLAUSES（A），AND INSTITUTE WAR CLAUSES（CARGO）INCLUDING WAREHOUSE TO WAREHOUSE CLAUSE UP TO FINAL DESTINATION AT SCHONDORF，FOR AT LEAST 110PCT OF CIF VALUE，MARKED PREMIUM PAID SHOWING CLAIMS IF ANY PAYABLE IN GERMANY，SHOWING SETTLING AGENT IN GERMANY.

此保单或保险凭证签发给如上所述的开证申请人，按伦敦保险协会条款投保 ICC（A）和协会战争险，包括仓至仓条款到达最后目的地 SCHONDORF，至少按 CIF 价发票金额 110% 投保，标明保费已付，注明在德国赔付，同时表明在德国理赔代理人的名称。

2. 信用证项下填写保险单

（1）发票号码（Invoice No.）：此栏填写投保货物商业发票的号码。

（2）保险单号（No.）：此栏填写保险公司的保险单号码。

（3）被保险人（Insured）：又称保险单的抬头人。托收时，应填出口商；采用信用证时，如信用证和合同无特别规定，通常有以下几种填写方法：

①托收、T/T 汇款或信用证无特别规定时，此栏一般填写出口商，并由出口商空白背书。

②如果信用证规定保险单背书给特定方，如"endorsed to order of opening bank"，则在此栏填出口商，并在背面背书，注明"claims, if any, payable to order of ××（特定方名称）"。

③如果信用证规定某特定方为被保险人，则在此栏填出口商（受益人）名称接"held in favour of ×××（特定方）"，或直接在此栏显示"in favour of ×××（特定方）"，受益人不需要背书。

④如果信用证要求保险单做成指示抬头"To Order"，则在被保险人栏目中填写 To Order，再由受益人背书。这种方法的效果与以上第①种填受益人加背书的效果相同。

（4）标记（Marks and Nos.）：此栏填制装运唛头，与发票、提单上同一栏目内容相同或填上"as per invoice No. ×××"。

（5）包装及数量（Quantity）：此栏填制最大包装件数，与提单上同一栏目内容相同。

（6）保险货物项目（Goods）：按发票品名填写，如品名繁多，可使用统称，即与提单上名称相同。

（7）保险金额（Amount Insured）：保险金额是指保险人承担赔偿或者给付保险金责任的最高限额，是计收保险费的基础。保险金额按照合同和信用证上的要求填制，至少是货物的 CIF 或 CIP 价的 110%。如 CIF、CIP 价无法确定，则以发票金额加一成（即发票金额的 110%）填写。

采用信用证时，按信用证中关于发票额加成比例投保，信用证对投保金额的规定视作最低投保金额的要求，如果发票金额扣除佣金时，必须以货物总价值为基础来计算保险金额。如因保额加成大，超过出口商原承担保费多的话，差额保险费可酌情另行向进口商收取。当保险加成超过 20% 时，需事先征得保险人同意。

（8）总保险金额（Total Amount Insured）：这一栏需将保险金额以大写的形式填入，

计价货币也应以全称形式填入。

（9）保费（Premium）：此栏一般由保险公司填制或已印好"AS ARRANGED"，除非信用证另有规定，如"INSURANCE POLICY ENDORSED IN BLANK FULL INVOICE VALUE PLUS 10% MARKED PREMUM PAID"时，此栏就填入"PAID"或把已印好的"AS AR-RANGED"删去加盖校对章后打上"PAID"字样。

（10）启运日期（Date of Shipment）：此栏填制货物的启运日期或提单签发日期前5天内的任何一天，或可简单填上"AS PER B/L"。

（11）装载运输工具（Per Conveyance S. S.）：此栏应按照实际情况填写，当运输由两段或两段以上运程完成时，应把各程运输的船只名填在上面，例如，提单上的一程船名是"Black Pearl"，二程船名为"The Watchman"，应填写：Black Pearl/The Watchman，以此类推。

（12）起讫地点（From…To…）：此栏填制货物实际装运的启运港口和目的港口名称，货物如转船，也应把转船地点填上。

（13）承保险别（Conditions）：此栏应根据信用证或合同中的保险条款要求填制，并注明保险条款名称。

（14）赔款偿付地点（Claim Payable at）：通常运输目的地作为赔偿地点，UCP 600注明了"当信用证规定投保一切险时，如果保险单载有一切险，无论是否有一切险标题，均被接受"。保险单可以援引任何除外责任条款。赔款货币为投保金额相同的货币。当信用证或合同另有规定时，则依照填写如来证要求"INSURANCE CLAIMS PAYABLE AT A THIRD COUNTRY GERMANY"。此时，应把第三国"GERMANY"填入此栏。

（15）日期（Date）：此栏填制保险单的签发日期。由于保险公司提供仓至仓服务，所以保险手续应在货物离开出口方仓库前办理，保险单的签发日期应不早于货物离开仓库的日期和不晚于提单签发的日期。

【任务实施】

对任务描述中提出的要求及任务分析中需要做的工作加以实施，完成保险单的缮制，将任务实施情况、总结评价及改进提升结果做好相应记录，填写表3-11。

表 3-11　任务实施记录

执行情况	步骤1	
	步骤2	
	步骤3	
总结评价	优点	
	不足	
改进提升	改进1	
	改进2	
	改进3	

【任务评价】

根据任务完成情况由教师、学生共同进行任务评价，如表 3-12 所示。

表 3-12 任务评价

考核项目		教师评分	学生评分	总评分	评语
任务执行质量	对保险险别认知及分类的明确性				
	对保险单缮制方法掌握的熟练度				
	保险单缮制的正确性				
任务执行态度					
任务执行效率					

【思政园地】

知识与技能训练

工匠精神：精益求精锤炼大国工匠

【同步测试】

一、单项选择题

1. 外贸业务进口方要求出口方提供厂商发票的目的是（　　）。

A. 查验货物是否已经加工生产　　　B. 核对货物数量是否与商业发票相符

C. 确认货物质量是否符合要求　　　D. 检查是否有反倾销行为

2. 发票上的货物数量应与信用证一致，如信用证在数量前使用"约、大约"字样时，应理解为（　　）。

A. 货物数量有不超过 3% 的增减幅度　　　B. 货物数量有不超过 5% 的增减幅度

C. 货物数量有不超过 7% 的增减幅度　　　D. 货物数量有不超过 10% 的增减幅度

3. 提单的日期是指（　　）。

A. 开始装船的日期　　　B. 装船完毕的日期

C. 船舶开航的日期　　　D. 最晚装运的日期

4. 在订舱后，货运代理人通常应该提出使用集装箱的申请，船方会给予安排并发放（　　）。

A. 集装箱装箱单　　　B. 提单　　　C. 集装箱装货单　　　D. 托运单

5. 如果按 CIF 价值的 110% 投保了水渍险，在此基础上还可加保（　　）。

A. 平安险和渗漏险　　　B. 一切险和战争险

C. 破碎险和战争险　　　D. 平安险和战争险

二、多项选择题

1. 除非信用证另有规定，否则商业发票（　　）。

A. 必须做成开证申请人抬头　　　　　B. 必须由信用证中指定的受益人签发

C. 金额不得超过信用证金额　　　　　D. 必须由出口商手签

2. 在有具体唛头的情况下，保险单唛头一栏可填写（　　　）。

A. N/M　　　　　　　　　　　　　B. 发票唛头

C. N/N　　　　　　　　　　　　　D. As per：Invoice NO. × × ×

3. 根据 UCP600 规定，在出口业务中，卖方可凭以结汇的单据有（　　　）。

A. 提单　　　　　　　　　　　　　B. 装货单

C. 航空运单　　　　　　　　　　　D. 不可转让的海运单

4. 以下属于一切险所承保责任范围的是（　　　）。

A. 淡水雨淋险　　　B. 钩损险　　　　C. 拒收险　　　　D. 渗漏险

5. 根据 UCP600 的分类，保险单据包括（　　　）。

A. 保险凭证　　　B. 预约保险单　　　C. 投保声明　　　D. 保险单

三、判断题

1. 托运单又称订舱委托书，是发货人根据贸易合同、信用证条款所填写的向托运人办理货物托运的单证。　　　　　　　　　　　　　　　　　　　　　（　　）

2. 无论采用何种贸易方式和运输方式，无论运送何种货物，涉及的托运流程和托运单证都是相同的。　　　　　　　　　　　　　　　　　　　　　　　（　　）

3. 清洁提单是指没有任何批注的提单。　　　　　　　　　　　　　　（　　）

4. 重量单是在装箱单的基础上重点说明每件货物、每种规格项目的重量、包装物重量和总重量的包装单据。　　　　　　　　　　　　　　　　　　　　　（　　）

5. 装箱单的签发日期既可等于或迟于发票日期，也可早于发票签发日期。　（　　）

【综合实训】

1. 根据"Virginia TRADE CO. LTD"开来的 LC73456 号信用证缮制完成信用证项下的商业发票。

2. 根据"Virginia TRADE CO. LTD"开来的 LC73456 号信用证缮制完成信用证项下的装箱单。

学习单元 4

出口其他单据的缮制

ⓘ 【项目介绍】

　　小吴完成了出口基本单据的缮制工作后，还需要根据合同及信用证的要求，缮制完成出口其他单据，如产地证书、结汇单据、装船通知、受益人证明等，并在合同执行完毕，收汇完成后，跟进办理出口收汇核销及出口退税。

　　在本单元的学习过程中，小吴需要根据合同及信用证，能够完成对一般原产地证书的申领，能够完成对汇票、装船通知、受益人证明等单据的缮制，并能够办理出口结汇、退税及单据归档等工作。

🀄 【学习目标】

知识目标：

- 熟悉产地证的种类、产地证的作用
- 掌握普惠制产地证、一般原产地证等单据的内容和缮制要求
- 熟悉区域性优惠原产地证
- 掌握汇票的关系人、种类、使用和基本内容
- 熟悉装运通知、受益人证明等其他结汇单据的内容和使用
- 掌握出口退税知识
- 掌握产地证、汇票、装运通知等重要结汇单据的信用证相关条款
- 了解其他出口结汇单据

技能目标：

- 能够看懂信用证的产地证、汇票、装运通知等条款
- 能够进行产地证的填写和申请
- 能够进行汇票的填写和运用
- 能够进行装运通知和证明书等单据的填写
- 能够办理出口结汇、退税和单据归档

素养目标：

- 具备经济、外贸等相关知识
- 具有一定的分析问题和解决问题的能力
- 具备良好的职业道德，诚实守信
- 具备较强的学习能力，能够自主学习新知识、新规则

【思维导图】

任务4.1　缮制并申领产地证

【任务描述】

"Virginia TRADE CO. LTD"开来的 LC73456 号信用证中，进口方对产地证的要求是："FORM E ISSUED BY CHINESE GOVERNMENTAL ORGANIZATION."要求提供中国贸促会颁发的一般原产地证书。小吴着手开始准备申领一般原产地证书。

【任务分析】

小吴需要复习梳理产地证的相关知识，并根据信用证对产地证的要求，正确缮制并申领一般原产地证。

步骤1：明确产地证的含义、种类及申领程序，进行相关知识梳理。

步骤2：梳理一般原产地证的缮制方法，填写表 4-1。

表 4-1　一般原产地证填写要求

序号	项目要素	填写要求
1		
2		
3		
...		

步骤3：根据合同及信用证有关信息，缮制并申领一般原产地证。

【知识储备】

4.1.1 产地证概述

1. 产地证的含义

产地证是出口商应进口商的要求而提供的、由公证机构或政府或出口商出具的证明货物原产地或制造地的一种证明文件。它是货物来源地的"护照"和"国籍"凭证，也是进口国实行差别关税待遇的重要凭证和国际贸易交易的重要依据。实际出口业务中应用最多的是原产地证书和普惠制产地证，通常多用于不需要提供海关发票或领事发票的国家或地区。

2. 产地证的种类

按照不同的标准，可以将产地证书划分为不同的种类。

根据签发者不同，可以将产地证书划分为：检验检疫机构出具的"中华人民共和国原产地证书"、贸促会出具的"中华人民共和国原产地证书"、制造商（生产厂家）或出口商出具的原产地证书。其中，产地证书以第一种和第二种最具权威性。在国际贸易实践中，出口企业应该提供哪种类型的产地证明书，主要是依据合同或信用证的要求。如果信用证并未明确规定产地证书的出具者，那么出口商一般提供由检疫机构出具的原产地证书。

工作小技巧

产地证的不同签发者

贸促会和各地出入境检验检疫机构出具的原产地证书的格式除了各自印制了自己机构名称的缩写和编码加以区分外，其他内容完全一样，证书的法律效力也是等同的。两者最大的区别在于：如果国外客户或相关机构要求中方客户提供商会出具的原产地证书，则只能由贸促会签发才能被认可；如果国外客户或相关机构要求中方客户提供国家机关出具的原产地证书，则只能由相应地方的出入境检验检疫机构出具。

根据产地证性质不同，可以将其划分为一般原产地证书、普惠制原产地证书和地区经济集团协定产地证书。

（1）一般原产地证书，又称非优惠原产地证书，全称是 Certificate of Origin，主要是用以证明货物的生产国别，通常用于不使用海关发票或领事发票的进口国家或地区，作为进口国海关对货物确定关税税率的依据。

（2）普惠制原产地证书，全称是普遍优惠制原产地证明书，也被称为 G. S. P 证书，是指发达国家给予发展中国家或地区在经济、贸易方面的一种非互利的特别优惠待遇。具体来讲，就是发展中国家向发达国家出口制成品或半制成品时，发达国家对发展中国家予以免征或减征关税。

作为发达国家的给惠国有近 40 个国家。凡是向给惠国出口受惠商品，均需提供普惠制产地证，才能享受关税减免的优惠。我国曾经出口产品到美国以外的给惠国时获得了巨大的关税优惠。

不过从 2021 年 12 月起，中国出口到欧盟成员国、英国、加拿大、土耳其、乌克兰和列支敦士登等 32 个国家的商品，将不再享受这些国家的普惠制关税优惠待遇，中国海关也不再对这些商品签发普惠制原产地证书。

（3）地区经济集团协定产地证书，是某区域国家内享受互惠减免关税的凭证，比如亚太贸易协定原产地证、中国—东盟自由贸易区优惠原产地证明书，等等。

前沿视角：签发普惠制证书的调整

3. 产地证的申领

根据《中华人民共和国进出口货物原产地条例》第 17 条的规定：出口货物发货人可以向国家质量监督检验检疫总局所属的各地出入境检验检疫机构、中国国际贸易促进委员会及其地方分会申请领取出口货物原产地证书。

一般来说，凡是在中国贸易促进委员会办理注册的企业，可以通过中国国际贸易促进委员会原产地申报系统（网址：www. co. ccpit. org）来申请原产地证。外贸企业最迟于货物报关出运前三天向签证机构申请办理原产地证，并严格按签证机构要求，真实、完整、正确地填写《中华人民共和国出口货物原产地证明书/加工装配证明书申请书》《中华人民共和国出口货物原产地证明书》以及出口货物的商业发票、签证机构认为必要的其他证明文件。网上申请时，可以按照网址界面提示录入原产地证信息，上传有关凭证，审核通过以后再自主打印或者去现场申领。

4.1.2　一般原产地证的内容、条款和填写

1. 一般原产地证的内容

一般原产地证（见图 4 – 1）分为两种，一种是由中国国际贸易促进委员会（CCPIT）签发，另一种是由中国出入境检验检疫机构（CIQ）签发。从 2018 年开始出入境检验检疫局正式和海关合并，并由海关总署签发。

从 2015 年 1 月 1 日起，中国国际贸易促进委员会启用签发了新版的一般原产地证书，增加了二维码标识、认证链标识、防伪标识和查询网站信息等，除此以外，一般原产地证所包含的内容没有太大改变。主要包括：出口商名称、地址、国别；收货人的名称、地址、国别；运输方式、路线；目的地；签证机构专用栏；唛头、包装号；商品名称、包装、种类；商品编码；数量、重量；发票号、日期；出口商声明和签证机构声明等。

2. 一般原产地证的条款

如果进口商对一般原产地证书有要求，会在合同或信用证中订明有关的产地证条款，如 "FORM E ISSUED BY CHINESE GOVERNMENTAL ORGANIZATION. " FORM E 即是要求出口商提供一般原产地证书。

有些进口国的外贸法规对单证还会有特殊要求。例如，墨西哥要求所有单据均需手签，西班牙不允许发票、产地证书和装箱单以联合形式出具。如果制单时忽略了这些特殊要求，同样会遭到银行的拒付。如出口到中东地区的货物单据往往需要手签，而我国的外贸公司基本习惯于用橡皮印章代替手签，这会被银行视为不符点而拒付货款。

ORIGINA

1. Exporter	Certificate No.
	CERTIFICATE OF ORIGIN OF THE PEOPLE'S REPUBLIC OF CHINA
2. Consignee	
3. Means of Transport and Route	5. For Certifying Authority Use Only
4. Country/Region of Destination	
6. Marks and Numbers 7. Number and Kind of Packages; Description of Goods 8. H. S. Code 9. Quantity or Weight 10. Number and Date of Invoices	
11. Declaration by the Exporter The undersigned hereby declares that the above details and statements are correct, that all the goods were produced in China and that they comply with the Rules of Origin of the People's Republic of China. ------------------------ Place and Date, Signature and Stamp of Authorized Signatory	12. Certification It is hereby certified that the declaration by the exporter is correct. ------------------------ Place and Date, Signature and Stamp of Certifying Authority

图 4-1　一般原产地证

　　曾有某公司出口一批日用品到巴基斯坦，货值为 30 000 美元，开证行收到全套单据后拒付，理由是"certificate of origin bearing stamp but not duly signed presented（所提交的产地证书盖有印章，但未经手签）"。经反复磋商，最终我方只好同意减价 5%，客户才付款赎单。

3. 一般原产地证的填写

　　（1）证号栏。一般原产地证的证书上，证书号码非常重要。由贸促会进行编号，一般原产地证明书的号码开头为 C。注意此栏不得留空，不得重号，否则证书无效。

　　（2）第 1 栏 Exporter（出口方）。这一栏填写出口方的全称、详细地址及国家或地区，不得留空。出口方名称指的是出口申报方的名称，一般填写有效合同的卖方或发票的出票人。如果经其他国家或地区转口，还需要填写转口商名称，在出口商后面加填英文 VIA，然后再填写转口商名称、地址和国家或地区。注意此栏不能用"C/O""On Behalf"等其他写法代替"VIA"。如两家企业的名称用 VIA 连接：

SINOCHEM INTERNATIONAL ENGINEERING & TRADING CORP.

No. 40, FUCHENG ROAD, BEIJING, CHINA

VIA HONGKONG DAMING CO. LTD

NO. 656，GUANGDONG ROAD，HONGKONG

（3）第 2 栏 Consignee（收货方）。此栏填写最终收货方的名称、详细地址及国家或地区，通常是外贸合同中的买方或信用证上规定的提单通知人。但由于贸易的需要，信用证规定所有单证收货人一栏留空。这种情况下，此栏应加注"TO WHOM IT MAY CONCERN"或者"TO ORDER"，不得留空。如果需要填写转口商的名称，同样也是在收货人后面加填英文 VIA，然后再填写转口商名称、地址、国家或地区。

（4）第 3 栏 Means of Transport and Route（运输方式和路线）。此栏填写从装货港到目的港的详细运输路线。如果有转运，还应填上转运地。如"FROM SHANGHAI TO HONGKONG ON APR. 1，2023，THENCE TRANSHIPPED TO ROTTERDAM BY VESSEL"或"FROM SHANGHAI TO ROTTERDAM BY VESSEL VIA HONGKONG"。

（5）第 4 栏 Country/Region of Destination（目的地国家/地区）。此栏填写货物最终运抵目的地的国家或地区，也就是最终进口国（地区），一般来说，应和最终收货人所在国家（地区）一致，不能填写中间商所在的国家名称。

（6）第 5 栏 For Certifying Authority Use Only（签证机构用栏）。这一栏是签证机构在签发后发证书、重发证书或加注其他声明时使用。证书的申领单位应当将此栏留空。

（7）第 6 栏 Marks and Numbers（运输标志）。此栏按照出口发票上所列的唛头来填写，包括完整的图案、文字标记及包装号码，不可简单地填写"AS PER INVOICE NO."（按照发票）或者"AS PER B/L NO."（按照提单）。如果包装无唛头，应该填写"N/M"或者"NO MARK"，不得留空。如果唛头较多此栏填写不下，可以填写在第 7、第 8、第 9栏的空白处或用附页填写。

（8）第 7 栏 Number and Kind of Packages；Description of Goods（商品名称、包装数量及种类）。此栏填写具体的商品名称，不能用概括性语言来表述。如填写"SPORTING GOODS"（运动用品）就太过宽泛，不适合填在此栏，但此栏可以填写"TENNIS RACKET"（网球拍）这种具体的商品名称。包装数量及种类要按具体单位填写，例如，500 箱彩电，应填写为"FIVE HUNDRED（500）CARTONS ONLY OF COLOUR TV SETS"，在英文表述后注明阿拉伯数字。如果需要加注合同号、信用证号码等，也可以填写在此栏。注意这一栏的内容结束处要打上表示结束的截止线（＊ ＊ ＊ ＊），以防加添内容。

（9）第 8 栏 H. S. Code（商品编码）。这一栏要求根据《中华人民共和国进出口商品的目录对照表》填写商品 H. S. Code。如果同一份证书包含了几种商品，则应将相应的商品 H. S. Code 全部填写。注意：填报的商品编号必须与实际货名一致，并与报关单中显示的商品编码完全一致。

（10）第 9 栏 Quantity or Weight（毛重或其他数量）。此栏填写出口货物的数量，但要注意与商品的计量单位联用，如 500 件或 500 箱。如果这里需要填写重量，应该以 KGS 为单位，同时注明是 N. W. 还是 G. W.

（11）第 10 栏 Number and Date of Invoices（发票号码及日期）。此栏内容按照申请出口货物的商业发票填写即可，一般应早于或同于实际出口日期，发票号与日期分行填报。一般第 行为发票号，第二行为日期。此栏不得为空。

（12）第 11 栏 Declaration by the Exporter（出口方声明）。这一栏由申领单位在签证机构注册的申领员签字并加盖单位中英文印章，填写申领地点和日期。注意这一栏的日期不应早于第 10 栏的发票日期。出口商声明已事先印制，内容为："兹出口商声明以上所列内容正确无误，本批出口商品的生产地在中国，完全符合中华人民共和国出口货物原产地规则。"出口商在此声明栏空白处，由法人或手签人员签字并盖公章（有中英文），并且还需填制申报地点、申报日期（此栏日期不得早于本证第 10 栏内的发票日期）。

（13）第 12 栏 Certification（签证机构证明）。此栏签证机构证明已事先印制，内容为："兹证明出口商的声明是正确无误的。"由签证机构签字、盖章，并填写签证地点、日期。签发日期不得早于第 10 栏的发票日期和第 11 栏的申请日期。由贸促会签发的产地证书一般在机构印章中还加注下列声明："China Council for the Promotion of International Trade（CCPIT）is China Chamber of International Commerce."

4.1.3 其他产地证介绍

1. 普惠制产地证

普惠制产地证书是发展中国家向发达国家出口货物，按照联合国贸发会议规定的统一格式而填制的一种证明货物原产地的文件，是出口商的声明和官方机构的证明合二为一的联合证明，又是给惠国（进口国）给予优惠关税待遇或免税的凭证。凡享受普惠制规定的关税减免者，必须提供普惠制产地证明书。普惠制产地证书可由受惠国的商检机构或权威机构签发。

自 1978 年 10 月我国接受普惠制待遇后，我国政府授权国家进出口商品检验检疫局全面负责普惠制的签证管理工作，由设在各地的商检机构具体负责普惠制产地证书的签发和统计工作。自 2021 年 12 月 1 日起，对输往欧盟成员国以及英国、加拿大、土耳其、乌克兰和列支敦士登等已不再给予中国普惠制关税优惠待遇国家的货物，海关不再签发普惠制原产地证书。输往上述国家的货物发货人需要原产地证明文件的，可申请领取非优惠原产地证书。

普惠制产地证有三种格式，即"Form A""Form 59 A"及"Form APR"。其中普惠制产地证书格式 A（Generalized System of Preference Form A），又称为 G. S. P. Form A，使用比较普遍。格式 A（Form A）证书由受惠国的出口商填制并申报，受惠国签证机构审核、证明及签发。签证机构还负责对已签证书的事后查询工作，答复给惠国对已签证书的查询。签证机构必须是受惠国政府指定的，其名称、地址以及印模都要在给惠国注册登记，向联合国贸发会议秘书处备案。在我国，国家质量监督检验检疫总局及所属机构是签发普惠制产地证的唯一机构。

实施普惠制必须遵循的三个原则：

（1）非歧视性原则。

将原来称作落后国家、不发达国家或新兴国家统称为"发展中国家"（Developing Countries），亦称"受惠国"（Beneficiary Countries）；而将过去称作先进国家或工业化国家一律称为"发达国家"（Advanced Countries）或"给惠国"（Preferential Giving Countries）。

（2）普遍优惠原则。

对发展中国家出口到发达国家的初级产品、半成品及商品给予普遍的、无例外的、不厚此薄彼的、一视同仁的优惠待遇。

（3）非互惠原则。

非互惠原则（Non - Reciprocity）是发达国家给予发展中国家或地区普遍优惠，而不要求发展中国家给予发达国家提供反向优惠。

实施普惠制应该符合以下三项要求：

（1）产地原则。

享受优惠的产品必须由受惠国制造，而且规定必须完全自产。若有进口原料和零配件，不能超过成品价值的 40%，并给予实质性加工，变成另一种性质不同的产品。但所谓经实质性加工，各给惠国的规定各不相同。

（2）直接运输原则。

受惠国出口商品必须直接运至给惠国，不得进入第三国市场，但允许在第三国分类、包装。若商品的运输工具不能直达给惠国而必须转船时，则须经转船地的海关封关，以防在运往给惠国途中伪装，以次充好。

（3）普惠制原产地证明书（格式 A）原则。

享受普惠制待遇的受惠国商品必须提供受惠国权威机构签发的普惠制原产地证明书（格式 A）。

知识小窍门：普惠制
原产地证格式 A 的填制

2. 地区经济集团协定产地证书

地区经济集团协定产地证书目前主要有中国—东盟自由贸易区优惠原产地证书、《亚太贸易协定》原产地证书、中国—巴基斯坦自由贸易区原产地证书、中国—智利自由贸易区原产地证书等。区域优惠原产地证书是具有法律效力的、在协定成员方之间就特定产品享受互惠减免关税待遇的官方凭证。

①中国—东盟自由贸易区优惠原产地证书（Form E）。

可以签发中国—东盟自由贸易区优惠原产地证书的国家有：文莱、柬埔寨、印尼、老挝、马来西亚、缅甸、菲律宾、新加坡、泰国、越南和中国等 11 个国家。自 2019 年 8 月 20 日起，中国贸促会及地方机构依照《中华人民共和国与东南亚国家联盟关于修订〈中国—东盟全面经济合作框架协议〉及项下部分协议的议定书》和《中华人民共和国海关〈中华人民共和国政府和东南亚联盟全面经济合作框架协议〉项下经修订的进出口货物原产地管理办法》签发中国—东盟自贸协定项下原产地证书（Form E）。此外，为消除对中国—东盟自贸协定文本理解分歧，帮助中国企业在东盟各国海关顺利实现通关，自 2019 年 9 月 20 日起，贸促会签发的 Form E 采用新格式。

（2）《亚太贸易协定》原产地证书（Form B）。

《亚太贸易协定》是在《曼谷协定》的基础上订立的，《曼谷协定》签订于 1975 年，我国于 1994 年 4 月申请加入该协定，2001 年 5 月 23 日正式成为《曼谷协定》成员，并于 2002 年 1 月 1 日实施《曼谷协定》。

2006 年，经成员方进一步协商，签订了《亚太贸易协定》，并于 2006 年 9 月 1 日正式实施，各地检验检疫机构开始签发《亚太贸易协定》原产地证书。2007 年 1 月 1 日起，全面启用《亚太贸易协定》原产地规则和专用原产地证书格式。目前可以签发《亚太贸易协定》原产地证书的国家有：韩国、斯里兰卡、印度、孟加拉国、老挝、中国 6 个国家。

（3）中国—巴基斯坦自由贸易区原产地证书（Form P）。

中国—巴基斯坦自由贸易区原产地证书英文名称为 Certificate of Origin China - Pakistan

FTA，简称"中巴证书"。中国产品出口巴基斯坦，出口商可以到我国出入境检验检疫局签发 Form P，以得到进口减税或免税。同样巴基斯坦产品进口到中国，我国进口商凭巴基斯坦有关当局签发的 Form P 申报，也可得到进口减税或免税。

（4）中国—智利自由贸易区原产地证书（Form F）。

中国—智利自由贸易区原产地证书是中国—智利自由贸易区进出口货物获得关税优惠的证明。《中华人民共和国政府与智利共和国政府自由贸易协定》正式签署于 2005 年 11 月 18 日，于 2006 年 10 月 1 日开始实施，自这一天起，中国与智利开始签发中国—智利自由贸易区原产地证书。中国的签证机构是国家质检总局设在各地的检验检疫机构。智利政府负责对出口到中国的产品签发原产地证书。中国—智利自由贸易区原产地证书采用专门的格式，也称原产地证书格式 F（Form F）。

（5）中国—新西兰自由贸易区优惠原产地证书（Form N）。

中国—新西兰自由贸易区优惠原产地证书是根据《中国政府和新西兰政府自由贸易协定》签发的就中国、新西兰两国之间相互给予关税减免待遇的官方证明文件，可使我国出口到新西兰该协定项下的产品享受关税优惠待遇。该种证书自 2008 年 10 月 1 日起由检验检疫机构签发。

（6）中国—新加坡自由贸易区优惠原产地证书（Form X）。

《中华人民共和国政府和新加坡共和国政府自由贸易协定》（以下简称《协定》）于 2008 年 10 月 23 日正式签署，并自 2009 年 1 月 1 日起实施。为使我国出口到新加坡的产品能够享受《协定》项下关税优惠待遇，自 2009 年 1 月 1 日起，各地出入境检验检疫机构开始签发中国—新加坡自由贸易区优惠原产地证明书。

（7）《中国—秘鲁自由贸易协定》原产地证书（Form R）。

《中国—秘鲁自由贸易协定》于 2010 年 3 月 1 日开始实施，我国出口到秘鲁的符合中国—秘鲁自贸区原产地规则的产品，享受秘鲁给予的关税优惠待遇。中秘两国自贸协定覆盖领域广、开放水平高，在货物贸易方面，双方将对各自 90% 以上的产品分阶段实施零关税。

（8）《中国—哥斯达黎加自由贸易协定》原产地证明书。

中哥自贸协定覆盖领域全面、开放水平较高。在货物贸易领域中哥双方将对各自 90% 以上的产品分阶段实施零关税，共同迈进"零关税时代"。自 2011 年 8 月 1 日起，我国出口到哥斯达黎加的符合中国—哥斯达黎加自贸区原产地规则的产品享受哥斯达黎加给予的关税优惠待遇。

中方的纺织原料及制品、轻工、机械、电器设备、蔬菜、水果、汽车、化工、生毛皮及皮革等产品和哥方的咖啡、牛肉、猪肉、菠萝汁、冷冻橙汁、果酱、鱼粉、矿产品、生皮等产品将从降税安排中获益。

在服务贸易领域，在各自对世贸组织承诺的基础上，哥方将在电信服务、商业服务、建筑、房地产、分销、教育、环境、计算机和旅游服务等 45 个部门或分部门进一步对中方开放，中方则在计算机服务、房地产、市场调研、翻译和口译、体育等 7 个部门或分部门对哥方进一步开放。双方还在知识产权、贸易救济、原产地规则、海关程序、技术性贸易壁垒、卫生和植物卫生措施、合作等众多领域达成广泛共识。

（9）CEPA 原产地证书。

CEPA（Closer Economic Partnership Arrangement）优惠原产地证书是指中国内地、香港、澳门更紧密经贸关系的相关协定下使用的原产地证书。出口商或生产商在香港、澳门，向特区政府授权的原产地证书发证机构申请可以享受 CEPA 优惠的原产地证书。

目前，根据 CEPA 规定，香港的发证机构共有六个，分别是香港工业贸易署、香港中华总商会、香港中华厂商联合会、香港工业总会、香港总商会和香港印度商会；澳门的发证机构只有一个，即澳门经济局。

根据《内地与香港关于建立更紧密经贸关系的安排》和《内地与澳门关于建立更紧密经贸关系的安排》及其相关补充协议，海关总署制定了《2011 年 1 月 1 日起新增香港享受零关税货物原产地标准表》和《2011 年 1 月 1 日起新增澳门享受零关税货物原产地标准表》，自 2011 年 1 月 1 日起执行。上述两表使用了简化的货品名称，其货品范围与 2010 年《中华人民共和国进出口税则》中相应税号的货品一致。

（10）ECFA 原产地证书。

《海峡两岸经济合作框架协议》（Economic Cooperation Framework Agreement，ECFA）是海峡两岸遵循世界贸易组织规则，结合两岸经济发展的现状和特点，按照平等互惠原则签署的经济合作协议。该协议于 2010 年 9 月 12 日生效。按照 ECFA 协议，2011 年 1 月 1 日起两岸全面实施货物贸易与服务贸易早期收获计划，加强和增进海峡两岸双方之间的经济、贸易和投资合作，促进双方货物和服务贸易进一步自由化，逐步建立公平、透明、便利的投资及其保障机制，扩大经济合作领域，建立合作机制。

从 2011 年 1 月 1 日起，各地出入境检验检疫机构可开始签发《海峡两岸经济合作框架协议》原产地证书（ECFA 原产地证书）。凡符合《海峡两岸经济合作框架协议》原产地规则的出口企业可向出入境检验检疫局申请《海峡两岸经济合作框架协议》原产地证书。申请办理《海峡两岸经济合作框架协议》原产地证书签证时，必须提交《海峡两岸经济合作框架协议》原产地证书申请书、按规定填制的《海峡两岸经济合作框架协议》原产地证书、出口商品的商业发票副本及必要的其他材料。出口企业持 ECFA 原产地证，出口到中国台湾的货物将获得关税减免的优惠。

（11）《中国—冰岛自由贸易协定》原产地证明书。

《中国—冰岛自由贸易协定》自 2014 年 7 月 1 日起正式实施，其"优惠贸易协定代码"为"16"，实行核准出口商制度。该原产地证书签发机构是中国海关总署和中国国际贸易促进委员会及其地方机构。

（12）《中国—瑞士自由贸易协定》原产地证明书。

《中国—瑞士自由贸易协定》自 2014 年 7 月 1 日起正式实施，其"优惠贸易协定代码"为"17"，实行核准出口商制度。该原产地证书签发机构是中国海关总署和中国国际贸易促进委员会及其地方机构。

（13）《中国—澳大利亚自由贸易协定》原产地证明书。

《中国—澳大利亚自由贸易协定》自 2015 年 12 月 20 日起正式实施，其"优惠贸易协定代码"为"18"，出口货物发货人可以向中国海关总署所属的各地出入境检验检疫机构、中国国际贸易促进委员会及其地方分会申请领取出口货物原产地证书。

3. 欧洲经济共同体纺织品专用产地证

欧洲经济共同体纺织品专用产地证（Europe Economic Community/Certificate of Origin），

简称 EEC 纺织品产地证书，专门用于需要配额的纺织类产品，是欧共体进口国海关控制配额的主要依据。EEC 纺织品产地证书与 EEC 纺织品出口许可证的内容完全一致，均由出口国有关机构提供，我国专门由商务部签发。

根据欧盟颁布的 2011 年第 955 号法规，自 2011 年 10 月 24 日起取消对我国输欧盟所有纺织品类别专用原产地证的核查，即我国企业出口纺织品到欧盟成员国不再需要出具纺织品原产地证明。自该日期起我国各发证机构已停止签发输欧盟纺织品产地证、输欧盟手工制品产地证、输欧盟丝麻制品产地证。

4. 对美国出口的原产地声明书

原产地声明书（Declaration of Country Origin），简称 DCO 产地证，又称为"美国产地证"，凡是出口到美国的纺织品，出口商必须向进口商提供该类原产地声明书，作为进口商清关的单证之一。声明书主要包括 A、B、C 三种格式。格式 A：为单一国家产地声明书，一般适用于本国原材料并由本国生产的产品；格式 B：为多国产地声明书，一般适用于来料加工、来件装配的产品，由多国生产；格式 C：非多种纤维纺织品声明书，一般适用于纺织品原料的主要价值或重量是丝、麻类或其中羊毛含量不超过 17% 的纺织品。

【任务实施】

对任务描述中提出的要求及任务分析中需要做的工作加以实施，将任务实施情况、总结评价及改进提升结果做好相应记录，并填写表 4-2。

表 4-2　任务实施记录

执行情况	步骤1	
	步骤2	
	步骤3	
总结评价	优点	
	不足	
改进提升	改进1	
	改进2	
	改进3	

【任务评价】

根据任务完成情况由教师、学生共同进行任务评价，如表 4-3 所示。

表 4-3　任务评价

考核项目		教师评分	学生评分	总评分	评语
任务执行质量	正确缮制普惠制产地证、一般原产地证等单据				
	掌握区域性优惠原产地证的缮制				

续表

考核项目	教师评分	学生评分	总评分	评语
任务执行态度				
任务执行效率				

任务 4.2　缮制汇票

【任务描述】

根据合同和信用证的规定，浙江卓信实业有限公司顺利完成了出口货物的备货、报关和装运任务，同时，小吴也依照信用证规定缮制完成并取得了结汇所需的商业发票、装箱单、海运提单等单据。其中发票的号码为 ZX978809，提单号码为 BL1605469，提单装船日期为"OCT 28，2023"。

经理安排小吴根据信用证要求缮制资金单据——汇票，以方便后续全套单据完成后，向银行交单议付，收取货款。

【任务分析】

小吴需要梳理汇票的相关知识，根据信用证对汇票的要求，正确缮制汇票。

步骤 1：梳理汇票的相关知识，明确汇票的含义、关系人及使用流程。

步骤 2：梳理回顾信用证项下汇票的缮制方法，填写表 4 - 4。

表 4 - 4　汇票填写要求

序号	项目要素	填写要求
1		
2		
3		
…		

步骤 3：根据信用证对汇票的要求，正确缮制汇票。

【知识储备】

在国际贸易中，买方最关心的是能否收到符合合同规定的货物，而卖方最关心的是能否安全、迅速地收到货款。由于国际贸易合同所涉及的金额较大，采用非票据结算的方式一方面携带不便，另一方面也不太安全，所以国际贸易货款的收付大多数情况下通常都是使用各种支付工具，即资金单据，作为买卖双方债权债务划分的凭证。目前，国际通行的资金单据主要有汇票、支票、本票等，一般以汇票的使用为主。

4.2.1 汇票的定义、关系人和使用流程

1. 汇票的定义

汇票（见图4-2）是出票人签发的，委托付款人在见票时，或者在指定日期无条件支付确定的金额给收款人或者持票人的票据。它是国际结算中使用最广泛的一种信用工具，属于资金单据，可以代替货币转让或流通。

BILL OF EXCHANGE				
出票依据 Drawn Under			不可撤销信用证号码 Irrevocable L/C No.	
开证日期 Date of Issue		年息 Payable with Interest	@％按息付款	
发票号码 Invoice No.		汇票金额（小写） Exchange for	宁波 Ningbo	
见票日后（本汇票之副本未付）交付 At sight of this FIRST of Exchange（Second of Exchange Being Unpaid）				
收款人 Pay to the Order of				
金额（大写） the Sum of				
付款人 To				

图4-2　汇票

📖 拓展阅读

汇票的种类

常见的出口贸易结算的汇票有下列几种：

（1）跟单汇票（Documentary Draft）和光票（Clean Bill）。

汇票按是否跟随货运单证及其他单证的角度划分，可以分为跟单汇票和光票两种。经常在信用证上见到这样的条款："Credit available by your drafts at sight on us to be accompanied by the following documents."这个条款就是跟单汇票条款。开立这种汇票必须跟随有关货运单证及其他有关单证才能生效，所以叫作"跟单汇票"。和这个意思相反，即开立汇票不跟随货运单证。单凭汇票付款的叫作"光票"。在出口业务中，结算所缮制的汇票多是跟单汇票，很少有光票。这是因为跟单汇票对买卖双方都有利。汇票跟随着货运单证一起，使进口商必须在付清货款或承兑后才能得到货运单证而提取货物；而出口商如果没有提供合乎信用证要求的单证，进口商可以不负责付款。光票则与上述情况相反。所以进出口贸易都采取跟单汇票，极少使用光票。只有由于费用或佣金等收取才采取光票方式，因无货运单证可提供。

（2）即期汇票（Sight Draft）和远期汇票（Time Draft）。

从汇票的付款期限来分，有即期汇票和远期汇票。凡是汇票上明确规定见票付款人立即执行付款等字句，这样的汇票就是即期汇票。凡是汇票上明确规定见票后××天或规定将来某一时期内付款人执行付款，这样的汇票就是远期汇票。

（3）银行汇票（Bank's Draft）和商业汇票（Commercial Draft）。

从出票人角度来分，有银行汇票和商业汇票。例如，在汇款业务中汇款人请求汇出行把款项汇交收款人，这时汇出银行开立汇票交给汇款人以便寄交收款人向付款行领取款项。这种汇票由银行开具，所以叫银行汇票。在出口贸易中的预付货款的支付方式，进口商向出口商汇付货款的汇票也属于银行汇票。在汇款方法中属于顺汇法。出口贸易结算中的托收支付方式和信用证项下的支付方式所开具汇票就属于商业汇票。商业汇票是债权者主动开具汇票向债务者指令凭票付款，这种汇票的出票人是商人或商号，所以叫作商业汇票，在汇款方法中属于逆汇法。

（4）商业承兑汇票（Commercial Acceptance Bill）和银行承兑汇票（Banker's Acceptance Bill）。

从承兑人角度区分，可分为商业承兑汇票和银行承兑汇票。在商业汇票中，远期汇票的付款人为商人，并经付款人承兑，这种汇票叫作商业承兑汇票；如果远期汇票的付款人是银行，并由付款人——银行承兑，这种汇票就叫作银行承兑汇票。

2. 汇票的关系人

一张汇票通常涉及出/开票人（Issuer/Drawer）、受票人/付款人/致票人（Drawee/Payer）和收/受款人（Payee）三方。

出票人是开立票据并且把它交给其他人的法人或个人，承担票据必须付款或承兑的保证责任。付款人又叫受票人，是受出票人委托支付票据金额的人、接受支付命令的人，通常为进口商或银行。收款人是凭汇票向付款人请求支付票据金额的人，是汇票的债权人，一般是卖方或其指定的银行。

汇票当事人还可能包括承兑人（Acceptor）、背书人（Indorser/Endorser）、被背书人（Indorsee/Endorsee）、保证人（Guarantor）和持票人（Holder）等。

3. 汇票的使用流程

汇票的使用流程一般有出票、提示、承兑、背书、付款等几个步骤。

（1）出票。

这里的出票有两个动作：一是写成汇票，也就是出票人在汇票上写明有关的内容，并签名；二是交付，就是把汇票交给收款人，只有经过交付这个动作，才真正建立了债权关系，完成了出票手续。

（2）提示。

提示指的是持票人把汇票交给付款人，要求他付款或承兑这样的行为。付款人看到汇票后，根据汇票类型，要在一定期限内完成付款。如果是即期汇票，付款人见票后要立即付款；如果是远期汇票，付款人见票后办理承兑手续，到期再付款。

（3）承兑。

承兑是指付款人对远期汇票表示承担到期付款责任的行为。其手续是由付款人在汇票正面写上"承兑"（"ACCEPTED"）字样，注明承兑的日期，并由付款人签名。付款人承兑以后，在远期汇票到期时就有付款的责任。

在这里，承兑交付可以有两种：第一种是付款人承兑以后，把汇票交给持票人留存，于到期时由持票人向承兑人提示付款；第二种是付款人承兑后，把汇票留下，把"承兑通知书"交给持票人，到期凭以付款。

（4）背书。

背书是转让汇票的一种手续，就是由汇票的收款人，在汇票背面签上自己的名字，或者再加上受让人，并把汇票交给受让人的行为。经背书后，汇票的收款权利便转移给了受让人。汇票可以经过背书不断转让下去。对受让人来说，所有在他以前的背书人，以及原出票人都是他的"前手"；对出让人来说，在他出让以后的所有受让人都是他的"后手"。前手对其任一后手都负有担保该汇票一定会被受票人承兑和付款的责任，如果后手在要求受票人付款时遭到了拒付，那么就要由前手来承担付款责任。

（5）付款。

付款是付款人向持票人支付票据金额的全部款项或一部分款项的行为，来注销票据。汇票的付款人足额付款后，付款人一般都会要求收款的持票人在背面签字，注上"付讫"（"PAID"）字样，并且收回汇票。

4.2.2 信用证汇票条款

1. 汇票信用证条款解读

在国际贸易结算中，使用的票据大多以汇票为主，有关汇票的条款也常出现在信用证的开始部分。例如：

AVAIABLE WITH/BY   41D：WITH ANY BANK BY NEGOTIATION IN CHINA
DRAFT AT   42C：AT 45 DAYS AFTER SIGHT
DRAWEE（PAYING BANK）   42D：OURSELVES

在这个条款中，主要包括三方面内容：付款方式、付款期限和付款人。

"AVAIABLE WITH/BY"就是信用证中汇票条款的付款方式，"WITH"标明了汇票的兑付银行，"BY"标明了汇票的兑付方式。这里信用证中汇票条款"WITH ANY BANK BY NEGOTIATION IN CHINA"，表示可在中国任何银行进行议付。除了这里提到的"BY NE-GOTIATION"（议付），汇票条款中还有很多表示兑付方式的方法，比如，"BY PAY-MENT"（付款）、"BY ACCEPTANCE"（承兑）、"BY DEP PAYMENT"（延期付款）和"BY MIXED PYMT"（混合付款），等等。

"DRAFT AT"是信用证中汇票条款的付款期限，如果信用证规定的是即期汇票，那么这里就是"AT SIGHT"或是"SIGHT"；如果是远期汇票，就是"AT XX DAYS AFTER SIGHT"，用来表明信用证项下汇票的付款期限。

"DRAWEE"是信用证中汇票条款的付款人，此处会表明跟单信用证项下由谁来承担汇票的付款责任，有可能是开证银行或开证银行指定的其他银行。这里信用证中汇票条款的付款人如果写的是"OURSELVES"，表明这份信用证的付款人是开证行自己，由开证行来承担付款责任。

2. 常见信用证汇票条款

（1）"WE HEREBY ISSUE OUR IRREVOCABLE LETTER OF CREDIT NO. 194956 AVAIL-ABLE WITH ANY BANK IN CHINA，AT 90 DAYS AFTER BILL OF LADING DATE BY DRAFT."该条款要求出具提单后 90 天的汇票。

（2）"DRAFT AT 60 DAYS SIGHT FROM THE DATE OF PRESENTATION AT YOUR COUNT-ER."该条款要求出具在议付行起算 60 天到期的远期汇票。

（3）"CREDIT AVAILABLE WITH ANY BANK IN CHINA，BY NEGOTIATION，AGAINST PRESENTATION OF BENEFICIARY'S DRAFTS AT SIGHT，DRAWN ON APPLICANT IN DU-PLICATE."该条款要求受益人出具以开证人为付款人的即期汇票。

（4）还有一些信用证在汇票上带有一些限制性条款，如"THIS LETTER OF CREDIT IS TO BE NEGOTIATED AGAINST THE DOCUMENTS DETAILED HEREIN A BENEFICIARY'S DRAFTS AT 60 DAYS AFTER SIGHT WITH HSBC SHANGHAI."这样的条款要求汇票的收款人为"上海汇丰银行"，实际上是限制了这一信用证必须在上海汇丰银行议付。那么在制作汇票时，就应该按照信用证要求来表示："PAY TO THE ORDER OF HSBC BANK，SHANGHAI BRANCH."

4.2.3　信用证项下汇票的填写

1. 信用证项下汇票填写内容

（1）出票依据（Drawn Under）。

这一栏内要求填写开证银行的名称和地址。名称应填写全称，除非信用证内汇票条款中允许写开证行的缩写，如信用证中规定"DRAFT DRAWN UNDER HK BANK NY"。一般情况下，按照信用证中规定的银行名称和地址正确填写这一栏即可。

（2）信用证号码（L/C No.）。

这一栏要正确填上信用证的号码，但有时也可接受来证不填这一栏的要求。

（3）开证日期（Date of Issue）。

这一栏应正确填上信用证开立的日期。

（4）年息（Payable with Interest）。

这一栏应由结汇银行填写，用以清算企业与银行间利息费用，信用证若无利息则不填。

（5）小写金额（Exchange for）。

这一栏填写小写的金额，由货币名称缩写及阿拉伯数字组成。例如，CAN＄1,278.00或 US＄598.00。金额数要求保留小数点后两位，货币名称应与信用证规定和发票上的货币一样，汇票金额应根据信用证中具体规定来填写。

（6）汇票大写金额（the Sum of）。

大写金额应由小写金额翻译而成，一般顶格打印，货币名称全称写在数额前，大写金额后加"ONLY"。比如，"USD23978.55，SAY UNITED STATES DOLLARS TWENTY THREE THOUSAND NINE HUNDRED SEVENTY EIGHT AND CENTS FIFTY – FIVE ONLY。"

（7）号码（No.）。

这一栏有三种填制方法：第一种填发票号码，说明该汇票是某发票项下的，以核对发票与汇票中相同或相关的内容，我国出口贸易多采用这一种方法；第二种按本身汇票的顺序编号；或者用第三种方法，这一栏空白。

（8）付款期限（At…Sight）。

常见的汇票付款期限根据汇票本身性质有两种：即期付款和远期付款。若是即期汇票，一般在 At 和 Sight 之间的横线上打上"…"或"＊＊＊"或"－－－"等，这一处不得留空。若是远期汇票，具体付款时间应按照信用证在规定的"远期"起算日算起的几天内，不同的起算日，付款的日期也不同。

工作小技巧

远期汇票到期日的计算

1. 见票/出票日/说明日以后若干天付款的汇票到期日计算

"算尾不算头"，期限开始的那一天不算，期限的最后一天算进，例如见票日为 2023 年3 月 18 日，付款期限为见票后 30 天，则应从 19 日起算 30 天，到期日为 2023 年 4 月 17 日。

2. 假日顺延

如果上例中 4 月 17 日为银行假日，即延至随后的第一个营业日付款。

3. 见票/出票日/说明日以后若干月付款（以月为单位计期）

汇票到期日应该为付款之月的相同日期，如汇票规定出票后 3 个月付款，出票日为 2023 年 3 月 18 日，到期日应为 2023 年 6 月 18 日；如果付款月份无同日即为月末，如见票日为 2023 年 1 月 31 日，见票后 1、2、3 月付款，则到期日应分别为 2023 年 2 月 28 日、3 月 31 日、4 月 30 日。

4. UCP600 第 3 条中关于日期计算的解释

"于或约于"（On or about）或类似词语将被视为规定事件发生在指定日期的前后 5 个日历日之间，起讫日期计算在内。

"至（To）""直至（Until, To）""从……开始（From）"及"在……之间（Between）"等词用于确定发运日期时包含提及的日期，使用"在……之前（Before）"及"在……之后（After）"时则不包含提及的日期。

"从……开始（From）"及"在……之后（After）"等词用于确定到期日时不包含提及的日期。

"上半月（First Half）"和"下半月（Second Half）"应分别理解为自每月"1 日至 15 日"和"16 日至月末最后一天"，包括起讫日期。

"月初（Beginning）""月中（Middle）"及"月末（End）"分别理解为每月 1 日至 10 日、11 日至 20 日和 21 日至月末最后一天，包括起讫日期。

（9）收款人（Pay to the Order of…）。

汇票的收款人（受款人），又称汇票抬头，是指受领汇票所规定的金额的人。信用证结算方式下，汇票的收款人往往是信用证的交单银行或受益人，常见的是交单银行（汇票出票人提交单据办理议付的银行），究竟以哪家银行作为收款人，取决于信用证中是否有具体的规定。

所以这一栏汇票抬头，应根据信用证内容填写。如，信用证规定"CREDIT AVAILA-BLE WITH THE ADVISING BANK NEGOTIATION AGAINST PRESENTATION OF YOUR DRAFTS AT SIGHT DRAWN ON US FOR FULL INVOICE VALUE"，显示议付必须在通知行进行，也就是议付行就是通知行，因此在这一栏中应填制通知行的名称和地址。

如果信用证规定"AVAILABLE WITH…BY…：41D：BANK OF CHINA，NINGBO BRANCH，BY NEGOTIATION"，或者"BY NEGOTIATION AGAINST THE DOCUMENTS DETAILED HEREIN AND BENEFICIARY'S DRAFTS AT 45 DAYS AFTER SIGHT WITH BANK OF CHINA，NINGBO BRANCH"，该信用证限制在中国银行宁波分行议付，即收款人是中国银行宁波分行。填制汇票时，在"Pay to"后填上"BANK OF CHINA，NINGBO BRANCH"。

（10. 汇票的出票日期和地点（Date and Place of Issue）。

汇票的出票地点在信用证项下为议付地，一般都已事先印好，未印好则由银行填写。

（11）付款人（To）。

这一栏应根据信用证汇票条款中所规定的付款人清楚填写其名称和地址。如果信用证规定"DRAFT DRAWN ON APPLLCANT"，则汇票中付款人一栏填写开证申请人的名称和地址。如果信用证规定"DRAWN…YOURSELVES"，则付款人为通知行。如果信用证未做任何规定，付款人就是开证行。

（12）出票人（Drawer）。

虽然汇票上没有出票人栏，但出票人却是汇票的必要内容，习惯上在右下角空白处盖上出票人全称印章和其负责人手签印章。

（13）特殊条款（Special Conditions）。

虽然汇票上没有特殊条款一栏，但如果信用证上规定汇票中有特殊条款就打印在右上角空白处。例如，来证要求"THE NUMBER OF B/L MUST BE INDICATED IN THE DRAFT"，这时就应在汇票右上角打上"THE NUMBER OF B/L IS×××"。

2. 信用证项下缮制汇票常见错误

（1）汇票的金额超过信用证金额，如果信用证内并没有特别规定，那么这样的汇票将被银行拒付。

（2）汇票没有正确背书。汇票上如果是"凭指定"时，应由合法的收款人背书，但有时会出现收款人遗漏背书或出票人错误地在汇票上背书的现象。

（3）付款人写错。汇票上签发的付款人弄错，如付款人应为其他银行而误填开证行。

（4）汇票金额与发票或信用证金额不同。汇票上的金额是表示付款人应实际支付给受益人的款项，在正常情况下，如果没有其他规定，汇票金额应该和发票金额一致。如发票金额为CFR总值USD5 000，则汇票金额亦应为相同金额。另外，来证如规定一定数量、一定金额的货物，只要不允许分批，则汇票金额应该与信用证金额相一致。

（5）汇票上的金额大、小写不一致；汇票大写金额不准确；汇票大写金额最后漏打"ONLY"（整）一词。

（6）汇票上的货币币别与信用证上的货币币别不相符，如信用证内没有特殊规定，这样的汇票也是会被拒付的。

（7）汇票上有更改和擦动的痕迹。汇票上一般不允许更改，特别是在一些关键处，如金额、付款期限等处，绝不能更改。遇有类似情况时，必须重新缮制。

（8）汇票上未注明出票日期或过于提前。

【任务实施】

对任务描述中提出的要求及任务分析中需要做的工作加以实施，将任务实施情况、总结评价及改进提升结果做好相应记录，并填写表4-5。

表4-5　任务实施记录

执行情况	步骤1	
	步骤2	
	步骤3	
总结评价	优点	
	不足	
改进提升	改进1	
	改进2	
	改进3	

【任务评价】

根据任务完成情况由教师、学生共同进行任务评价，如表4-6所示。

表4-6　任务评价

考核项目		教师评分	学生评分	总评分	评语
任务执行质量	对汇票认知的明确性				
	对汇票缮制方法掌握的熟练度				
	汇票缮制结果的准确性				
任务执行态度					
任务执行效率					

任务4.3　缮制其他单据

【任务描述】

"Virginia TRADE CO. LTD" 开来的 LC73456 号信用证中，"DOCUMENTS REQUIRED * 46A" 要求出口方受益人在交单议付时还需提供：

（1）受益人证明：BENEFICIARY'S CERTIFICATE CERTIFYING THAT 1/3 ORIGINAL

B/L AND ONE SET OF NON – NEGOTIABLE DOCUMENTS HAVE BEEN SENT TO APPLI-CANT AFTER SHIPMENT IMMEDIATELY。

（2）装船通知：SHIPPING ADVICE。

于是，经理安排小吴进行受益人证明和装船通知的缮制工作，并在单据缮制完成后对全套的单据进行审核，审核无误后向银行交单议付，并在收汇完成后进行出口退税工作。

【任务分析】

小吴需要梳理装运通知、受益人证明单据以及出口退税方面相关的知识，从已缮制或已取得的单证中整理货物相关信息，完成经理安排的受益人证明和装船通知单据缮制工作，并完成出口退税工作。

步骤 1：梳理装运通知的相关知识，缮制装运通知。

步骤 2：梳理受益人证明的相关知识，根据信用证要求缮制受益人证明。

步骤 3：梳理出口退税流程及所需单据，完成出口退税操作。

【知识储备】

4.3.1　装运通知

1. 装运通知概述

装运通知（Shipping Advice）是出口方在出口货物装船完毕后，通过传真方式或其他方式，向进口方发出的关于货物已装船的详细通知，以便进口商及时办理保险、申请进口许可和安排接收货物及办理清关等事宜。在 FOB、CFR 价格条件下，装货后发出装运通知是合同的一项要件。如果因为没有发出装船通知，使收货人没有及时投保，那么货物的丢失、损害就会由发货人来负责赔偿。

一般信用证中有关装运通知的条款会进行详细说明，比如："BENEFICIARY MUST CABLE ADVISE THE APPLICANT FOR THE PARTICULARS BEFORE SHIPMENT EFFECTED AND A COPY OF THE ADVICE SHOULD BE PRESENTED FOR NEGOTIATION."即受益人必须在装运前以电报通知申请人有关详情，并且提交一份通知副本供议付。

装运通知（见图 4 - 3）是提交银行结汇的单据之一，并没有统一格式，但是它的内容要符合信用证的规定，一般有订单或合同号码、商品名称和数量、总值、唛头、载货船舶名称、装运口岸、开航日期，等等。

在实际业务中，单证员应该根据信用证的要求和对客户的习惯做法，将上述内容适当地列明在装运通知中。一般来说，装运通知可以不签署，但是如果信用证规定"BENEFI-CIARY CERTIFIED COPY OF SHIPPING ADVICE"，即要求有受益人证明的装运通知副本，那么受益人必须在通知上签字盖章。

2. 信用证中有关装船通知的条款说明

（1）SHIPMENT ADVICE WITH FULL DETAILS INCLUDING SHIPPING MARKS, CTN NUMBERS, VESSEL'S NAME, B/L NUMBER, VALUE AND QUANTITY OF GOODS MUST BE SENT ON THE DATE OF SHIPMENT TO US.

```
NANJING FORGIGN TRADE IMP. AND EXP. CORP.

                SHIPPING    ADVICE

FAX     56489542              INVOICE NO.    JS0325

TEL     56489545              L/C NO.        H2108

                              S/C NO.        ST355

MESSRS:




DEAR SIRS:
    WE HEREBY INFORM YOU THAT THE GOODS UNDER THE ABOVE MENTIONED CREDIT HAVE BEEN SHIPPED.
THE DETAILS OF THE SHIPMENT ARE STATED BELOW.


SHIPPING MARKS:        COMMODITY :        LADIES LYCRA LONG PANT

CBD LONDON NOS1-200    TOTAL G. W.:       2,000KGS

                       OCEAN VESSEL:      DAFENG    E002

                       DATE OF DEPARTURE:

                       B/L NO.:           HJSHB14232

                       PORT OF LOADING:   NANJING

                       DESTINATION:       LONDON
NANJING FORGIGN TRADE IMP. AND EXP. CORP
```

图 4-3　装运通知

装运通知必须在装运日期前通知进口方，内容包括唛头、CTN 号、船名、提单号、货物价值和数量等详细信息。

（2）ORIGINAL FAX FROM BENEFICIARY TO OUR APPLICANT EVIDENCING B/L NO. NAME OF SHIP, SHIPMENT DATE、QUANTITY AND VALUE OF GOODS.

受益人需向进口方申请人提供原始传真，证明提单号、船名、装运日期、货物数量和价值。

（3）A CERTIFICATE FROM THE BENEFICIARY STATING THAT THEY HAVE ADVISED THE APPLICANT BY TLX THE DATE OF SHIPMENT, NUMBER OF PACKAGES, NAME OF COMMODITY, TOTAL NET AND GROSS WEIGHT, NAME OF VESSEL AND NUMBER OF VOYAGE WITHIN 2 DAYS AFTER SHIPMENT EFFECTED.

出口方应在装运后 2 天内通过 TLX 通知开证申请人（进口方）装运日期、商品数量、商品名称、总净重和毛重、船只名称和航次。

（4）BENEFICIARY'S CERTIFIED COPY OF FAX SENT TO APPLICANT WITHIN 48 HOURS AFTER SHIPMENT INDICATING CONTRACT NO.，L/C NO.，GOODS NAME，QUANTITY，INVOICE VALUE，VESSEL'S NAME，PACKAGE/CONTAINER NO.，LOAD-ING PORT，SHIPPING DATE AND ETA.

受益人（出口方）应在装运后 48 小时内发送给开证申请人（进口方）经认证的传真副本，并注明合同号、信用证号、货物名称、数量、发票价值、船名、包装/集装箱号、装货港、装运日期等信息。

（5）BENEFICIARY MUST CABLE ADVISE THE APPLICANT FOR THE PARTICULARS BEFORE SHIPMENT EFFECTED AND A COPY OF THE ADVICE SHOULD BE PRESENTED FOR NEGOTIATION.

受益人必须在发货前电报通知申请人详细情况，并应提交一份通知副本以供议付。

3. 信用证项下装箱单的内容缮制

装运通知并无统一格式，但其内容一定要符合信用证的规定，并且在信用证（或合同）约定的时间内以电传、电报、传真、信件等规定的方式将其通知给进口方。

（1）单据名称和出单方（Issuer）。单据名称可以是 Shipping/Shipment Advice，Advice of Shipment 等，如果信用证有具体要求，需要符合信用证规定。出单方是出具装运通知一方的名称，一般是信用证的受益人。在装运通知中常填写在"SHIPPING ADVICE"单据名称的上方。

（2）抬头人（To/Messrs）。抬头人是接受该通知的人，装运通知中常用"MESSRS"（Mr 的复数形式，用于一组人名或公司名称前）来表示，此处需按照信用证中的规定填写。一般有以下几种情况：

①填写承担货物运输险的保险公司名称及地址，便于对方收到通知后，将预约保险单及时转为正式保险单；买方保险公司的名称和地址。

②填写信用证中申请人（一般为进口商）名称与地址，便于对方在未办理预约保险的情况下及时投保并准备收货。

③填写信用证条款指定的保险公司或申请人的代理人的名称与地址，代理人在收到本通知后，可以及时通知保险公司或收货人办理后继相关业务。

（3）日期（Date）。填写缮制装运通知单据的日期。此处日期要符合信用证的要求和规定，一般在提单日期之后。

（4）发票号（Invoice No.）。此处填写商业发票号码，注意必须与其他单据相符。

（5）信用证号（L/C No.）。此处填写信用证号。

（6）商品名称和数量。填写出口装运的商品名称和交易计价单位的数量。

（7）运输工具（Means of Conveyance）。填写装载货物的运输船舶的船名和航次。

（8）装运日期（Date of Shipment）。装运日期，与已装运提单日期一致。

（9）转船地（Transshipment）。如果有转船，填写转船地点；若无转船，可留空或不填。

（10）提单号（B/L No.）。此处填写提单号。

（11）装运口岸（Port of Loading）。填写装运口岸的名称。

（12）目的地（Destination）。填写目的地名称。

（13）运输标志（Marks and Numbers）。填写出口货物包装上的装运标志和号码。

（14）受益人签字盖章（Signature）。填写出口公司的名称并由法人代表或经办人签字。

4.3.2　受益人证明

1. 受益人证明（Beneficiary's Certificate）概述

受益人证明（见图4-4）也称为出口商证明，是由受益人签发的证实某个事实的单据。它是一种由受益人自己出具的证明，为了方便证明自己履行了信用证规定的任务或证明自己已按信用证的要求办事，比如证明所交货物的品质、证明运输包装的处理、证明按要求寄单等。

BENEFICIARY'S CERTIFICATE

JUN,22,2022

TO WHOM IT MAY CONCERN
Dear Sirs,

Re: Invoice No.:TX0800　　　L/C No.:LGU-000058

WE HEREBY CERTIFY THAT ONE SET OF NON-NEGOTIABLE SHIPPING DOCUMENTS
MUST BE FAXED TO APPLICANT WITH 24 HOURS AFTER THE SHIPMENT.

ZHEJIANG TEA IMPORT & EXPORT CO.,LTD

图4-4　受益人证明

2. 信用证中有关受益人证明条款

（1）CERTIFICATE FROM THE BENEFICIARY STATING THAT ONE COPY OF THE DOCUMENTS CALLED FOR UNDER THE LC HAS BEEN DISPATCHED BY COURIER SERVICE DIRECT TO THE APPLICANT WITHIN 3 DAYS AFTER SHIPMENT.

在货物装运3天后，快递将全套单证的副本寄送给申请人。

（2）CERTIFICATE TO SHOW THAT THE REQUIRED SHIPMENT SAMPLES HAVE BEEN SENT BY DHL TO THE APPLICANT ON JULY 10，2023.

需证明所需装运样品已于2023年7月10日由DHL快递发送给申请人。

（3）A CERTIFICATE FROM THE BENEFICIARY TO THE EFFECT THAT ONE SET OF INVOICE AND PACKING LIST HAS BEEN PLACED ON THE INNER SIDE OF THE DOOR OF EACH CONTAINER IN CASE OF FCL CARGO OR ATTACHED TO THE GOODS OR PACKAGES AT AN OBVIOUS PLACE IN CASE OF LCL CARGO.

如果是FCL货物，则在每个集装箱的门内侧放置一套发票和装箱单，如果是LCL货物，将其附在货物或包装的明显位置。

（4）CERTIFICATE CONFIRMING THAT ALL GOODS ARE LABELLED IN ENGLISH.

出口方需要证明确认所有货物都贴有英文标签。

（5）BENEFICIARY'S CERTIFICATE STATING ORIGINAL B/L OF 1 SET CARRIED BY THE CAPTAIN OF THE VESSEL.

出口方需要证明一套正本提单已交由船长携带。

3. 受益人证明缮制内容及注意事项

（1）受益人证明一般包括以下六项内容：

①单据名称。单据名称位于单据正上方，可以根据来证要求确定具体的名称，比如"BENEFICIARY'S CERTIFICATE"（受益人证明）或"BENEFICIARY'S STATEMENT"（受益人声明）。

②出证日期。出证日期按照实际签发日期填写即可。

③抬头。一般填写笼统的抬头人，如填写"TO WHOM IT MAY CONCERN"，即致相关人士。

④事由。一般填写发票号或合同号。

⑤证明文句。这项内容一般是对应于信用证的要求填写。

⑥受益人名称及签章。证明的右下方必须由受益人即出口公司签章，才能生效。

（2）受益人证明缮制注意事项：

（1）单据名称应合适恰当。受益人证明的单据名称可能是寄单证明、寄样证明（船样、样卡和码样等）、取样证明，证明货物产地、品质、唛头、包装和标签情况、电抄形式的装运通知，证明产品生产过程，证明商品业已检验，环保人权方面的证明（非童工、非狱工制造）等，根据所需证明事项的不同，单据名称也不尽相同，单证员缮制时需注意单据名称要合适恰当。

②受益人证明里的第一句往往以"THIS IS TO CERTIFY"或"WE ARE CERTIFYING THAT…"开头（后面照抄信用证上的话）。证明的内容应严格与合同或信用证规定相符，但有时也应作必要的修改。如信用证规定"BENEFICIARY'S CERTIFICATE EVIDENCING THAT TWO COPIES OF NON – NEGOTIABLE B/L WILL BE DESPATCHED TO APPLICANT WITHIN TWO DAYS AFTER SHIPMENT"，在具体制作单据时应将要求里的"WILL BE DESPATCHED"改为"HAVE BEEN DESPATCHED"；再如对"BENEFICIARY'S CERTIFICATE STATING THAT CERTIFICATE OF MANUFACTURING PROCESS AND OF INGREDIENTS ISSUED BY ABC CO SHOULD BE SENT TO SUMITOMO CORP"的要求，"SHOULD BE SENT"最好改为"HAD/HAS BEEN SENT"。

如果信用证要求所有单证必须有 L/C 号，发票号、合同号，则也要加上，以表明与其他单证的关系。

③出具受益人证明的日期不能超过信用证的有效期。

4.3.3　出口退税及单据

1. 出口退税概述

出口退税是指在国际贸易中，对已经报关离境的产品，由税务机关将它在出口前在生产和流通环节中已征收的增值税和消费税返还给出口企业的一种制度。即出口环节免税并且退还以前纳税环节的已缴纳的全部或部分税款。

我国出口退税的基本流程是：出口企业网上申请核销单→在外汇局柜台领取纸单→核销单网上备案→用核销单报关→对进项发票认证→收到发票、报关单和外汇核销单→登录电子口岸网上核销交单→收汇后柜台核销→登录电子口岸网上退税交单→查阅有关单据信息是否到达退税局→在退税系统上录入进项发票、出口发票、核销单、报关单的数据→90天内收齐纸单据交退税局→到退税局查询跟踪退税金额是否已到达账户。

拓展阅读

核销的相关知识

核销（Verification），是指加工贸易单位在合同执行完毕后将《加工贸易登记手册》、进出口专用报关单等有效数据递交海关，由海关核查该合同项下进出口、耗料等情况，以确定征、免、退、补税的海关后续管理中的一项业务。

核销可分为进口付汇核销和出口收汇核销。我国对外汇收入支付实施管制制度，具体管理机构为国家外汇管理局。法人、自然人每一笔超出规定的外汇收入或支出都需要经过国家外汇管理局的备案、核销。

2. 出口退税涉及单证

企业在申请出口退税环节，必须按照出口货物退税政策的有关规定，向税务机关附送有关退税的真实、有效的凭证，包括：出口货物报关单（出口退税专用联）、出口收汇核销单（出口退税专用联，俗称核销单"小联"）及结汇水单或远期收汇证明、增值税专用发票及专用缴款书（或完税分割单）、海关完税凭证、外销发票及销售明细账。属于进料加工贸易的，还必须提供进料加工手册复印件及进料加工贸易申请表。属于代理出口的，还必须提供代理出口协议及代理出口货物证明等。其中涉及的主要核心单据是出口货物报关单、出口发票和增值税专用发票。

出口货物报关单是货物出口或进口时，进出口企业向海关办理申报手续，以便海关凭此查验和验放而填具的单据，现在使用的一般是电子信息。

出口销售发票是出口企业根据销售合同填开的单证，是外商购货的主要凭证，也是出口产品销售收入的依据，在出口退税时要提供相应的退税发票给税务部门。

增值税专用发票是经税务机关审核允许纳税人抵扣其进项税款的，是购货方支付增值税额并且按照增值税有关规定据以抵扣增值税进项税额的凭证。出口商向供货商采购货物时，供货商缴纳增值税以后交给出口商的发票。

拓展阅读

纸质出口货物报关单退出历史舞台

海关总署公告2015年第14号公告规定，对2015年5月1日（含）以后出口的货物，海关不再签发纸质出口货物报关单证明联（出口退税专用），并同时停止向国家税务总局传输出口货物报关单证明联（出口退税专用）相关电子数据，改由海关总署向国家税务总局传输出口报关单结关信息电子数据。对2015年4月30日（含）之前的出口货物，相关企业需在5月1日至5月31日到海关打印纸质出口货物报关单证明联（出口退税专用），原签发纸质出口货物报关单证明联（出口退税专用）系统于6月1日起停止运行。实施启运港退税政策的出口货物暂时仍按照现行规定打印纸质出口货物报关单证明联（出口退税专用）。

3. 出口退税电子系统

（1）外贸企业出口退税申报系统。

外贸企业出口退税申报系统是国家税务总局委托开发的出口业务退税专用电子申报系统，也是对出口货物进行退免税申报时使用的最主要的系统。企业出口货物后退免税申报需要提供的材料，都是通过这个系统来提交的。由于申报系统不断升级，退税率也随着国家政策的变化而实时更新，所以出口企业申报时，一定要使用最新版本的退税申报系统。从 2021 年 7 月起，出口退税新系统在全国全面上线。新系统对之前的金税三期系统和出口退税管理系统进行了整合，简化了办税流程，进一步减轻了出口企业退税负担。

职业指导

单一窗口出口退税申报流程

（1）登录某地单一窗口。如图 4-5 所示，登录中国（宁波）国际贸易单一窗口（网址：https：//www. singlewindow. xm. cn/），在右侧登录页面中输入用户名、密码、验证码后进行系统登录。

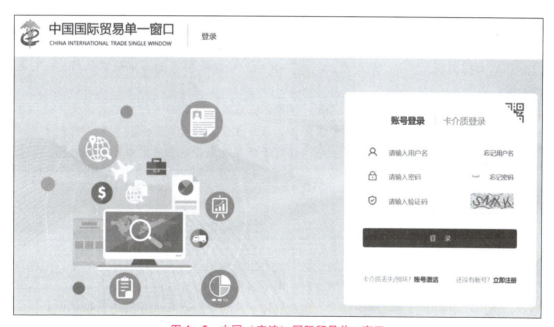

图 4-5　中国（宁波）国际贸易单一窗口

（2）登录后在弹出的界面"我的应用"下选择"出口退税"（见图 4-6），进入出口退（免）税申报平台进行申报操作。

（3）单击"明细数据采集—出口明细申报表/进货明细申报表"选项。

（4）单击"新建"按钮，根据报关单、增值税专用发票录入数据。

（5）退税申报——单击"生成申报数据"按钮，输入正确的所属期和批次，单击"确认"按钮，可生成申报数据。

（6）勾选数据，单击"数据自检"按钮，自检排位状态显示为"自检成功"。

图4-6 国际贸易单一窗口"出口退税"界面

（7）自检情况显示疑点个数，单击具体的数字查看详细的疑点描述。

（8）勾选数据，单击"正式申报"按钮，将数据转为正式申报。

（9）勾选数据，单击"打印报表下载"按钮，将报表保存至本地计算机后，进行表单打印。

（10）单击"申报结果查询"页面，查看数据正式申报后的审核状态。新版系统提供智能配单和明细采集两个入口采集申报数据。业务量较大的外贸企业，可进入智能配单—出口货物报关单管理—报关单导入，导入从电子口岸下载并解密的出口报关单数据，进行智能配单操作，系统会自动生成申报明细数据，减少手工录入。业务量较少的外贸企业，纳税人可以直接单击"明细数据采集"选项，手工录入申报数据。

（2）电子口岸执法系统。

电子口岸执法系统是海关总署组织开发的、对企业出口货物的单证信息进行监管的电子系统。随着国家对出口收汇管理的放宽以及对出口退税管理工作的改革，电子口岸执法系统在出口退税中的作用也大大减弱。现在电子口岸的主要作用就是查询出口报关单信息数据，为出口退税申报系统的申报录入提供帮助。出口企业现在使用的主要就是该系统的出口退税子系统。

（3）国际收支申报系统。

国际收支申报系统是国家外汇管理局组织开发的、对企业出口货物收到的货款进行申报的电子系统。企业对收到的每一笔货款，不论是外汇还是人民币，都要通过本系统向外汇管理部门进行申报。企业申报信息将通过本系统传送至退税主管部门和海关等单位，以便有关部门对出口业务的收款情况进行监督。国际收支申报系统与货物贸易监测系统共用一个电子平台系统，即国家外汇管理局数字外管平台，也可以说这两个系统是该平台的子系统。

（4）货物贸易监测系统。

货物贸易监测系统也是国家外汇管理局开发的，是对企业出口收汇业务进行监测的电子系统。2012 年货物贸易外汇管理体制改革后，取消了出口业务的收汇核销，对出口企业的收汇或收款不再实行单笔核销，而是实行年度总量核查办法。这大大放宽了对企业出口业务收汇的监管政策，出口企业只要对超过规定期限的贸易信贷款项及融资等通过本系统向外汇管理部门申报，无须再对每笔收款业务逐笔申报。年终时，如果企业本年度的出口报关总金额与收款总金额基本保持平衡就算正常，否则将被外汇管理部门列为重点监控企业，这样势必影响企业的出口退税工作。

外贸企业出口退税申报系统、电子口岸执法系统、国际收支申报系统及货物贸易监测系统既各自独立，又相互联系。外贸企业出口退税申报系统是在出口货物退税过程中使用的主要电子系统，出口货物退税申报的信息都是在这个系统中提交的。但出口企业要实现出口货物的退税申报，需要录入报关单号、出口日期、出口货物的单位及数量等数据，这些数据需要在电子口岸执法系统中查询，存档所用的报关单纸质资料也需要在该系统中打印。出口货物的收汇要通过国际收支申报系统进行申报。外汇管理部门还需要通过货物贸易监测系统来监测出口企业的出口收汇情况。如果货物贸易监测系统监测到出口货物收汇异常，就可能会影响企业出口退税。

4. 出口退税注意事项

（1）企业在货物报关出口后，须通过"口岸电子执法系统"的"出口退税"子系统提交报关单电子数据，否则会因企业申报退税时信息不齐、不一致而延迟退税。

（2）企业办税人员应熟悉了解和掌握出口退税政策，厘清海关、银行、外汇局和税务等有关部门的关系，加强沟通，经常汇报在退税工作中遇到的情况，听取退税反馈信息，从而使遇到的问题能够得到政策上的指导和具体操作上的帮助。

（3）出口企业在实际业务中有时会委托报关行或货代公司代理报关和运输，要注意不要拖欠运费、保费等费用，以免核销单、关单被扣押，影响企业正常核销和退税。

【任务实施】

对任务描述中提出的要求及任务分析中需要做的工作加以实施，将任务实施情况、总结评价及改进提升结果做好相应记录，并填写表 4 - 7。

表 4 - 7　任务实施记录

执行情况	步骤 1	
	步骤 2	
	步骤 3	
总结评价	优点	
	不足	
改进提升	改进 1	
	改进 2	
	改进 3	

🎯【任务评价】

根据任务完成情况由教师、学生共同进行任务评价，如表4-8所示。

表4-8 任务评价

考核项目		教师评分	学生评分	总评分	评语
任务执行质量	装运通知缮制的正确性				
	受益人证明缮制的正确性				
	出口退税操作流程及提交单据的正确性				
任务执行态度					
任务执行效率					

🎯【思政园地】

诚实守信：单证员的职业底线与担当

📚 知识与技能训练

【同步测试】

一、单项选择题

1. 我国"GSP"产地证书的签发机构是（　　　）。

A. 中国出入境检验检疫局　　　　　　B. 中国海关

C. 中国国际贸易促进委员会　　　　　D. 中国出口商

2. 下列有关汇票的表述中，正确的是（　　　）。

A. 汇票未记载收款人名称的，可由出票人授权补记

B. 汇票未记载付款日期的，为出票后10日内付款

C. 汇票未记载出票日期的，汇票无效

D. 汇票未记载付款地的，以出票人的营业场所、住所或经常居住地为付款地

3. 属于进口国官方要求说明货物及相关情况的单据是（　　　）。

A. 装运通知　　　　　　　　　　　B. 原产地证明书

C. 寄单证明　　　　　　　　　　　D. 装箱单

4. 某公司签发一张汇票，上面注明"AT 90 DAYS AFTER SIGHT"，这张汇票是（　　　）。

A. 即期汇票　　　B. 银行汇票　　　C. 远期汇票　　　D. 无效汇票

5. 出口货物装运后，出口商向收货人或其通知人发出货物装运情况的书面文件是（　　）。

A. 装运通知　　　　B. 信用证　　　　　C. 装箱单　　　　D. 受益人证明

二、多项选择题

1. 装运通知的主要作用是（　　）。

A. CIF 条件下告知进口商做好接货准备

B. FOB、CFR 条件下提请进口商办理保险

C. 该副本是议付货款的单证之一

D. FOB、CFR 条件下自动承保的证明

2. 受益人证明的内容一般包括（　　）。

A. 信用证号　　　　B. 抬头人　　　　　C. 出证地点　　　　D. 证明内容

3. 信用证项下用于结汇的汇票可以是（　　）。

A. 即期汇票　　　　B. 银行汇票　　　　C. 远期汇票　　　　D. 无效汇票

4. 原产地证明书按种类可以分为（　　）。

A. 专用原产地证　　　　　　　　　B. 普惠制原产地证

C. 一般原产地证　　　　　　　　　D. 双边或多边优惠原产地证

5. 我国一般原产地证书的签发机构是（　　）。

A. 中国出入境检验检疫局　　　　　B. 中国海关

C. 中国国际贸易促进委员会　　　　D. 中国商务部

三、判断题

1. "出票"就是出票人在汇票上写明有关内容、签名，并将汇票交付给收款人的行为。　　　　　　　　　　　　　　　　　　　　　　　　　　　（　　）

2. 结汇时的汇票通常一式两份，第一份为正本，第二份为副本，只有正本才有法律效力。　　　　　　　　　　　　　　　　　　　　　　　　　　（　　）

3. 根据产地证性质不同，可以将其划分为一般原产地证书、普惠制原产地证书和地区经济集团协定产地证书。　　　　　　　　　　　　　　　　　（　　）

4. 出具受益人证明的日期必须在信用证的有效期内。　　　　　（　　）

5. 出具装运通知的当事人一般是信用证的受益人。　　　　　　（　　）

【综合实训】

1. 根据"Virginia TRADE CO. LTD"开来的 LC73456 号信用证缮制完成汇票。

2. 根据"Virginia TRADE CO. LTD"开来的 LC73456 号信用证填写装运通知、受益人证明等单据。

学习单元 5

跨境贸易单证的标准化和电子化

【项目介绍】

随着我国外贸业务的不断发展，中国对外经济贸易也出现了跨境贸易 B2C 的新形态和新趋势。跨境电子商务模式下，供求双方的贸易活动可以采用标准化、电子化的合同、提单、发票和凭证，使各种相关单证在网上即可实现瞬间传递，增加了贸易信息的透明度，减少了信息不对称。在此新形势下，国际商务单证员也要与时俱进，不断学习掌握新知识，掌握国际商务单证的标准化和电子化趋势，不断学习，提升自身素质和综合素养。

【学习目标】

知识目标：

- 了解跨境贸易单证的概念和种类
- 了解电子化信息与协议知识
- 熟悉单证标准化要素和 UN/CEFACT
- 熟悉常用国家货币代码
- 熟悉单证工作的电子化

技能目标：

- 能够根据 UN/CEFACT 对单据进行分类
- 能够根据常用国家名称和货币写出标准代码
- 能够运用标准化单证格式

素养目标：

- 具备经济、外贸等相关知识
- 具有一定的分析问题和解决问题的能力
- 具备较强的学习能力，能够自主学习新知识、新软件

【思维导图】

任务 5.1　认识跨境贸易单证

【任务描述】

随着跨境电子商务的迅速发展，我国外贸企业对跨境出口的业务需求不断增加，但由于缺乏相应的跨境贸易单证，企业很难顺利完成跨境 B2C 贸易的货物出口。因此，企业在出口前应准备好相关的跨境贸易单证，以避免不必要的损失，单证员也需要掌握更多的跨境贸易单证知识。

【任务分析】

小吴作为外贸企业的国际商务单证员，需要通过网络、书本或其他途径，不断学习掌握新知识，了解跨境 B2C 贸易所使用的单证，能够进行跨境 B2C 贸易下的单证操作。

步骤 1：通过网络、书本或其他途径，查询跨境 B2C 贸易的模式及其特点。

步骤 2：梳理跨境 B2C 贸易出口通关的工作流程，制作通关工作流程图。

步骤 3：梳理跨境 B2C 贸易所使用的单证，明确跨境贸易单证的特点。

【知识储备】

5.1.1　跨境 B2C 贸易介绍

1. 跨境 B2C 贸易模式及其特点

跨境电商按照交易模式可以分为跨境 B2B 和跨境 B2C。B2B 跨境电商主要是指企业与企业之间或商家与商家之间通过互联网进行产品、服务及信息的交换。

跨境 B2C（Business to Customer），通常是指企业直接面向国外消费者销售产品和服务的商业零售模式。消费者通过互联网等电子渠道购买海外商品，并直接从海外销售方或第三方平台购买该商品，最终由跨境物流企业或国内仓储物流企业将商品运送到消费者手中。

跨境 B2C 贸易在全球范围内已经成为一个重要的贸易方式，它使企业和消费者之间的交流更加方便和快捷，同时也让全球的消费者可以享受到更加丰富和优质的商品与服务。这一贸易模式的特点是：

（1）销售渠道简单：跨境 B2C 贸易的销售渠道可以通过互联网等数字化平台进行，不需要在海外开设分支机构或实体店面。

（2）消费者需求丰富：跨境 B2C 贸易的消费者是全球各地的消费者，他们对商品的需求十分广泛，对特定品牌和产品的认知和信任度也较高。

（3）电子商务的快速发展：随着全球范围内电子商务的迅速发展，跨境 B2C 贸易模式也逐渐得到推广和发展，消费者的购物方式已经从传统的线下购物转向了更加便捷的线上购物。

综合来讲，跨境 B2C 贸易的优势在于可以提供更加丰富、多样化的商品选择，同时可以获得更具竞争力的价格，还能避免传统贸易中的一些环节和成本。但是跨境 B2C 贸易也存在一些挑战，例如物流运输、关税、退货等问题，需要相关部门和企业共同解决。

2. 跨境 B2C 贸易出口通关工作流程

B2C 模式下，我国企业直接面对国外消费者，以销售个人消费品为主，物流方面主要采用航空小包、邮寄、快递等方式，其报关主体是邮政或快递公司。跨境 B2C 贸易出口通关的具体工作流程是：

（1）出口商注册报关账号：出口商需要在海关官网上进行注册并获得报关账号，用于提交出口申报资料。

（2）商品申报：出口商需要详细填写商品信息并提交至海关，包括商品名称、数量、价值、规格等信息。海关对出口商申报的出口商品进行审核，包括检查商品是否符合出口标准、是否有禁止出口商品等。

（3）支付关税：海关会根据商品价值计算关税和增值税等税费，出口商需要进行支付。

（4）电子清关：经过海关审核和缴纳税费后，海关会将商品电子清关，完成放行出口手续，出口商可以开始发货。

（5）物流运输：出口商需选择合适的物流公司进行运输，并提供所有必要的文件和证明文件。

（6）海关出口核销：出口商需要在海关官网上进行出口核销操作，以证明商品已经正常出口。

总的来说，跨境 B2C 贸易出口通关工作流程需要出口商、海关、物流公司等多个参与方的密切配合，以确保商品能够安全、顺利地出口。

3. 跨境 B2C 贸易出口通关模式

（1）9610 模式。

海关总署 2014 年 12 号公告：增列海关监管方式代码"9610"，全称"跨境贸易电子商务"，即跨境电商直邮"集货模式"。其适用于境内个人或电子商务企业通过电子商务交易平台实现交易，并采用"清单核放、汇总申报"模式办理通关手续的电子商务零售进出口商品。这一模式的优点是"清单核放、汇总申报"，解决了跨境电商 B2C 订单数量少、批次多的问题。

（2）1210 模式。

海关总署 2014 年 57 号公告：增列海关监管方式代码"1210"，全称"保税跨境贸易电子商务"。其适用于境内个人或电子商务企业在经海关认可的电子商务平台实现跨境交易，并通过海关特殊监管区域或保税监管场所进出的电子商务零售进出境商品［海关特殊监管区域、保税监管场所与境内区外（场所外）之间通过电子商务平台交易的零售进出口商品不适用该监管方式］。"1210"监管方式用于进口时仅限经批准开展跨境贸易电子商务进口试点的海关特殊监管区域和保税物流中心（B 型）。

（3）1239 模式。

海关总署公告 2016 第 75 号公告：增列海关监管方式代码"1239"，全称"保税跨境贸易电子商务 A"，简称"保税电商 A"。其适用于境内电子商务企业通过海关特殊监管区域或保税物流中心（B 型）一线进境的跨境电子商务零售进口商品。

5.1.2　跨境 B2C 贸易所使用的单证

1. 跨境 B2C 贸易涉及单证

（1）外贸网站注册资料：进行跨境 B2C 贸易需要在外贸网站上注册，注册时需要提供公司的相关资料，包括公司名称、地址、联系人等。

（2）购买订单：在外贸网站上进行购物时，需要填写购买订单，包括商品名称、数量、价格、运费等信息。

（3）商务发票：商务发票是跨境 B2C 贸易中必要的单证之一，买家在付款后可以获得商务发票，作为报关的必要单证。

（4）运输单据：跨境 B2C 贸易的商品需要进行运输，因此需要相关的运输单据，包括提单、运输合同、运输保险单等。

（5）报关单据：跨境 B2C 贸易需要进行报关，因此需要相关的报关单据，包括进口报关单、出口报关单、装箱单等。

（6）支付凭证：跨境 B2C 贸易的支付方式比较多样化，包括支付宝、信用卡、汇款等方式，因此需要相关的支付凭证，如付款通知书、汇款凭证等。

（7）税收凭证：跨境 B2C 贸易涉及税收问题，在进行报关时需要提供相关的税收凭证，如增值税专用发票、税务登记证等。

2. 跨境电商业务中的"三单"

海关总署早在 2014 年第 12 号、第 57 号公告中就提出，开展跨境电商进口业务的企业应当按照规定向海关传输交易、支付、仓储和物流等数据。由海关校验每一笔交易订单信息和消费者信息的真实性，主要目的是促进跨境电商合规化发展。而在海关总署 2018 年第 194 号公告中进一步强调，开展跨境电子商务零售进口业务的跨境电子商务平台企业、跨境电子商务企业境内代理人应对交易真实性和消费者（订购人）身份信息真实性进行审核，并承担相应责任；身份信息没有经过国家主管部门或者它授权的机构认证的，订购人与支付人应当为同一人。具体到跨境电商业务中的"三单"就是商品订单、交易支付单、快递物流运单。

订单是由跨境电商企业或电商平台通过跨境电商通关服务平台向监管部门推送订单信息。订单信息主要包括订购人信息、订单号、支付单号、物流单号和商品信息等。

订单对应的支付单，是由支付公司通过跨境电商通关服务平台向监管部门推送支付信息。一般订单通过跨境电商平台和对应的支付企业打通，例如，如果选择微信国际支付进行交易，那么支付单就会由微信支付推送给海关或第三方跨境平台。支付单信息主要包括支付人信息、支付金额、订单号、支付单号，等等。

订单对应的运单，是由物流企业通过跨境电商通关服务平台向监管部门推送的物流信息。跨境电商企业或第三方平台一般都会在消费者下单之后发货填写对应的物流单号信息，跨境电商企业会选择和一个或多个物流企业签约，打通物流接口，发货之后自动显示物流状态，所以物流信息就会由对应的物流公司推送给海关或第三方跨境平台。运单信息包括物流单号、订单号、商品信息、收货人等。

3. 跨境电商业务"三单对碰"

一般来说，在跨境 B2C 贸易流程中，订单、交易支付单、快递物流运单会进行"三单对碰"。"三单对碰"是海关总署的明确要求，要求开展跨境电商进口业务的企业，按照相关规定向海关传输支付、仓储、物流等相关信息，由海关对交易订单信息与消费者信息的真实性进行比对校验。实际生活中，在电商平台进行海外购的时候需要提供身份证等相关信息，就是为了保证信息的真实性。"三单对碰"作为跨境电商流程的重要一环，意味着在跨境电商流程中开启更为规范、严谨的出货流程，保障用户的权益，规范出货，让清关更加严格规范，保证每一个国外正品真正"毫发无损"、安全地送到用户手中。

"三单对碰"的过程是：海关收到上述三单后，仓储物流服务商需要把该订单的清单推送给海关，海关将订单、支付单、运单中的订购人信息、收件人信息，商品及价格信息和清单中的订购人信息、收件人信息，商品及价格信息进行数据校验比对。这个校验比对的过程就是"三单对碰"。

5.1.3 跨境 B2C 贸易单证的特点

随着电子商务的发展，B2C 贸易单证也逐渐成为企业进行业务活动必不可少的工具之一。这些单证能够为客户提供更为简单、准确和标准化的交易方式，从而提升企业的竞争力。这些跨境 B2C 贸易单证具有标准化、电子化、简洁化和时效性要求高等四大特点。

1. 标准化

B2C 贸易单证所使用的标准化条款来自国际，主要包括商品编码、名称、规格型号、数量、单价、交货方式等方面；而这些都是经过国家认证机构认可并公开发布的数据资料，所以跨境 B2C 贸易单证具有标准化特点，采用统一标准格式和技术规范，能够更好地适应全球化市场环境。通过标准化的贸易单证可以有效地防止纠纷，降低风险，提高交易效率。

2. 电子化

随着跨境 B2C 贸易的兴起，越来越多的企业开始使用电子化的国际贸易单证。跨境

B2C 贸易单证通常会经过电子扫描仪或通过计算机网络连接到国际上各个不同的物流公司或支付平台来完成交易过程。外贸企业在实际跨境 B2C 业务中还会应用条形码技术，使消费者能够方便地跟踪货物运输情况，这种新型的贸易方式提供了详细准确的货物信息，能够满足客户对商品的实际需求，避免出现错货或漏货现象，使交易更加方便、快捷、安全。

3. 简洁化

简洁化是指贸易单证尽量简单明了，让用户能够快速理解其内容。这样做不仅有利于用户快速了解所要购买产品或服务的情况，而且能避免因复杂冗长的业务操作而导致的时间浪费。跨境 B2C 贸易单证一般是简化后的版本，易于阅读与使用。

4. 时效性要求高

跨境 B2C 贸易单证要求及时准确，尤其是涉及海关清关手续时，时间紧迫且要求跨境贸易单证不能出错。

知识小窍门

了解电子单证的优势

1. 准确性高

利用电子单证可避免数据的重复录入，节约办公费用；同时提高信息处理的准确性，降低出错率。传统纸质单证是用手工方式在各种单证上反复填写进口方、出口方、商品名称、数量、价格、发货人、收货人、装运港、目的港等信息，容易发生差错。改用电子单证后，相关信息只需要录入一次，计算机系统会自动生成全套单证，避免了纸质单证因重复输入可能导致的各种错误，从而很好地解决了"单单一致"的问题。

2. 便于数据交换

使用电子单证可改善企业的信息管理及数据交换水平，有助于企业实施"准时管理"或"零库存管理"等经营战略。

3. 加速资金周转

外贸单证电子化可以确保有关票据、单证的处理安全、迅速，从而加快了资金周转。

4. 提高工作效率

如今，与外贸业务相关的国家海关、质量技术监督局、商务部、税务机关、外汇管理局等政府机构实现了政务电子化并联网，使报关、报检、申领产地证和许可证、退税、外汇核销等均可登录有关官方网站进行操作。所以，利用电子单证，可提高"一关二检"等部门的工作效率，加快货物的验放速度。基于互联网的 EDI 国际电子商务已成为我国对外经济贸易的重要方式，外贸单证的电子化也已经成为国际商务单证贸易的必然趋势。

【任务实施】

把任务描述中提出的要求及任务分析中需要做的工作加以实施，具体包括任务讨论、任务执行、展示分享、结果记录及总结评价等，可以设计相关表格。

【任务评价】

根据任务完成情况由教师、学生共同进行任务评价，如表5-1所示。

表5-1 任务评价

考核项目		教师评分	学生评分	总评分	评语
任务执行质量	对跨境 B2C 贸易模式及特点的认知是否明确				
	对跨境 B2C 贸易出口通关流程的掌握是否清晰				
	对跨境 B2C 贸易使用单证的讨论是否全面准确				
任务执行态度					
任务执行效率					

任务 5.2 认知单证标准化

【任务描述】

国际贸易的跨地域性、信息沟通的复杂性、语言和风俗习惯的多元性都是影响单证工作的重要因素，而单证标准化可以简化贸易作业流程，提高贸易效率。通过实施标准使标准化对象的有序化程度提高，发挥最佳效率并提高准确性，降低外贸单证错误率，提高行业整体结汇水平，减少坏账损失。在国际贸易的实际业务中，所使用的单证大多都是统一标准化的国际商务单证，单证员需要对单证的标准化有清晰明确的认知。

【任务分析】

小吴需要通过书本、网络或其他方式，理解单证标准化的基本内涵，掌握单证的分类标准及相关协议，对常用国家代码和常用货币代码熟练掌握。

步骤1：通过书本、网络或其他方式，梳理国际商务单证的分类标准及相关协议，完成表5-2所示国际贸易单证格式标准与代码标准。

表5-2 国际贸易单证格式标准与代码标准

分类	序号	标准号	标准名称
单证格式标准	1		
	2		
	3		
	…		

续表

分类	序号	标准号	标准名称
单证 代码 标准	1		
	2		
	3		
	...		

步骤 2：梳理并掌握常用的国家代码，完成表 5-3 所示常用国家代码。

表 5-3　常用国家代码

序号	中文名称	英文名称	代码
1			
2			
3			
...			

步骤 3：梳理并掌握常用货币代码，完成表 5-4 所示常用货币代码。

表 5-4　常用货币代码

序号	国家/地区名称	货币名称	代码
1			
2			
3			
...			

【知识储备】

5.2.1　单证的分类标准及相关协议

单证标准化主要是指单证信息记录（单证内容）、交换格式（单证格式）的标准化，主要包含四个方面：单证格式、贸易数据元、贸易数据元代码、标准 EDI 报文。这四项通常被称为单证格式标准化的四要素。

1. 贸易单证样式标准

（1）联合国贸易单证样式标准。

联合国贸易单证样式（United Nations Layout Key for Trade Documents，UNLK），是联合国第 1 项推荐标准（1981 年），在 1985 年被 ISO 制定为世界标准 ISO6422。

2000 年 UNLK 和第 2 项推荐标准——贸易单证中代码的位置（Locations of Codes in Trade Documents）合并成新的标准——国际贸易单证样式。这项标准是国际贸易单证中最基础，也是最重要的一项标准。

该标准不仅规定了国际贸易单证的样式（采用 A4 标准尺寸，框式结构设计）作为设计各类国际贸易单证的基础，还规定了主要贸易数据元的位置（如发货人、收货人、交货地址、运输事项、日期和参考号、国家情况、交货和付款条款、运输标志和集装箱号、包装种类和数量、货物描述、商品编号、毛重、体积、净重、单价和总值、认证等）。

通过与各有关世界组织的协商，对这些项目的位置进行了技术、法律、商业、行政及业务惯例等方面的充分沟通。在贸易单证样式的较低位置设计了"自由处置区"，用于满足不同行业单证的应用需求。国际贸易单证样式标准的一个重要原则是单证中所需的贸易数据元信息和代码应放置在对应的位置。有的单证中不用的特定贸易数据元位置允许作为自由处置区使用。

（2）我国贸易单证样式标准（见表 5 - 5）。

表 5 - 5 我国贸易单证样式标准

序号	标准号	标准名称
1	GB/T 14392.1—2022	国际贸易单证样式（第 1 部分：纸质单证）
2	GB/T 14393—2008	贸易单证中代码的位置（ISO8440：1986，IDT，UN 推荐标准 2）
3	GB/T 15310.1—2014	国际贸易出口单证格式第 1 部分：商业发票
4	GB/T 15310.2—2009	国际贸易出口单证格式第 2 部分：装箱单
5	GB/T 15310.3—2009	国际贸易出口单证格式第 3 部分：装运通知
6	GB/T 17298—2009	国际贸易单证格式标准编制规则

我国根据联合国建议书的规定，也相应制定了主要国际贸易单证样式标准：GB/T 14392—1993《贸易单证样式》（后修订为 GB/T 14392.1—2022）和 GB/T 14393—1993《贸易单证中代码的位置》（后修订为 GB/T 14393—2008）。

对比联合国国际标准，我国贸易单证标准主要有三项变更：明确规定国际贸易单证名称在单证格式顶部，涉外单证可以中英文对照；每个栏目加中文栏目名称，与英文对照，便于在国内外使用；在单证中部产品信息框中，考虑到毛重和体积在许多单证中使用较少，把这两项调整到下面，使单证样式更清晰、严谨。

我国标准化机构不仅对国际贸易单证样式、贸易单证中代码的位置进行了明确，还特别推行商业发票、装箱单、装运通知等具体外贸单证的格式标准，包括 GB/T 15310.1—2014 标准、GB/T 15310.2—2009 标准和 GB/T 15310.3—2009 标准等。

2. 贸易单证代码标准

为了实现单证的简化和规范化，减少国际间单证方面的争执，促进国际贸易的发展，国际商会和联合国有关国际贸易的国际组织等就外贸单证的国际化和标准化做了大量的工作，联合国设计推广使用国际标准化单证代号和代码。我国国际贸易中常用的国际标准化单证代码如表 5 - 6 所示。

表 5 - 6 国际标准化单证代码

序号	标准号	标准名称
1	GB/T 2659.1—2022	世界各国和地区及其行政区划名称代码第 1 部分：国家和地区代码
2	GB/T 15514—2021	中华人民共和国口岸及相关地点代码（UN 推荐标准 16）

续表

序号	标准号	标准名称
3	GB/T 18131—2010	国际贸易用标准运输标志（UN 推荐标准 15）
4	GB/T 12406—2022	表示货币的代码（ISO4217，UN 推荐标准 9）
5	GB/T 17295—2008	国际贸易计量单位代码（ISO1000，UN 推荐标准 20）
6	GB/T 7407—2015	中国及世界主要海运贸易港口代码
7	GB/T 7408—2005	数据元和交换格式　信息交换　日期和时间表示法
8	GB/T 15420—1994	国际航运货物装卸费用和船舶租赁方式条款代码
9	GB/T 15421—2008	国际贸易方式代码
10	GB/T 15422—1994	国际贸易单证代码
11	GB/T 15423—1994	国际贸易交货条款代码
12	GB/T 16962—2010	国际贸易付款方式分类与代码
13	GB/T 16963—2010	国际贸易合同代码编制规则
14	GB/T 17298—2009	国际贸易单证格式标准编制规则
15	GB/T 18126—2010	国际贸易付款条款的缩略语（PAYTERMS）
16	GB/T 18804—2022	运输工具类型代码
17	GB/T 26319—2010	国际货运代理单证标识符编码规则

（1）《世界各国和地区及其行政区划名称代码第 1 部分：国家和地区代码》。

国家和地区名称代码由 2 个英文字母组成。例如，中国是 CN，英国是 GB，美国是 US，德国是 DE，法国是 FR，俄罗斯是 RU，日本是 JP。

（2）《中华人民共和国口岸及相关地点代码》。

2008 年修订的《中华人民共和国口岸及有关地点代码》采用了国际标准惯例主要口岸两层代码的做法：由 5 个英文字母组成，前 2 个英文字母代表国名，后 3 个英文字母代表地名。例如，上海是 CNSHG，伦敦是 GBLON，纽约是 USNYC。

（3）《国际贸易用标准运输标志》。

运输标志（Shipping Marks），又称唛头（Marks），是指国际货物运输中，标在单件货物和相关单证上的标志和编号。运输标志主要由收货人（买方）简称、参考号（合同号）、目的地、件号编号 4 个部分组成。要求如下：分 4 行，每行限 17 个字母或数字；使用英文大写、阿拉伯数字；不允许使用几何图形或其他图案；不允许用彩色编码作为运输标志。

（4）《表示货币的代码》。

货币代码由 3 个英文字母组成，前 2 个符号代表国名，后 1 个符号代表货币。例如，人民币的代码是 CNY，而不是 RMB，RMB 只是货币符号；英镑的代码是 GBP；美元的代码是 USD。

（5）《数据元和交换格式　信息交换　日期和时间表示法》。

用数字表示日期代码。例如，2023 年 10 月 2 日表示为 20231002 或 2023 – 10 – 02。

（6）《国际贸易计量单位代码》。

采用国际公制计量单位。例如，千克的代码是 kg，米的代码是 m，小时的代码是 h。

（7）《中国及世界主要海运贸易港口代码》。

明确了贸易港口代码的编码原则、代码结构和代码。例如，宁波港（Ningbo）的代码是 CNNGB，中国上海港（Shanghai）的代码是 CNSHA，广州港（Guangzhou）的代码是 CNCAN。

5.2.2　常用国家和地区名称代码介绍

世界上有许多不同的国家和地区名称代码标准，其中最广为人知的是国际标准化组织的 ISO3166 - 1。中国采用的代码标准就是在此基础上制定的。国家和地区名称采用两字母代码，如表 5 - 7 所示。

表 5 - 7　国家和地区名称代码

中文名称	英文名称	代码
中国	China	CN
美国	United States of America	US
德国	Germany	DE
法国	France	FR
英国	United Kingdom	GB
俄罗斯	Russia	RU
日本	Japan	JP
澳大利亚	Australia	AU
韩国	Korea	KR
印度	India	IN
意大利	Italy	IT
巴西	Brazil	BR
阿联酋	United Arab Emirates	AE
加拿大	Canada	CA
中国香港	Hong Kong，China	HK

5.2.3　常用货币代码介绍

我国常用的货币代码是基于国际标准化组织发布的 ISO4217 标准，用于代表货币和资金。其采用三字母代码，如表 5 - 8 所示。

表 5-8　货币名称和代码

国家/地区名称	货币名称	代码
中国	中国人民币元	CNY
美国	美元	USD
欧盟	欧元	EUR
英国	英镑	GBP
俄罗斯	卢布	RUR
日本	日元	JPY
澳大利亚	澳大利亚元	AUD
中国香港	港元	HKD
中国澳门	澳门元	MOP
瑞典	瑞典克朗	SEK
加拿大	加拿大元	CAD
新加坡	新加坡元	SGD
泰国	泰铢	THR
越南	越南盾	VND
瑞士	瑞士法郎	CHF

【任务实施】

梳理单证的分类标准及相关协议，掌握常用国家代码和货币代码，将任务实施情况、展示分享、总结评价及改进提升结果做好相应记录，并填写表 5-9。

表 5-9　任务实施记录

执行情况	步骤1	
	步骤2	
	步骤3	
展示分享		
总结评价	优点	
	不足	
改进提升	改进1	
	改进2	
	改进3	

【任务评价】

根据任务完成情况由教师、学生共同进行任务评价，如表 5-10 所示。

表5-10 任务评价

考核项目		教师评分	学生评分	总评分	评语
任务执行质量	对单证标准化的认知情况				
	对常用国家代码的梳理掌握情况				
	对常用货币代码的梳理掌握情况				
任务执行态度					
任务执行效率					

任务5.3 认知单证电子化趋势

【任务描述】

在制单过程中，单证员往往要在一些不同的单证上填写共同的信息，如出口商名称、商品名称、数量、装货港、目的港等，每份单证都要填写，每份单证都要审核，这无形中增加了工作量和企业成本，而电子单证则可以很好地解决这类问题。随着信息化的不断发展，国际单证和贸易程序的电子化已经成为国际贸易发展的必然趋势。

【任务分析】

小吴需要通过书本、网络或其他途径，理解单证电子化的基本内涵，掌握单证工作的电子化发展，对租船订舱、报关等工作以及对企业单证的 ERP 系统进行电子化应用。

步骤1：通过书本、网络或其他途径，了解单证工作的电子化发展历程。

步骤2：梳理单证工作的电子化发展现状，了解企业单证的 ERP 系统，了解租船订舱及报关工作的电子化应用。

【知识储备】

5.3.1 单证工作的电子化发展

1. 单证工作的电子化发展历程

随着我国对外贸易的不断发展，外贸业务量日趋增多，对外贸易和流程管理过程中涉及的单证也日益增多，传统的单证形式已经无法满足现代经济发展的需求，与此同时，计算机技术飞速发展，各种现代化电子信息技术的应用越来越普遍，可以有效地解决使用传统纸质单证的各种问题，提高单证的制单效率和流转效率，于是国际商务电子单证就此诞生。

想一想

什么是国际商务电子单证?

国际商务电子单证是应用于外贸进出口业务中,并以此为单据凭证,交易双方利用国际商务电子单证来处理产品货物的交付、运输、保险、报关、结汇等。其主要包括商业单据、资金单据以及业务凭证。国际商务单证电子化就是电子信息化,运用 EDI、FAX、TELEX 等现代信息技术进行外贸单证的电子化处理,提高单证的准确度和工作效率。EDI (电子数据交换) 技术在单证电子化的应用中最为广泛。它以电子计算机为基础,通过计算机联网,按照商定的标准,采用电子手段传送和处理具有一定结构的商业单据。EDI 网络如图 5 - 1 所示。

图 5 - 1　EDI 网络

我国国际商务电子单证的开发和应用始于 20 世纪 90 年代末,最早的外贸电子单证是利用 DOS 平台来实现的,并只能由企业独立使用。20 世纪 90 年代中期,我国企业信息化推广和应用已经过一段时间,但是有些企业还在各自运行着不同的应用系统,还有一些企业将数种不兼容的系统同时运行,使企业各种信息无法实现资源共享,企业信息传递和交换受阻,降低了企业信息系统的工作效率,增加了企业信息技术应用成本。

为了解决这一难题,我国不断推进 EDI 系统在单证电子化方面的应用,使国际经贸与商业日趋 EDI 化,我国海关也尝试尽快推行"无纸报关"。1994 年我国第一个 EDI 应用系统——海关自动化通关系统在首都机场海关试运行并成功。1995 年普货 EDI 空运方式扩展到海、陆、空运输方式。1996 年,海关 EDI 通关业务从普货快递方式扩展到报税加工方式。1996 年年底,包括所有海关业务程序在内的报关自动化系统已经诞生并运行。目前,我国的单证电子化工作仍在不断发展和完善。

拓展阅读

EDI 简介

EDI 实质上是通过约定的商业数据表示方法,实现数据经由网络在贸易伙伴所拥有的计算机应用系统之间的交换和自动处理,达到迅捷和可靠的目的。EDI 用户需要按照国际通用的信息格式发送信息,接收方也需要按国际统一规定的语法规则,对信息进行处理,并引起其他相关系统的 EDI 综合处理。通过 EDI 网络,在外贸过程中以"电子文件"代替传统的纸质单证,从而将各部门的行业信息,用一种国际公认的标准格式,通过计算机通信网络，实现各有关部门与企业之间的数据交换与处理，并完成以贸易为中心的业务全过程。整个过程都是自动完成的，无须人工干预，减少了差错，提高了效率。EDI贸易方式的操作流程如图5-2所示。

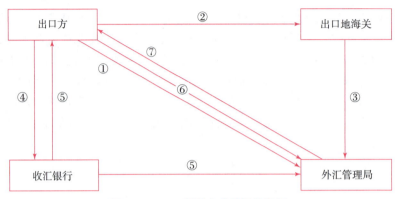

图5-2　EDI贸易方式的操作流程

①出口方从外汇管理局领取已注有编号的空白核销单，这里我们需要先网上申请，再领取纸质核销单。

②出口方在装运前，将核销单向海关进行网上备案，然后将注明报关编号的核销单连同有关报关单证交海关，办理出口报关手续。

③海关将货物出运后的结关单据发送给外汇管理局。

④出口方凭整套结汇单据通过收汇银行向进口方收取货款。

⑤收汇银行收到进口方的付款后，向出口方和外汇管理局发送结汇水单，通报收汇情况。

⑥出口方收到货款后，向外汇管理局办理出口收汇核销申请。

⑦外汇管理局根据出口方核销申请，凭银行的结汇水单对海关放行的出口货物进行收汇核销。核对无误后，向出口方发送出口收汇核销证明。

2. 单证工作的电子化发展现状

（1）外围第三方系统平台。

为适应互联网技术在国际贸易领域的广泛应用，西方国家早在多年前已陆续推出了可供国际结算业务实现电子化的操作平台。影响较大的主要有BOLERO系统、CargoDocs系统、Tradecard系统、CCEWeb系统。其中BOLERO系统、CargoDocs系统作为专业的电子交单平台，在国内银行单证业务中采用较多。

BOLERO系统由总部设在伦敦的运输业共同保险机构T. T. CLUB与SWIFT合资建立，其运作以互联网为支持，是一个开放、高度安全、合法的倾向于电子信用证的结算平台，其遵循UCP600及eUCP的规则。银行签署协议成为成员后，在为进出口商提供国际贸易结算及融资服务时，进入BOLERO中心注册系统后，可进行在线开证、信用证通知、审单，并与银行自身电子结算系统连接完成付款清算等一系列信用证操作。

CargoDocs系统由美国Electronic Shipping Solutions公司（以下简称"ESS公司"）开发，致力于使贸易商、货运公司和商业银行在互联网上完成所有操作。ESS公司自成立以来，专注于为贸易商、货运公司和商业银行提供电子提单相关服务。目前，其全球客户所在行业已涵盖能源、化工、大宗商品、商业银行、货运公司等。

BOLERO 系统、CargoDocs 系统是银行开展电子交单业务所依赖的外围第三方系统平台。办理电子交单业务的各当事方，包括但不限于开证行、开证申请人、信用证受益人、交单行，均需要与电子交单服务供应商签署协议，并完成系统安装。开证申请人向银行提交进口信用证申请，注明"电子交单"字样。开证申请书中须明确信用证适用最新版本的eUCP，明确单据格式和交单地点等。适用 eUCP 的信用证开立后，信用证项下全套单据将通过电子交单系统传递，并完成在信用证各当事方之间的流转。

相比纸质单据，使用电子交单系统，单据通过网络传输和处理，有效缩短了单据传递时间，实现了贸易信息的全程电子化，加速了贸易进程。同时，电子数据的交换，加强了企业对贸易全过程的监控和管理。电子交单系统中可实现物权登记和在线转让功能，使贸易结算建立在真实的物权基础上，可降低贸易欺诈风险。

电子交单系统的应用为贸易结算的各当事方提供了便利，但受制于签署协议、安装系统、缴纳使用费等服务供应商的要求，部分进出口客户的接受度有待提高。我国进口客户和开证行基本是应国外供应商的要求而被动办理电子交单业务。而出口方面，我国中小型出口企业占比高。该类型企业的价格需求弹性高，财务成本的变动会显著影响企业的决策。电子交单服务供应商，对出口商和出口方银行均收取一定的年度使用费。该部分费用的增加，会显著降低中小型出口企业使用系统的倾向性。目前，国际大型跨国公司对电子交单系统的接受度较高。

（2）中国银行 CES 在线单证系统。

通过近年来的持续建设，中国银行网银国际结算类产品已初具规模，覆盖了汇入汇款、汇出汇款、结售汇、信用证、保函、福费廷等主要国际结算产品，分别提供了信息查询和在线申请等功能。中国银行已将电子单证业务嵌入企业网银（CES）功能模块中。CES 在线单证系统分为企业端与银行端。其中企业端供客户使用，客户可登录企业网银，提交进口信用证开立/修改申请、保函业务的开立/修改、出口押汇申请等，也可查询本企业下相关交易信息。银行端审核客户网上提交的申请。客户申请通过后，银行端自动在银行业务操作系统中发起工作项并映射相关内容。目前，进口方向客户已实现网上递交信用证开立/修改申请、查询线上/线下已开出信用证相关步骤、确认报文等。出口方向客户可查询信用证、单据状态、承兑信息等，也可在线发起出口押汇业务申请。

进出口企业使用中国银行 CES 在线单证系统，可不再提交纸质申请材料，也无须到银行柜台办理。申请材料通过网银直接传递至银行业务操作系统。同时，客户申请提交后，银行网点和单证处理中心同步开始审核申请材料和单证条款，缩短了原先的逐级审核流程，提高了业务处理效率。客户可实时查询业务流程进度，减少沟通消耗的时间。

拓展阅读：招商银行
电子单证业务

（3）电子信用证信息交换系统。

为满足国内金融机构办理国内信用证及衍生业务的需求，中国人民银行建设了国内统一的电子信用证信息交换系统（以下简称"电证系统"）。为降低银行系统改造成本，提高系统研发效率，电证系统计划尽量复用现有支付系统。同时，电证系统复用支付系统与各商业银行已有行内系统衔接，各商业银行将通过接口将行内已有系统接入该电证系统。系统将具备一定的可扩展性，采用统一的报文标准，为其他可能接入的相关系统预留接口。2019 年 6 月，中国人民银行牵头多家商业银行开展了第一期业务需求的编写和确认工作。经中国人民银行批准，由中国人民银行清算总中心建设运营的电子信用证信息交换系统已于 2019 年 12 月 10 日正式投产上线。电子信用证信息交换系统的投产上线，解决了国内信用证业务标准不统一、跨行流转不便及业务处理与资金清算相分离等长期制约业务发展的难题。

未来，电证系统的推广应用将改变当前国内信用证及衍生业务的操作模式。各商业银行通过接入电证系统，可极大提高国内信用证开立、通知、承兑、议付、福费廷等一系列业务流程的处理效率。同时，因电证系统采用端到端报文传输，可保证电证系统在各商业银行间信息传递的高可靠性，既简化了原先印鉴核对的相关手续，又显著提高了数据传输的安全性。

3. 单证工作的电子化发展趋势

目前，光学字符识别（OCR）技术渐趋成熟，可实现批量化高速扫描，已达到较高的识别精度并被广泛应用。通过光学字符识别技术识别纸质单证资料以及手写字体，并将其译成计算机文字的方法已经基本可以确保信息转换的准确性和完整性。除此之外，近年来区块链技术在金融领域的应用已渐入佳境，其以去中心化、集体维护、不可篡改、透明性、可溯源性等特点，实现了对贸易过程中的单据、文件及信息等的全方位加密保护，从而促进各参与方之间建立良好的信任机制，增加业务透明度，有效控制信用风险，并减少了人工成本和业务处理时间。这都为电子单证的广泛应用及推广提供了重要的基础技术支持。

5.3.2　租船订舱、报关工作的电子化应用

目前在国际贸易实务中，单证工作的很多环节都已经通过 EDI 实现了电子化，如电子订舱、电子提单、电子报关和电子退税等。

1. 电子订舱

电子订舱就是船公司与客户通过网络平台来完成订舱的操作流程。客户通过缴纳订舱押金，获取登录电子订舱网站的 ID，之后在网上自行填写明确的单证信息。在这个过程中，客户自己要对填写的单证信息的真实性、有效性负责，船公司只负责确认是否接载以及基本单证信息的审核，除此之外的信息，船公司不进行相关的验证和审核。

在船开之前，客户可以登录电子订舱系统，修改自己录入的单证信息，船开之后，船公司会通过系统锁定提单，客户将无法对提单信息进行任何更改。

这里，船开之后船公司向客户签发的提单就是电子提单，也就是按照一定规则组合而成的电子数据，各有关当事人凭密码通过 EDI 进行电子提单相关数据的流转，具体流程是：出口商将电子提单和其他单据的电子记录通过 EDI 系统提交议付行，议付行再将电子数据提交开证行，开证行凭收到的电子单据审单和承付，并在进口商偿付后，向其释放全套电子单据，进口商就可以凭电子提单向承运人提取货物。

2. 电子报关

目前，进出口报关的单证工作也可以实现电子化"无纸报关"，即不需要通过各种纸

质的单证，就可以向海关进行申报。具体就是报关单位在填写进出口报关单证时，利用电子计算机，将报关所需的单证传送到海关的报关系统，向海关进行申报。海关的电子计算机系统会对报关单进行一系列的自动审核，如果各种单证文件是符合海关监管规定的，就会从电子计算机自动发出海关放行的指令或签发海关放行通知单，从而实现"电子自动化报关"。

在这一过程中，我国海关总署也在不断推进单证的电子化进程。如自 2020 年 9 月 11 日起，在全国各地区启用海关新无纸化平台，进出口贸易商可以通过国际贸易"单一窗口"，向各相关政府机构，提交货物进出口或转运所需要的单证或电子数据，进行申报业务的办理。目前，"单一窗口"已经实现与 25 个部门的"总对总"系统对接和信息共享，建设完成 16 大功能模块，基本满足企业"一站式"业务的办理需要。

如果企业想要办理电子委托报关，那么只需要登录"中国国际贸易单一窗口"，单击"货物申报"选项，在弹出的窗口单击"报关代理委托"选项进入，然后在新的界面单击"报关代理委托"选项，发起委托申请即可。

3. 电子退税

如果企业想办理出口退税，同样可以登录"中国国际贸易单一窗口"，单击"出口退税"选项，根据企业类型单击对应的链接，进入出口退税申报界面，就可以在线申报出口退税。

单证工作的电子化，可以避免数据的重复录入，也能提高信息处理的准确性，使外贸业务更加便捷、顺利。如今，和外贸业务相关的国家海关、税务机关、外汇管理局等政府机构实现了政务电子化并联网，使报关、报检、申领产地证和许可证、退税等都可以登录有关官方网站进行操作。

5.3.3　企业 ERP 管理简介

外贸单证管理不仅需要清晰的流程、强有力的系统支持，而且需要熟知制单的细节，以及与相关部门的紧密联系。外贸单证管理工作包含外销、进货、运输、收汇等全过程，除了外贸公司内部各部门之间的协调外，还必须和海关、商检机构、交通运输部门等多方面联系。截至目前，单证的所有相关工作几乎都可以借助专业的单证管理软件来操作完成，企业目前常使用外贸 ERP 系统（见图 5 – 3）。

订舱方面，企业 ERP 外贸单证管理系统在出运期限前几日，自动提醒物流人员进行订舱操作，防止物流人员忙中出错影响出运；报关方面，企业 ERP 外贸单证管理系统从商检、报关到客户结算等单证一键生成，无须二次录入，提升了单证员工作效率，根据出货明细单自动生成多套单证，提高了制单效率，满足了公司实际需要；单证方面，企业 ERP 外贸单证管理系统可以在外贸业务员签订合同后，自动提醒相关单证员，单证员可调用出口合同快速生成出货明细单；出运管理方面，企业 ERP 外贸单证管理系统支持一票合同分批出货或多票合同一起出货，合同中哪些产品已出、哪些待出，一目了然，极大程度地提升了业务流程效率并节省了时间。

图 5-3　外贸 ERP 数据仪表盘展示

【任务实施】

梳理单证工作的电子化发展历程及发展现状，以小组为单位讨论单证工作的电子化发展趋势，对单证电子化工作进行展示分享。将任务实施情况、展示分享、总结评价及改进提升结果做好相应记录，并填写表5-11。

表 5-11　任务实施记录

执行情况	步骤1	
	步骤2	
展示分享		
总结评价	优点	
	不足	
改进提升	改进1	
	改进2	
	改进3	

【任务评价】

根据任务完成情况由教师、学生共同进行任务评价，如表5-12所示。

表 5 – 12　任务评价

	考核项目	教师评分	学生评分	总评分	评语
任务执行质量	对单证工作电子化趋势的认知情况				
	对单证工作电子化趋势的讨论情况				
	对单证工作电子化趋势的展示情况				
任务执行态度					
任务执行效率					

【思政园地】

知识与技能训练

单证数字化：开放、创新、可持续的外贸新时代

【同步测试】

一、单项选择题

1.《中国及世界主要海运贸易港口代码》中，上海港的代码是（　　）。

A. SH　　　　　　B. SHA　　　　　C. SHANGHAI　　D. CNSHA

2. 联合国设计推广使用的表示日期代码的方式是（　　）。

A. 2023 – 12 – 2　　B. 2 – 12 – 2023　　C. 2023 – 12 – 02　　D. 23 – 12 – 02

3. 人民币的货币代码是（　　）。

A. CNY　　　　　　B. RMB　　　　　C. USD　　　　　D. EUR

4.《世界各国和地区及其行政区划名称代码第 1 部分：国家和地区代码》中，中国的国家代码是（　　）。

A. US　　　　　　B. CN　　　　　　C. CA　　　　　D. China

5. 联合国设计推广使用的货币代码由 3 个字母组成，其中（　　）。

A. 前 2 个字母代表国家，第 3 个字母代表货币币种

B. 第 1 个字母代表国家，第 2、3 个字母代表货币币种

C. 3 个字母一起表示货币币种

D. 根据以往国际银行界惯用的 3 个字母确定

二、多项选择题

1. 跨境贸易中的"三单"指的是（　　）。

A. 订单　　　　　B. 支付单　　　　C. 物流单　　　　D. 报关单

2. 跨境电商按照交易模式可以分为（　　）。

A. 跨境 B2A　　　B. 跨境 B2B　　　C. 跨境 B2C　　　D. 跨境 B2D

3.《国际贸易用标准运输标志》中规定运输标志主要包括（　　）。

A. 收货人简称　　B. 参考号　　　　C. 目的地　　　　D. 件号编号

4. 以下关于"三单对碰"的说法，正确的是（　　　）。

A. 订单是跨境电商企业或电商平台向监管部门推送的订单信息

B. 支付单是支付公司向监管部门推送的支付信息

C. 运单是物流企业向监管部门推送的物流信息

D. "三单对碰"是指对订单、支付单和运单进行校验比对

5. 跨境 B2C 贸易的出口通关模式包括（　　　）。

A. 9610 模式　　　B. 9639 模式　　　C. 1210 模式　　　D. 1239 模式

三、判断题

1. 单证标准化主要是指单证信息记录和交换格式的标准化。　　　（　　）

2. 跨境 B2C 模式下，报关主体是邮政或快递公司。　　　　　　（　　）

3. 国际贸易"单一窗口"是我国新推行的海关新无纸化平台。　　（　　）

4. 纽约口岸的有关地点代码是 USNYC。　　　　　　　　　　　（　　）

5. 我国标准化机构目前还未对贸易单证中代码的位置进行明确。　（　　）

【综合实训】

1. 完成常用国家和货币的代码书写。

2. 梳理常用电子化软件和平台。

学习单元 6

外贸跟单岗位和外贸跟单员认知

🔘【项目介绍】

　　小周是某职业技术学院国际贸易专业的学生，小周的职业规划是，毕业后从事外贸跟单业务工作。但是小周对外贸企业的相关岗位并没有太多的了解，为了毕业后能够更顺利地进入外贸跟单行业，小周打算对外贸企业岗位的设置进行初步了解，并向相关公司投递简历，利用寒暑假时间进行跟单实习。

　　本单元是认识和从事外贸跟单工作的基础，小周要成为一名合格乃至优秀的外贸跟单员，就需要在本单元的学习过程中对外贸跟单的岗位有一个清晰的认知，了解跟单员的分类、工作内容与特点以及与其他外贸岗位的关系，熟悉外贸跟单工作流程，并在学习过程中能够具备跟单员从事业务工作所需的知识结构和素质要求。

🔲【学习目标】

知识目标：

- 了解外贸企业岗位设置
- 了解外贸跟单员工作内容和工作特点
- 理解外贸跟单员知识结构
- 理解外贸跟单员的素质要求

技能目标：

- 初步具备辨别不同外贸岗位的能力
- 能够辨别跟单员岗位与其他外贸工作岗位的区别
- 能够辨析生产企业跟单与外贸企业跟单的异同
- 知晓外贸跟单工作范围和特点

素养目标：

- 具备基本的外贸企业定位和岗位需求的分析功能
- 具备沟通能力，能顺利进行跨部门沟通
- 热爱外贸跟单职业，养成吃苦耐劳和勤于奉献的精神
- 培养与人交流、与人合作，接收信息和综合研判的能力

【思维导图】

外贸跟单岗位和外贸跟单员认知

- 了解外贸企业岗位设置
  - 外贸业务、单证、报关、货代员等岗位及基本要求
  - 外贸跟单员岗位、基本要求及与其他岗位的关系
- 梳理外贸跟单员知识结构
  - 外贸实务的基础知识
  - 外贸产品的商品知识
  - 外贸生产知识
- 总结外贸跟单员工作特点
  - 责任大、沟通协调多
  - 节奏快、复杂变化多
  - 综合性、涉外保密性
- 掌握外贸跟单员素质要求
  - 职业素质
  - 知识素质
  - 能力素质
- 明确外贸跟单员工作内容
  - 外贸跟单员的工作范围
  - 外贸跟单工作类型
  - 外贸生产企业与贸易企业跟单的比较

任务6.1　了解外贸企业岗位设置

【任务描述】

　　小周毕业后打算从事外贸行业，去外贸相关企业求职，但是小周对外贸企业的岗位设置并没有太多了解，他需要对外贸企业相关的岗位信息进行查询。

【任务分析】

　　步骤1：首先小周需要在网上查询和了解外贸行业有哪些从业岗位，对外贸行业的从业岗位有一个大致了解。

　　步骤2：其次小周需要查询外贸企业岗位设置的具体情况，并在招聘网站上浏览搜索外贸企业对外贸业务员、跟单员、单证员、报检报关员、货运代理员等岗位的招聘要求，对外贸行业的岗位设置有更进一步的了解，整理相关信息，并完成表6-1。

表 6 - 1　岗位信息记录

岗位设置	岗位职责	岗位要求	招聘信息
外贸业务员			
外贸跟单员			
报检报关员			
货运代理员			

【知识储备】

外贸企业岗位的设置会因公司规模的大小不同而有些许差异，但是外贸行业基本上会涉及的相关从业岗位主要有外贸业务员、跟单员、单证员、报检报关员、货运代理员等。

6.1.1　外贸业务、单证、报关、货代员等岗位及基本要求

1. 外贸业务员岗位

外贸业务员作为外贸企业的销售部门，主要负责开发新客户，维护老客户。其岗位职责主要是与客户沟通、商务谈判、合同签订、订单处理和客户服务等。在实际的业务员岗位招聘过程中，外贸企业一般会要求从业人员具备较强的沟通能力、商务谈判能力和客户服务意识，还需要对外贸流程、国际贸易法规和英语等方面的知识和技能有一定掌握。

2. 外贸单证员岗位

外贸单证员主要负责审证、制单、审单、交单和归档等一系列业务活动，贯穿于进出口合同履行的全过程。这一岗位具有工作量大、涉及面广、时间性强和要求高等特点。

外贸单证员岗位要求单证员具有相当的文化水平和一定的外文基础，能看懂信用证和往来函电，并能用英文拟写单证内容和回复函电。要细心和耐心，能够仔细审核单证信息，确保单证的准确性和合规性；还要具备较强的沟通和协调能力，能够与银行、海关等部门进行沟通和协调等。

3. 外贸报关报检员岗位

外贸公司的报关报检员，主要职责是配合海关办理进出口货物的查验、报关、报检等通关手续。

外贸报关报检员岗位的基本要求是要熟悉国际贸易相关法规和报关、报检与清关手续；除此之外，还要具备较强的沟通和协调能力，能够与海关、商检、航空公司等部门进行沟通和协调。

4. 外贸货代员岗位

外贸货代员就是负责国际货物运输和物流服务的专业人员，最核心的工作就是与运输和物流服务相关的工作。外贸企业设置这个岗位主要是将其作为企业与船运公司之间的中间人和运输组织者，货代员主要负责运输方面的外贸工作，如负责协调货物运输、装卸、仓储等物流服务，负责处理货物的跟踪和开船前的客户服务等。

外贸货代员岗位要求从业人员熟悉国际物流运作流程；能够与客户、海关、商检、

航空公司、船务公司等各个部门进行良好沟通和协调，完成外贸业务中的运输和物流工作。

职业指导

外贸行业业务员和单证员岗位的招聘信息

1. 外贸业务员

岗位职责：

（1）负责外贸业务的开拓，开发新客户、维护老客户，业务谈判，签订合同，跟踪订单收款，协助发货；

（2）负责参加各类国内外贸易展会，挖掘跟踪新客户；

（3）负责阿里巴巴平台或其他B2B平台的产品推广类的基础工作；

（4）通过电子邮件、电话等工具与外商进行沟通，深度介绍公司产品，促成签单；

（5）完成公司的业绩指标，绩效考核，与客户建立长期良好的合作关系。

任职要求：

（1）大专或以上学历，英语四级以上或同等语言能力；

（2）具有1~3年外贸销售相关经验者优先录取；

（3）了解进出口业务流程，熟悉外贸进出口业务环节的优先考虑；

（4）有良好的客户沟通及谈判技巧，具备熟练的英文口语及商函文字表达能力；

（5）具有良好的业务拓展能力和商务谈判技巧，具有较强的事业心、团队合作精神和独立处事能力，勇于开拓和创新。

2. 外贸单证员

岗位职责：

（1）完成信用证的审核、制单、审单、交单；

（2）完成客户所需单据的制作、认证的办理、物流运输的安排（海运）；

（3）完成提单的审核，报检、报关单据的制作和海关查验的完成；

（4）信用证银行交单单据的制作，原产地证明、发票认证等单据的办理；

（5）协助财务完成核销、银行收结汇、出口退税的办理；

（6）办理出口业务的清关等手续。

任职要求：

（1）扎实的国际贸易或相关的理论基础，英语水平四级以上（六级优先）；

（2）有1年或以上出口操作经验，有出口信用证审单和制单经验的优先；

（3）能熟练操作常用的办公软件；

（4）思路清晰，思维敏捷，能较快地接受新知识；

（5）具有积极乐观的人生态度，思想积极。

6.1.2 外贸跟单员岗位、基本要求及与其他岗位的关系

1. 外贸跟单员岗位及要求

外贸跟单员是指在进出口业务中，依据相关贸易合同或订单对货物生产加工、装运、

保险、报检、报关、结汇等部分或全部环节进行跟踪或操作，协助贸易合同履行的外贸从业人员。"跟单"中的"跟"是跟进、跟随的意思，"单"是指订单。

外贸企业存活和发展的核心依据就是订单，只有将跟单工作做好，才能够顺利地完成客户订单，在激烈的市场竞争中生存和发展。所以外贸企业的岗位设置必不可少的就是跟单员，而且在实际业务中，发展越好的外贸企业对跟单员的招聘需求就会越大，需要多个跟单员跟进公司的外贸订单，将货物按时、按质、按量地交到客户手中。

在跟单过程中，跟单员围绕业务订单，对货物生产加工、报检报关、装船发运、结汇等部分或全部环节进行跟踪或操作，其工作几乎涉及企业的每一个环节，还会涵盖企业单证员、货代员甚至报关报检员岗位的一些工作内容，所以跟单员不仅是外贸企业履行订单不可缺少的主要岗位，也是一个涵盖性比较高的综合岗位。

在实际工作中，一名合格的跟单员需要具备相关外贸专业知识，熟悉国际贸易流程和贸易法规；熟悉外贸产品相关知识和生产工艺及生产管理方面的相关知识；需要具备较强的组织协调能力，能够协调内外部的资源，确保订单的正常生产和交付；需要具备较强的解决问题的能力和抗压能力，能够在工作中处理各种突发情况；最后还需要具备良好的团队合作精神和服务意识，能够与公司内外部的相关部门合作，为客户提供优质服务。跟单员岗位是一个综合性要求比较高的岗位。

▨ 职业指导

外贸跟单员岗位招聘信息

岗位职责：

（1）协助销售人员完成整个销售后续跟单流程；

（2）根据订单要求，跟进生产进度，制作单证，与物流沟通，安排发货；

（3）有效地维护与客户的关系，将客户反馈的问题及时转发给技术部门，帮助客户解决产品的售后问题；

（4）完成客户管理制度规定的客户信息管理任务及售后任务；

（5）建立客户档案、产品档案、质量信息反馈表，并对每笔订单的确认表、形式发票、商业发票、销售合同及附件进行备份，以备查用。

任职要求：

（1）专科及以上学历；

（2）有相关的工作经验，或熟悉国际贸易、国际物流流程及相关操作；

（3）英语口语较好，能够无障碍交流，掌握外贸英语函电及翻译基本知识；

（4）具备良好的沟通能力，做好内、外部沟通；具备良好的协调能力及执行能力；

（5）工作细心，踏实认真，责任心强，具有很强的服务意识。

2. 外贸跟单员岗位与其他岗位的关系

在外贸行业不同的岗位之间，其工作具有一定关联性，但又各有侧重，如图6-1所示。业务员开发客户，负责跟进和成交订单；订单成交后，跟单员负责采购下单给工厂，进行跟单，出货前进行质检验货；同时单证员负责业务环节中的制单和审单；最后找报关报检员和货代员处理出口报关报检和运输。可以说，单证员、跟单员、货代员、报关报检员、外贸业务员是相辅相成的，一环连着一环，必须紧密配合，才能把外贸工作做好。

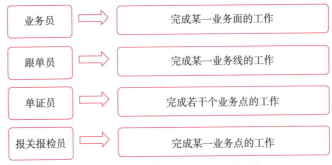

图 6 - 1 　外贸行业不同岗位的侧重点

在这一过程中，跟单员的岗位角色会涵盖不同方面。

（1）跟单员是企业各部门的协调员。

"跟单"是指跟进、跟随、追踪订单，为了完成订单交货任务、保证合同顺利履行，企业的生产、仓储、运输、销售、财务等各部门必须通力合作、加强配合，跟单员在其中起到责成并协调各部门按订单要求完成各自任务的作用。

（2）跟单员是外贸业务员。

跟单员在跟单过程中，需要经常与客户联系，因此能够及时掌握客户的各种需求，所以跟单员的工作不仅仅是被动地跟进订单，有时还要主动地进行业务拓展，对客户进行精准营销，并积极帮助外贸业务员寻找新的客户。因此在这个过程中，跟单员还扮演着外贸业务员的角色。事实上，在一些中小企业中，跟单员与外贸业务员的岗位往往是"合二为一"的。

（3）跟单员是单证员。

跟单员在跟进订单时，需要将订单中的不同任务分解落实到不同的部门来完成，每个部门在接受任务、执行任务、完成任务的过程中都需要借助各种"单据"来办理交接。这些单据种类繁多、格式多样、作用有别、使用范围不同、制作方法各异，这就要求跟单员必须熟悉单据缮制的方法和技巧，在协调各部门工作时扮演好"单证员"的角色。

（4）跟单员是后备的报检员、报关员、货代员。

跟单过程还涉及商品检验、报关通关、租船订舱、交单议付等业务环节，因此，跟单员必须对报检、报关、货代等业务非常熟悉，要了解这些工作大概需要的时间、关键的步骤、哪里容易出现问题等，以便及时跟催、全面审核。

【任务实施】

对外贸企业岗位设置的相关信息进行查询及整理，将任务实施情况、总结评价及改进提升结果做好相应记录，并填写表 6 - 2。

表 6 - 2　任务实施记录

执行情况	步骤1	
	步骤2	

续表

总结评价	优点	
	不足	
改进提升	改进1	
	改进2	
	改进3	

【任务评价】

根据任务完成情况由教师、学生共同进行任务评价，如表6-3所示。

表6-3　任务评价

考核项目		教师评分	学生评分	总评分	评语
任务执行质量	岗位职责整理情况				
	岗位要求整理情况				
	岗位招聘信息整理情况				
任务执行态度					
任务执行效率					

 想一想

外贸跟单员就业前景如何?

外贸跟单员这个专业岗位的出现不是偶然的，它是外贸企业内部专业化分工的产物，是外贸企业内部管理结构有效调整、外贸经营管理规范化和科学化发展的产物。它的出现不但进一步划清了外贸企业各岗位的责任界限，而且充分调动了企业跟单员的积极性和创造性，对提高对外贸易企业的管理水平和经营效率，避免外贸业务操作失误和风险具有重要的意义。

随着世界经济持续复苏，国内经济回升向好，各项政策效应进一步显现，我国对外开放程度将进一步扩大，外贸跟单员的需求数量呈增长态势，外贸跟单员的就业前景也将更加明朗。

如果进入外贸行业想尝试自行创业，可开立的公司类型如下。

1. 从法律形式来看，有个人企业、合伙企业和公司

（1）个人企业：就是自己一个人单枪匹马做的企业形式。

（2）合伙企业：就是跟他人合作，但没有法人资格的企业形式。

（3）公司：具备法人资格，形式上更正规。

2. 从产销结构来看，有工厂、贸易公司与工贸一体公司

（1）工厂：靠技术和产品质量赢得市场和订单，不靠销售。

（2）贸易公司：没有自己的产品，倒买倒卖，主要靠销售。

（3）工贸一体公司：产品从生产到销售再到出货和售后是一个完整的链条。

3. 从贸易操作方式来看，有自营出口与代理出口

（1）自营出口：就是自己有出口权，直接跟外商做生意。

（2）代理出口：就是通过别的外贸公司代理出口。

4. 从商业模式来看，有传统外贸和跨境电商

（1）传统外贸：线下完成，交易链条长，多属于批量采购，接单生产，除少数高附加值产品以外，大多数通过海陆船运，运输周期长，回款周期也随之拉长。基本模式是 B2B（企业对企业）。

（2）跨境电商：线上完成，属于零售模式，顾客先付款购买，整个行业的资金门槛较低；卖家空运发货，运输时效多在两周之内，回款速度快，资金周转效率更高。模式有 B2B、B2C（企业对消费者）、C2C（个体卖家对消费者），甚至 C2B（消费者对企业，也称个性化定制模式，是一种新模式）。

任务6.2　梳理外贸跟单员知识结构

【任务描述】

经过对外贸行业各个岗位的了解后，小周对外贸跟单员岗位产生了浓厚的兴趣，认为外贸跟单员在外贸行业中是一个核心的综合性岗位，打算毕业后从事外贸跟单员工作。接下来小周打算对外贸跟单员所需的知识结构进行学习和梳理。

【任务分析】

小周需要通过书本、网络或其他方式，查询和了解跟单员的知识结构，并对其相关知识进行深入学习和了解，熟练掌握跟单员在实际业务工作中所需具备的知识结构。

步骤1：通过书本、网络或其他方式，查询和了解跟单员的知识结构。

步骤2：梳理外贸实务基础知识、外贸商品知识，以及外贸生产等方面的知识，对跟单员需要具备的知识结构进行深入学习和了解。

【知识储备】

外贸跟单流程一环扣一环，一环脱节，下一环的工作就无法进行。如果外贸跟单员能够灵活地运用专业知识与技能，有效地处理订单流程中的各项事务，巧妙地协调外商客户、供应商和外贸企业之间的关系，便能为外贸企业打造一条优质的供应链。

6.2.1　外贸实务的基础知识

外贸跟单员应熟练掌握外贸流程，掌握外销、物流管理、生产管理、单证与报检报关等综合外贸知识。通常情况下，跟单员的工作从出口合同签订开始，到订单收汇截止。在这个过程中就包含了生产、质检、装运、申报、订舱、交单、结汇等诸多环节。每一个环

节的操作细节和流程都需要跟单员精通掌握。只有这样，跟单员才能在订单跟进过程中预测和计划各环节的组织安排，从而合理衔接、及时推进订单执行。

想一想

外贸跟单员的外贸基础知识有哪些?

1. 国际商务基础理论

国际商务（International Business）是指国（地区）与国（地区）之间进行的商务活动的总称。国际贸易是其中的商务活动之一。在国际贸易活动中有业务磋商和订立合同环节，这些环节会涉及价格和价格术语，这是国际贸易中不可缺少的专门语言，它要求每一个外贸从业人员必须充分了解和掌握。同样，外贸跟单员也必须了解和掌握这些价格术语对外贸跟单工作的影响。

2. 国际货物运输

国际货物运输是国际贸易中必不可少的一个环节，为了按时、按质、按量完成国际货物的运输任务，买卖双方在订立国际货物买卖合同时，都需要合理选定运输方式，制定好各项装运条款，并备好有关装运单据。跟单员需要掌握国际货物运输方面的外贸基础知识。

3. 国际货运保险

在国际货物运输过程中，会遇到意想不到的风险，为了分散风险，在合同中还必须确定保险条款和正确处理有关进出口货物运输保险事宜，从事国际贸易人员需了解国际货运保险有关知识。

4. 国际贸易的规则、政策

国家或地区贸易政策直接影响国与国之间的贸易往来。作为一名与国际贸易活动相关的从业人员，必须了解进出口国（地区）的国际贸易政策，如贸易管制的政策（配额和许可证等）、知识产权、商品的准入条件和标准等，这些政策保证和维系国际贸易的正常开展，因此必须引起外贸跟单员的足够重视，尤其是知识产品问题。

6.2.2　外贸产品的商品知识

外贸跟单员要掌握与外贸产品相关的专业知识，了解产品所涉及的各种材质原料及其特性、成分结构和价格波动，掌握产品的规格、标准、特点、工艺、样式和质量等。

以服装为例，对客户所下的任何一张订单，跟单员都要从价格、面料、辅料、工艺、款式和质量等多方面加以分析，所以跟单员需具有相应的服装专业知识。例如，掌握产品原材料的特点、性能、来源地、成分、所生产成衣的种类特点、款式细节、品质要求，以便向客户提供专业的参考意见，帮助客户改进产品，提高产品市场竞争力。

值得一提的是，服装面、辅料是构成成衣的主要元素，也是成衣质量的硬件基础，因此，服装面、辅料的鉴识，服装面、辅料质量的把握不仅给成衣生产带来了质量保证，也为加工部门顺利完成订单、及时出货赢得了时间。造成订单出货时间延误的多数原因是面、辅料的质量问题，因为一旦面、辅料出现了质量问题，返工周期会延长，加工成本会增加，尤其是出口服装订单，有时就因为面、辅料的质量问题而影响了交货日期，给生产企业带来了重大的经济损失。所以合格的跟单员必须掌握服装面、辅料的质量控制和检验，这样才能在后续的工作中顺利地与客户和生产部门进行对接。在跟单过程中可以及时地锁定原料价格，准确地进行信息传导和物流运输等工作安排。

如果跟单员对外贸订单的产品不熟悉，则可能因在生产、质检、装箱量核算、申报信息、货物运输等方面出现失误而导致订单损失。

6.2.3　外贸生产知识

由于外贸跟单员需要协助工厂安排生产，并且在这一过程中监督产品生产，保障产品的质量，完成订单项下的生产任务，保质、保量地把货物送交客户，顺利安全收回货款，因此外贸跟单员应该了解和熟悉有关工厂的生产和管理方面的知识，比如制订生产计划、原材料采购管理、仓库管理、生产管理、品质管理、客户管理等。生产过程中，如出现生产意外情况或品质问题不能达到订单生产的要求时，跟单员一定要及时地会同生产企业找到解决问题的办法。

【任务实施】

梳理外贸跟单员需要掌握的知识结构，以小组为单位，选择某一行业的某一款具体产品，对跟单员需要具备的知识结构进行讨论、分享和展示。将任务实施情况、展示分享、总结评价及改进提升结果做好相应记录，并填写表6-4。

表6-4　任务实施记录

执行情况	步骤1	
	步骤2	
展示分享		
总结评价	优点	
	不足	
改进提升	改进1	
	改进2	
	改进3	

【任务评价】

根据任务完成情况由教师、学生共同进行任务评价，如表6-5所示。

表 6-5　任务评价

考核项目		教师评分	学生评分	总评分	评语
任务执行质量	外贸实务基础知识掌握的全面性与熟练度				
	外贸商品知识掌握的全面性与熟练度				
	外贸生产知识掌握的全面性与熟练度				
任务执行态度					
任务执行效率					

职业指导：外贸行业各国禁忌

任务 6.3　总结外贸跟单员工作特点

📖【任务描述】

学习和梳理了跟单员所需要具备的专业知识后，为了提高自己的实际跟单业务操作能力，积累跟单工作经验，小周计划去浙江省某外贸公司跟单岗位进行实习。恰巧同专业的学长 Dylan 回校进行跟单业务工作经验分享，于是在会上小周认真聆听学长 Dylan 分享的内容，为接下来的实习工作做好积累和准备。

🕐【任务分析】

听完跟单业务工作经验分享后，小周需要总结和梳理外贸跟单员的工作特点。

📑【知识储备】

跟单员就像一名全能选手，其工作几乎涉及企业的每一个环节，从销售、生产到物料、财务，都会有跟单员的身影。其工作特点是复杂的、全方位的。

6.3.1　责任大、沟通协调多

外贸跟单员的工作是建立在订单与客户基础上的。订单跟进下的产品质量，是决定能否安全收回货款、保持订单连续性的关键，所以跟单员做好订单与客户的工作责任重大。

除了责任重大以外，跟单员在工作过程中，工作内容会涉及许多人和部门，如与客户、计划部门、生产部门等沟通与协调，都是在完成订单的前提下而进行的与人沟通的工作，所以跟单员的工作需要沟通协调的地方比较多。

6.3.2　节奏快、复杂变化多

跟单员面对的客户来自世界的不同地方，他们的国际时差、工作方式、作息时间、工作节奏等各不相同，因此，跟单员的工作节奏是多变的。另外，客户的需求是多样的。有时客户的订单是小批量的，但要及时出货。这就要求跟单员的反应速度是快速的，工作效率是高效的。

6.3.3　综合性、涉外保密性

跟单员的工作涉及企业所有部门，对外执行的是销售人员的职责，对内执行的是生产管理协调的职责，由此决定了其工作的综合性。跟单员在跟单过程中，会掌握大量的客户资料，对企业来说，这些都是独家的商业机密，对外必须绝对保密。

【任务实施】

以小组为单位，对跟单员的工作特点进行讨论，结合跟单员的工作职责和工作内容，对跟单员的工作特点进行分享。

【任务评价】

根据每小组分享展示的结果，由教师、学生共同进行任务研讨和点评，填写表6-6。

表6-6　任务评价

考核项目	教师评分	学生评分	总评分	评语
小组讨论积极度				
小组讨论参与度				
小组讨论展示度				

职业指导：外贸跟单员经验分享

任务6.4　掌握外贸跟单员素质要求

【任务描述】

了解了跟单员工作特点后，小周知道外贸跟单员的工作是一项非常综合性的工作，涉及外贸生产企业生产和流通环节的方方面面，因此一名优秀的外贸跟单员必须具备一些基本素质。小周需要通过书本、网络或其他方式，查询和了解跟单员的素质要求有哪些，对其进行梳理和学习。

⏰【任务分析】

跟单员的素质要求包括职业素质、知识素质、能力素质等多方面的综合要求，可以从以下三个方面梳理和掌握外贸跟单员需要具备的素质要求：

步骤 1：通过书本、网络或其他途径，梳理和掌握外贸跟单员职业素质要求。

步骤 2：通过书本、网络或其他途径，梳理和掌握外贸跟单员知识素质要求。

步骤 3：通过书本、网络或其他途径，梳理和掌握外贸跟单员能力素质要求。

📚【知识储备】

外贸企业拥有一支高素质的跟单队伍，不仅能够为外贸业务员接单创造优势，还可以为客户翻单提供信心，更为企业盈利奠定坚实基础。外贸跟单员工作范围涉及面非常广，因此，对其素质的要求也涉及多个方面。

6.4.1　职业素质

外贸跟单员职业素质要求主要包括以下几方面：

（1）热爱祖国，自觉维护国家和企业的利益，关注国内外的政治经济形势，能正确处理好国家、集体和个人之间的利益关系。

（2）遵纪守法、廉洁自律，不行贿、受贿，在涉外交往中有礼有节，不卑不亢，积极维护国家和个人的尊严。

（3）严守国家和商业机密，遵循有关国际公约、法规和国际惯例，遵守国家有关外贸方面的政策法规和企业的各项规章制度。

（4）工作认真负责，勤勤恳恳，忠于职守；努力学习，勇于实践；积极开拓，锐意进取。

6.4.2　知识素质

知识素质要求是指外贸跟单员做好本职工作所必须具备的基础知识与专业知识。

1. 外贸基础知识

（1）了解我国对外贸易的方针政策、法律法规及有关国别贸易政策。

（2）了解国际目标市场的宏观及微观环境，如人口、政治、经济、文化、地理、风俗习惯、消费水平等。

（3）具备一定的文化基础知识，具备一定的英语与计算机应用能力。

（4）具有一定的法律知识。了解与外贸跟单员相关的法律知识，如合同法、票据法、经济法、国际商法等，做到知法、懂法和用法。

2. 外贸专业知识

（1）掌握基本的商品学知识，熟悉有关原材料与产品的生产工艺、品质、规格、性能、标准、包装、用途等知识。

（2）了解外销商品在国际市场上的行情，以及该项商品生产国和贸易国之间的贸易差异，及时将信息反馈给国内厂商，指导企业生产。

（3）熟练掌握国际贸易理论与实务、国际金融、国际市场营销及国际商法和有关国际惯例等专业知识；熟悉报检、报关、货运、保险等方面的业务流程知识。

6.4.3　能力素质

1. 必须具有全面的业务能力

一名优秀的外贸跟单员必须熟悉整个跟单流程，能够辅助业务人员接单、报价和回复业务咨询，能够完成打样以及与客户沟通确认样品，能够精通生产管理，安排生产并跟进和把控产品质量、生产进度与数量，能够协助相关人员对货物进行检验、包装和出运等，全面、顺利地完成订单跟进。其具体业务能力包括以下几方面：

（1）熟悉外贸业务各个环节和操作流程，能够协助业务员开展有关审证、改证和业务咨询方面的工作。

（2）能根据生产计划进行生产进度的跟踪，确保在交货期内完成订单任务，并采用合适的检验方法判断产品是否合格。

（3）熟悉产品的特性、工艺、技术要求等。

（4）能通过汇率换算进行外币与本币之间的转换，掌握成本核算方法。

（5）能妥善处理有关争端异议、理赔和索赔事宜。

2. 必须具有良好的外语应用能力

跟单员至少要熟练地掌握一门外语，特别是英语，具有良好的听力理解能力、阅读理解能力、口头表达能力和书面表达能力，能够熟练地与外商客户进行沟通交流并跟进有关外贸业务活动，具体包括以下几方面：

（1）能运用外语与外商进行业务洽谈及开展有关业务活动。

（2）能运用外语撰写有关外贸合同和业务函电等。

（3）能运用外语与客户进行书面和口头上的沟通和交流。

3. 必须具有良好的沟通和协调能力

在外贸跟单过程中，沟通和协调尤为重要。跟单员对外能和外商良好沟通，具备良好的国际商务礼仪，充分尊重客户；对内能和外贸公司内部各部门与各岗位工作人员良好沟通，协调完成各环节业务工作，对生产企业能有效地安排好工厂、监督好工厂生产，能协调处理好工厂在生产过程中的各项工作或随时可能出现的意外情况和问题，能使工厂做到积极配合。

4. 必须具有专业的服务意识和风险意识

跟单员必须全面熟悉公司产品、报价、制样、订单审批、生产、质检、验货、出货流程，这是为客户提供专业服务的基础。在对产品充分了解的基础上，提供让客户满意的服务。如果对客户有承诺，则必须全力来实现。当出现不确定因素时，应向上级征求意见后再向客户确认，以保证每一个承诺的兑现，并及时与上级沟通处理结果。从每一个微小的细节为客户提供最完善的服务，降低公司与客户的贸易风险。

5. 必须具有一定的分析与预测能力

通过分析客户，掌握客户需求、经营风格、信用状况、资金状况等，为决策者提供全面准确的客户描述。通过分析产品，了解产品的特性、生产流程、市场需求、价格走势，以便争取更优惠的价格并提供给客户最优质的产品。通过分析原材料的种类、市场供求状况，争取获得最低的生产成本。跟单员基于这些分析，能够对客户的需求、企业的生产能力及物料的供应情况等有一个准确的判断和预测，从而有效地组织生产、交货、收款等。

6. 必须具有良好的决策与应变能力

跟单员必须具有非常好的应变能力，一旦碰到意外变故，要表现出高度的冷静和强烈的自信，充分发挥自己敏捷的思维判断能力，对现状做出最准确的判断，从而调动一切可能的力量变被动为主动，争取以最少的成本化解危机，摆脱困境。

【任务实施】

把任务描述中提出的要求及任务分析中需要做的工作加以实施，具体包括任务讨论、任务执行、结果记录及总结评价等，可以自行设计相关的表格。

【任务评价】

根据任务完成情况由教师、学生共同进行任务评价，填写表 6 – 7。

表 6 – 7　任务评价

考核项目	教师评分	学生评分	总评分	评语
任务执行质量				
任务执行态度				
任务执行效率				

前沿视角：2023 年度外贸跟单员考试的通知

任务 6.5　明确外贸跟单员工作内容

【任务描述】

通过在招聘网站上浏览查询跟单员的招聘信息，小周了解到浙江卓信实业有限公司由于业务拓展，正在招聘跟单员岗位工作人员，于是小周向浙江卓信实业有限公司投递了实习简历，一周后，小周收到了浙江卓信实业有限公司 HR 的面试通知。面试是一个双向选择的过程，在面试过程中，HR 通过小周的表现来判断小周是否能通过应聘，同时小周也需要和面试工作人员沟通交流来确认岗位的工作内容。

外贸跟单员 （浙江卓信实业有限公司）	
招聘岗位：外贸跟单员 招聘人数：15 人 最低学历：专科	工作性质：全职 工作经验：不限 工作月薪：面议
岗位职责： （1）负责海外客户订单的跟进工作。 日常使用英文通过邮件和电话与客户沟通，跟踪从产品下单、生产、质检到出货、收款的全过程。 （2）负责样品的追踪，及时寄出样品。 追踪大货材料的到货情况以及工厂的产能情况，在一些国外要求测试的款式上，积极敦促工厂寄出测试样品通过测试。 （3）追踪大货，安排出货。 样品确认之后，下单到工厂，追踪材料进度，如遇到潜在的延期风险，积极找工厂沟通找到解决办法，保证大货按时、按质、按量出货。 岗位要求： （1）大专或以上学历，国际贸易、英语、跨境电商等相关专业。 （2）英语读写熟练，四级或以上，英语口语交流基本无障碍。 （3）计算机办公软件操作熟练，并具有较强的其他办公软件学习能力。 （4）有上进心，对工作认真负责，团队合作意识强，具备良好的逻辑思维能力和总结能力。	

⏰ 【任务分析】

跟单员的具体工作内容会因所处行业不同、所在公司类型不同，以及公司规模的大小不同而有些许差异。在面试过程中，小周需要确定所面试企业是生产企业还是贸易企业，明确企业的跟单流程，并与 HR 沟通确认所招聘跟单员岗位的工作类型及具体工作范围。

步骤 1：明确不同企业类型所对应的跟单流程，制作企业跟单流程图。

步骤 2：明确外贸跟单的不同工作类型，对外贸跟单工作类型进行分类，完成表 6-8。

表 6-8　外贸跟单工作类型分类

划分标准	工作类型	具体含义

步骤 3：明确外贸跟单员的具体工作范围，对跟单员工作范围进行整理。

📚 【知识储备】

6.5.1　外贸跟单员的工作范围

外贸企业以完成外商客户的订单为主线，因此需要安排"跟单员"来跟进订单，并确保订单正常有序顺利地进行，确保订单所涉及的货物能按时、按质、按量地交付给外商，圆满完成订单。从广义上来讲，跟单员要负责的工作，基本上涵盖了一个订单从生产到出货再到收汇和退税结束的全部内容。其工作范围非常广泛，大致可以分为五个阶段：接单、打样、生产、出货和后期跟进。

跟单员也是按照上面的阶段顺序来安排工作的，可能在有的公司是由几个不同阶段的跟单员来处理这些工作。

1. 接单

接单是对订单的审核和确认，跟单员接到订单后需要审查订单要求，判断订单要求是否可操作可执行，明确订单产品的具体材质、规格标准及参数、品质要求、生产工艺、生产数量、交付时间等订单信息，然后与客户接洽，就订单所涉及的所有生产及相关业务事项进行全面的沟通明确，达成一致。

2. 打样

在跟单过程中，跟单员需要按照客户的要求打样，有疑问及时与客户沟通。样品完成后与客户沟通确认交样时间、方式等，寄送样品，并在确认样品送达后，跟进客人的样品反馈意见，获得客户的样品确认书。

3. 生产

在这一阶段，跟单员主要负责寻找生产供应企业、跟进采购原辅料、安排货物生产，并跟踪产品的整个生产过程，跟进产品的生产进度和生产质量，确保各个生产环节都能按预期的安排进行及完成。

4. 出货

跟单员跟进生产完成以后，就要跟进产品的检验和包装，安排出货。这一阶段跟单员要统计出货品材料，协助客户完成货品检验，安排联系货代订舱，确认好船期、送货时间和地点，协助有关部门完成货物的报检、报关、出运。

5. 后期跟进

货物出运后，跟单员需要准备资料给客户付款和清关。同时根据需要，协助企业完成结汇和核销退税，并且在履约完成后，跟进客户，解决客户提出的问题。

工作小技巧

服装跟单员的工作步骤

（1）接到客户样品，跟单员写好客户要求传真，寄到工厂打初样。

（2）工厂打好初样回传公司，公司写传真告知客户同时寄出样品。

（3）客户回传修改意见，并开始发辅料（包括商标唛、洗水唛、尺码唛、挂件、皮具、贴布、撞钉、日字扣、气眼、徽章）。每一份资料先与客户确认好后，再写好详细说明及时传真或者派送到工厂，必须注明订单号、款式号和辅料对应的商标。

（4）客户传正式订单，复印一份留底，遮住客户名或者重新制单后寄给工厂，研究订单，反复确认，充分弄懂流程和内容。

（5）客户报横直洗水率（纬向缩水率和径向缩水率），核算成衣面料用量。客户在签订合同时发大货面料到指定工厂仓库（工厂提供面料则省略此步骤）。

（6）等待所有面料、辅料到齐，写详细传真和指示书、规定交产前样时间，一般是两份，一份客户代理留底，一份国外客户确认。

（7）要求工厂根据产前样报价。

（8）客户指定采购辅料地点，发开票资料，并与客户签订外销合同和购货合同。

（9）工厂回传产前样后寄给客户确认，确认后可自接开始生产。

（10）督促工厂在合同交货期之前生产完，装箱、报关、议付、工厂结汇。

6.5.2　外贸跟单工作类型

在外贸企业整个订单的工作流程中，跟单员是外贸企业与生产工厂的接口，是外贸企业与工厂、外销员以及外商客户之间联系的纽带和桥梁。不过，具体到不同行业、不同企业来说，跟单员的工作内容也会有所不同，可以按照以下分类标准，把跟单员的工作分为不同类型。

1. 按业务进程分类

按业务进程外贸跟单可分为前程跟单、中程跟单和全程跟单三大类。前程跟单是指"跟"到出口货物交到指定出口仓库为止；中程跟单是指"跟"到装船清关为止；全程跟单是指"跟"到货款到账、合同履行完毕为止。

2. 按企业性质分类

按企业性质外贸跟单可分为生产企业的跟单和外贸企业的跟单。外贸企业一般不具备生产能力，因此在进行原料、生产进度、品质、包装等跟单之前，还需要选择生产企业。

3. 按货物的流向分类

按货物流向外贸跟单可分为出口跟单和进口跟单。出口跟单是对出口货物外贸业务流程的跟踪与操作，进口跟单是对进口货物外贸业务流程的跟踪与操作。

4. 按具体的业务环节分类

按跟单的业务环节划分，可以把跟单员的工作分为采购跟单、生产跟单、包装跟单、运输跟单，等等。

6.5.3　外贸生产企业与贸易企业跟单的比较

1. 相同之处（见表6-9）

（1）从跟单目标而言，都是以外贸订单为中心，进行生产进度、产品质量和数量的跟踪，以保证订单项下的货物能够按时、按质、按量抵达合同或信用证要求的地方。

（2）从跟单人员的知识构成而言，不仅需要外贸知识、海关知识、商检知识、运输知识、保险知识、商品知识及外语和语言沟通能力，还需要具备使用计算机应用软件（如Word、Excel等）的能力。

（3）从跟单的要领而言，一名合格的跟单员要具备某项商品的专业知识，精通该商品的生产操作要领，能分析和解决生产过程中出现的问题，协调各方（部门）的利益，妥善处理商品的质量问题，满足和达到工艺单和客户的要求。

（4）从跟单的范围而言，外贸生产企业与贸易企业的跟单都涉及前程跟单、中程跟单和全程跟单。

表6-9 相同之处

跟单目标	都是以完成外贸订单为中心，按时、按质、按量交货
知识构成	都需要相关外贸知识、商品知识以及生产管理知识等
跟单要领	不管什么类型的企业，跟单完成的要领都是相同的
跟单范围	都涉及前程跟单、中程跟单和全程跟单

2. 不同之处（见表6-10）

（1）所处企业不同。

外贸企业跟单员所涉及的产品品种、结算方式等比生产企业跟单员要相对多一些，接触的企业面比生产企业跟单员相对要大，跟单的主要内容与生产企业跟单有一定的差异。

（2）跟单侧重不同。

生产企业跟单员的跟单工作大部分以生产跟单为主，即以生产过程的商品质量和数量的跟踪为主。因此对生产企业跟单员的素质要求，偏重于产品知识、工艺质量、一般的外语沟通能力及计算机应用软件等方面。由于生产企业从事外贸活动的能力不及专业的外贸企业，往往跟单员要从事几个岗位的工作，因此对跟单员的要求是能够胜任全程跟单的工作。外贸企业跟单员的跟单工作大部分侧重于外贸跟单，要求跟单员从事外贸活动的能力较强。

（3）跟单流程不同。

生产企业的跟单流程主要有推销公司产品、签订外销合同、生产大货、查货、（自查）、商检（客检）、订舱配船、货物进仓、报关出口、制单结汇等几个步骤；外贸企业的跟单流程主要有选择生产工厂、签订收购合同、筹备货物、进程跟踪、商检（客检）、订舱装船、货物进仓、报关出口、制单结汇等几个步骤，如图6-2所示。

表6-10 不同之处

不同之处	生产企业	贸易企业
所处企业	所涉及的产品品种、结算方式较少，接触的企业面较小	所涉及的产品品种、结算方式较多，接触的企业面较大
跟单侧重	以生产跟单为主	以外贸跟单为主
跟单流程	主要有推销公司产品、签订外销合同、筹备货物、商检（客检）、订舱配船、制单结汇等几个步骤	主要有选择生产工厂、签订收购合同、筹备货物、进程跟踪、商检（客检）、订舱装船、制单结汇等几个步骤

【任务实施】

明确外贸跟单员的工作内容，将任务实施情况、展示分享、总结评价及改进提升结果做好相应记录，填写表6-11。

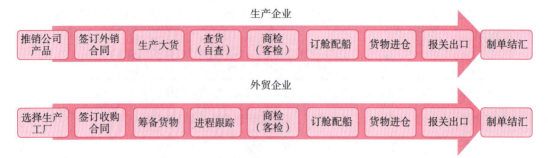

图 6 - 2　生产企业和外贸企业的跑单流程

表 6 - 11　任务实施记录

执行情况	步骤 1	
	步骤 2	
	步骤 3	
展示分享		
总结评价	优点	
	不足	
改进提升	改进 1	
	改进 2	
	改进 3	

【任务评价】

根据任务完成情况由教师、学生共同进行任务评价，如表 6 - 12 所示。

表 6 - 12　任务评价

考核项目		教师评分	学生评分	总评分	评语
任务执行质量	不同企业类型跟单流程是否明确				
	跟单员不同工作类型是否明确				
	跟单员具体工作范围是否明确				
任务执行态度					
任务执行效率					

【思政园地】

知识与技能训练

劳模精神：跟单员的追求与成长之路

【同步测试】

一、单项选择题

1. 以下不属于外贸跟单员能力素质要求的是（　　　）。

A. 业务能力　　　　B. 外语能力　　　　C. 制单能力　　　　D. 应变能力

2. 以下关于跟单员的工作重点，说法正确的是（　　　）。

A. 主要负责业务操作全过程

B. 侧重于订单获取后对订单的执行跟踪和操作

C. 负责处理如商检、运输、保险的相关单据事务

D. 负责办理货物、运输工具、物品进出境时的商检事务

3. 前程跟单是指"跟"到（　　　）。

A. 出口货物交到指定出口仓库为止　　　B. 装船清关为止

C. 货款到账为止　　　　　　　　　　　D. 合同履行完毕为止

二、多项选择题

1. 外贸跟单员的工作特点有（　　　）。

A. 责任大、沟通协调多　　　　　　B. 节奏快、复杂变化多

C. 简捷性、对外开放性　　　　　　D. 综合性、涉外保密性

2. 跟单员的知识构成包括（　　　）。

A. 外贸基础知识　　　　　　　　　B. 工厂生产与管理知识

C. 商品知识　　　　　　　　　　　D. 车间机器的维修

3. 根据外贸跟单业务的进程，可分为（　　　）。

A. 前程跟单　　　B. 中程跟单　　　C. 后程跟单　　　D. 全程跟单

三、判断题

1. 中程跟单是指"跟"到指定出口仓库为止。　　　　　　　　　　（　　）

2. "跟单"中的"跟"是指跟进、跟随，"单"是指合同项下的订单。　（　　）

3. 审核信用证是单证员的工作，因此，跟单员不需要了解信用证的内容。（　　）

【综合实训】

1. 完成外贸企业不同类型的岗位分析报告。

2. 撰写针对外贸单证和跟单员定位与需求的个人专业发展报告。

学习单元 7
外贸订单审核

【项目介绍】

　　小周在面试浙江卓信实业有限公司跟单岗位时，以他对跟单员岗位清晰的认知、浓厚的兴趣，以及其认真积极的工作态度，成功通过了实习面试。进入公司后，业务部门经理安排 Jackson 作为小周的师傅，负责带小周。

　　Jackson 告诉小周，外贸跟单员之所以被称为"跟单"，是因为其主要业务就是要跟进"订单"，如果跟单员不了解外贸订单的相关专业知识，就无法读懂读透订单，无法充分理解外贸订单一系列的要求，也就无法完成这一基本的工作职责。所以小周作为跟单员，必须要了解外贸订单的基本结构和相关知识。

　　在本单元的学习过程中，小周需要学习了解订单的基本结构，能够熟练独立地阅读和理解外贸订单内容和条款，需要掌握审核外贸订单的有关知识，能够审核订单，并在这一过程中，不断提升自己对外贸行业订单的认知，提高外贸跟单工作的实操能力。

【学习目标】

知识目标：

- 了解外贸订单的基本构成
- 掌握外贸订单审核的主要内容和操作要点
- 掌握订单涉及的产品的相关知识

技能目标：

- 能够解读外贸订单
- 能够审核操作订单

素养目标：

- 培养谨慎的工作态度
- 培养遵守契约和注重细节的强烈意识

【思维导图】

任务 7.1　梳理外贸订单基本结构

【任务描述】

小周进入公司实习的第三天，恰逢公司的业务部门刚与一位外贸客户达成了合作意向，当天下午外贸客户向公司下达了正式的采购订单。

CONFORAMA　PURCHASE　ORDER

P/O Nr : ZX788756342J
PO Status: 2- FINAL P.O.
Date:　**15-Jul-2023**

Sourcing Office: Conforama Trading Ltd. NO.179,W.N STREET,LONDON,BRITISH TEL:4574321/4579430 FAX:4575286	Supplier: Zhejiang Zhuoxin Industrial Co., Ltd Zhongshan East Road, Ningbo.China TEL:0574-635571 FAX:0574-46916

Term of delivery:	Inco2020		Place of delivery:		NINGBO		Port of discharge:	LONDON, BRITISH
Means of Transportation:	BY VESSEL	Incoterm:	FOB	Latest date of Delivery:	15-DEC-2023	Forwarder:		FR/ GEODIS OVERSEAS

Payment by:	TRANSFER	Payment term:	AT 30 DAYS
Currency:	USD	PO Status:	2- FINAL P.O.

Container types	Quantity
LCL	1.00

Marks and Numbers	Product code	Descrption of Goods	Colour	Quantity	Unit price	Subtotal
N/M	DK627391	Women's 100% Cotton Shirt	WHITE	2,000.00	23.90	47,800.00
Total P/O				2,000.00		47,800.00

REMARKS:
The clothing production process sheet is attached

经理安排公司 Jackson 带小周共同跟进完成此项业务订单。Jackson 告诉小周，想要做好此项业务的跟单，可以先从读懂读透客户发来的这一份外贸订单入手。

🕐【任务分析】

步骤 1：小周需要梳理外贸订单的基本结构，明确订单所包含的内容信息。

步骤 2：对外贸订单内容进行翻译，在订单空白处完成中文含义的标注。

步骤 3：对外贸采购订单中的条款和内容进行解读，完成表 7 - 1。

表 7 - 1　外贸订单解读记录

订单结构	订单结构包含内容	订单内容解读
约首		
正文		
约尾		

📕【知识储备】

在国际贸易实践中，外贸订单通常被称为 Order，它和合同是外贸交易中两个不同的概念。订单是客户向供应商提出的购买要求，其中包括产品、数量、价值和付款方式等信息。订单通常是在商业谈判和协商之后达成的。而合同（Contract）则是一份正式的协议文件，其中规定了双方达成的商业条款和条件，并由双方签字确认。

在具体内容方面，外贸合同由卖方草拟，基本结构通常包括约首、正文和约尾三部分。合同约首一般包括合同的名称、合同编码、签订时间和地点、签约双方名称和地址、联系方式等内容。正文是外贸合同的主体内容，其中会具体列明各项交易条件。约尾是体现合同法律效力的部分，一般包括签订日期、地点和双方当事人签字等方面的内容。

而外贸订单由买方草拟，其基本结构通常也包括约首、正文和约尾三部分。具体内容包括：买方和卖方的信息、订单号、订单确认时间、价格条款、产品信息、交货日期和地点、产品质量要求、出货要求、付款条件，等等。这些信息通常会被列在一个表格或模板中，以便管理和跟踪订单的状态和进度。跟单员主要根据外贸订单进行跟单。

📚 前沿视角

我国外贸"开门红"，平稳有序发展

当前欧美市场出现回暖迹象，来自东南亚、俄罗斯（"一带一路"国家）的订单不断增加，我国外贸新业态蓬勃发展，预期外贸平稳向好势头有望延续。

2023 年第一季度，我国外贸进出口总额同比增长 4.8%。海关总署的数据显示，一季度我国货物贸易进出口总值 9.89 万亿元，同比增长 4.8%。其中，出口 5.65 万亿元，同比增长 8.4%；进口 4.24 万亿元，同比增长 0.2%。

具体到实际外贸出口业务，不少企业出口订单已处于"爆单"状态。如浙江义乌的多数外贸企业在手订单已经排到 6 月以后生产，新订单还在不断增加，需要更多的专业人员对订单进行跟进，完成货物交付。

7.1.1　约首

外贸订单约首部分通常是买卖双方的公司信息和订单信息，一般包括订单名称、订单编码、订单状态、订单日期、订单双方名称和地址、联系方式等内容。外贸跟单员主要通过此处来确认订单和客户的具体信息及联系方式。

7.1.2　正文

正文部分是外贸订单中有关价格条款、付款方式和交货日期及地点的信息，跟单员在跟单前期主要是通过此处来确认订单商品的运输地点信息和交货时间信息，以方便安排货物生产和运输。在跟单后期，也就是交货完成后，跟单员主要通过此处的付款方式来进行跟单收回货款。

除此之外，订单正文部分还包括整个订单最重要的核心内容——外贸订单中有关产品的所有信息，主要包括产品的名称、型号、材质、规格、品质标准、工艺要求、颜色、尺码、数量、包装、单价和总价等内容。外贸跟单员主要根据此处的订单信息跟进产品的样品打样和大货生产等工作。

工作小技巧

有的产品的细节描述和规格要求较多，进口商还会在外贸订单中放上更详细的产品信息（见图 7-1），包括服装产品的制造工艺要求、备注要求和产品示意图等。跟单员可从此处了解客户对产品的具体要求，跟进产品的打样和生产。

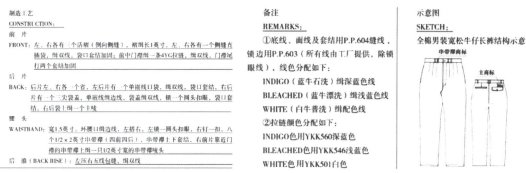

图 7-1　产品详细信息

7.1.3　约尾

约尾部分是体现订单法律效力的部分，一般买方当事人会在此处签字盖章，如果有备注内容，也会在订单约尾部分进行体现。

【任务实施】

明确区分外贸订单基本结构，对外贸订单内容进行翻译和解读，将任务实施情况、总结评价及改进提升结果做好相应记录，并填写表 7-2。

表 7 - 2　任务实施记录

执行情况	步骤 1	
	步骤 2	
	步骤 3	
总结评价	优点	
	不足	
改进提升	改进 1	
	改进 2	
	改进 3	

【任务评价】

根据任务完成情况由教师、学生共同进行任务评价，如表 7 - 3 所示。

表 7 - 3　任务评价

考核项目		教师评分	学生评分	总评分	评语
任务执行质量	区分订单结构的正确性				
	订单内容翻译的正确性				
	订单解读结果的正确性				
任务执行态度					
任务执行效率					

拓展阅读：外贸企业成功接到服装外贸订单的要素

任务 7.2　审核外贸订单

【任务描述】

小周阅读完客户发来的外贸订单后，就信心满满地打算着手进行外贸订单的业务跟进工作，但是师傅 Jackson 告诉小周，在正式开始跟单业务工作之前，跟单员还需要根据实际情况对外贸订单进行审核，判断订单是否存在可操作性、可执行性等，要能够准确把握客户的要求，明白外贸订单中的价格、产品要求、交货方式等。

⏰【任务分析】

小周需要梳理订单需审核的内容及审核标准，然后对外贸订单进行审核，得出审核结果。

步骤 1：首先明确所需审核的订单内容及审核标准，填写表 7-4。

表 7-4　订单审核梳理

审核条款	审核内容	审核标准
品名条款		
品质条款		
数量条款		
交期条款		
包装条款		
运输条款		
支付条款		

步骤 2：逐条对外贸订单中的条款和内容进行认真审核，得出审核结果，填写表 7-5。

表 7-5　订单审核记录

审核条款	审核记录	审核结果
品名条款		
品质条款		
数量条款		
交期条款		
包装条款		
运输条款		
支付条款		

【知识储备】

7.2.1　品名及品质工艺制作条款的审核

1. 品名条款的审核

商品的品名就是商品的名称，是对商品的描述，包括成交商品的标准名称和对商品构成的说明和描述。在进行商品品名条款审查时，要注意以下几方面：

（1）品名是否明确具体。

在审核品名条款时，要注意内容是否明确、具体，要避免空泛而笼统的商品品名，比如避免出现水果、服装等这种大品类没有具体品名的描述。

（2）品名是否达成共识。

在审核商品品名时要注意审核商品品名是否使用了国际上通用的品名，比如是否与H. S. 规定的品名相适应。如果订单中商品品名使用了地方性的品名，还要注意确认交易双方是否已经提前对其含义达成了共识。

（3）品名选用是否合适。

审核品名条款时还要注意，一些仓库和班轮运输是按照商品等级确定收费标准的，审核时要注意商品是否选用了合适的品名，以便减低关税、方便进出口和节省运费开支。

2. 品质条款的审核

商品的品质条款是商品内在素质和外观形态的综合表现，主要包括商品的品名、规格、等级、标准、商标或牌名等各项内容，如果是凭样品买卖，则要列明商品的编号或寄送日期。在进行商品品质条款审查时，要注意以下几方面：

（1）品质条款是否规范明确。

在审核时要注意品质条款表述是否规范明确，如是否明确了产品所需要达到的具体产品标准，避免使用"大约""左右""合理误差"等笼统字眼。

并且在审核品质条款时要特别重视货物质量的表示方法及质量要求是否超过了本企业的质量控制水平。采用何种表示品质的方法，应该视商品的特性而定。有些标准化的商品，其品质可以用规格、等级或标准来表示，比如大米就是一种标准化商品，可以用"GB/T 19266 一级大米"来表示商品的品质条款。

但有些难以规格化或标准化的商品，就应该凭样品来表示商品品质，如"布艺工艺品"就难以用一个固定的规格或标准来表示其品质，应该凭样品来表示商品的品质条款。其他可用具体规格标准来表示品质要求的产品，则必须明确清晰地标明具体规格，如针织类服装产品，必须标明材质和每平方米的克重要求，如 100% Cotton，$250g/m^2$ 的表述。

🌸 知识小窍门

商品品质的表示方法

（1）凭规格：规格是指用以反映货物质量的若干主要指标，如成分、含量、纯度、大小、长短、粗细等。

（2）凭等级：等级是指同一类货物，根据长期生产和贸易实践，按其品质差异、重量、成分、外观或效能等的不同，用文字、数码或符号所做的分类。"凭等级买卖"只需说明其级别，即可明确买卖货物的质量。

（3）凭标准：标准可分为国家标准、行业标准、地方标准和企业标准四种。

（4）凭牌号或商标：在国际市场上信誉良好、品质稳定，并为买方所熟悉的货物，可凭牌号或商标对外销售。牌号和商标是区分和识别货物质量的标志。所以，在凭牌号或商标的买卖中，即使在合同中不具体规定质量和规格，卖方在交货时仍必须按该牌号或商标所通常具有的质量交付货物，否则，不仅构成违约，而且会做坏"牌子"。

（5）凭产地名称：有些商品，特别是农副土特产品，例如，绍兴黄酒、金华火腿、龙口粉丝等，这些货物冠以产地名称，与工业品采用牌号和商标一样，同样可起到明确货物质量的作用。卖方凭产地名称销售某种农副土特产品，就必须交付具有为国内外消费者所周知的特定质量的产品；否则，买方可拒收货物并提出索赔。

（6）凭说明书和图样：有些商品，如机械、电器、仪表等，由于结构复杂、型号繁多、性能各异，难以用几项指标来表示其品质，也不能用简短的文字说明其使用方法。在销售这类商品时，就需凭说明书和图样（Descriptions and illustrations）来表示商品的质量。

（7）用样品表示：有些货物的质量难以用文字说明来表示，如部分工艺品、服装、土特产品、轻工产品等，则可用样品表示。这种做法又称"凭样买卖"或"凭样销售"（Sale by Sample）。凭样买卖有凭卖方样品买卖和凭买方样品买卖两种。

（2）品质条款是否科学合理。

审核订单中品质条款时还要注意商品品质条款必须符合实际情况，比如是否符合买卖双方的具体订单要求，生产供应企业的生产能力是否达到品质条款的要求，等等，条款中还应该有根据货物特性和实际需要规定的品质机动幅度和品质公差，比如羽绒服产品，条款中就应该根据实际需要，规定其含绒量为70%，允许上下浮动2%，避免因交货品质与订单要求稍有不符而造成违约。

工作小技巧

商品品质的实例参考表述

（1）Quality certificate by _____ at loading port to be taken as final.

以____在装运港出具的品质证书为最后依据。

（2）Maker's inspection in the factory to be final.

以制造者工厂检验为准。

（3）Quality inspected by independent public surveyor at the time of shipment to be final.

以独立公正行装运时的检验质量为准。

（4）Goods sold by sample shall be guaranteed by the seller to be fully equal to sample upon arrival at destination.

卖方凭样品售货，必须保证货到时的质量同样品完全一致。

（5）Fair average quality at the time and place of loading shall be assessed upon the basis of London Corn Trade Association's official's F. A. Q. Standard.

装运地装货时的平均中等品质，以伦敦谷物贸易协会官方平均中等品质为准。

（6）Quality to be strictly as per sample submitted by the seller on… （date）.

质量完全以卖方……日提供的样品为准。

（7）The seller shall guarantee all shipments to conform to samples submitted with regard to quality.

卖方必须保证交货质量同其他所提供的样品一样。

7.2.2　数量及交期条款的审核

1. 数量条款的审核

商品数量条款主要包括成交商品的具体数量和计量单位，在审核时应注意：

（1）审核数量条款的商品数量。

在审核商品数量条款时，应注意订单中所规定的商品数量是多少，规定的成交数量是否明确，要求的商品数量是否可以及时筹集到。

📖 **学思践悟**

商品数量条款引起的纠纷及损失

2021年年初，浙江某外贸出口公司与英国某进口公司成交果酱1 500T（CFR伦敦GBP348/T），总金额52.2万英镑，交货期为当年5—9月，由于当时我方缺货，只交了450T，剩余1 050T经协商延长至下一年度交货。次年，赶上主产区受灾影响产量，市场价格暴涨，这时如仍按订单的价格成交，出口方会有不小的损失，于是浙江某外贸出口公司提出免除交货责任或提高成交价格，但对方拒绝，并称因出口方未按时交货已使其损失15万英镑，要求出口方继续供货并赔偿损失。后经调解，出口方浙江某外贸出口公司赔偿对方4万多英镑终止订单关系。

作为出口方的浙江某外贸出口公司对于履行期较长的订单，不了解国内货源供给情况，对自己的供货能力缺乏清醒的认识，对国际市场价格动态也没有正确判断，盲目接单，导致在订单的履行期内，因为货源紧张和供货能力不足，不能按订单约定的数量交货或根本无法交货，不仅使客户对其失去信任，还要承担违约责任。

（2）审核数量条款的计量单位。

在明确商品的规定数量外，在此基础上还应当明确和审核商品的计量单位，比如要注意审核订单中使用的是英美制计量单位还是公制计量单位，外贸客户通常用英美制计量单位的比较多，如英尺、英寸等；国内则常使用公制计量单位，如米、厘米、千克等。要能够对这两种不同的计量单位进行换算，以明确和统一商品的数量条款。

📖 **学思践悟**

商品数量条款计量单位引起的纠纷及损失

2022年1月，中国某进出口公司与国外客户洽商订立了一份大米出口订单，订单规定：大米10 000吨，FOB中国口岸USD275/吨，出口方认为双方都明白数量单位的含义，吨就是指公吨，但外商在开来的信用证中却明确指出数量条款中的吨是指长吨。订单数量条款中的吨如按长吨理解，1长吨合1.016公吨，按该订单数量约定，卖方应多交付大米160.5吨，相当于多承担44 137.5美元，于是出口方中国某进出口公司提出修改信用证，而国外进口方拒绝改证，双方发生贸易摩擦。

吨和长吨是不同的两种度量衡，因为数量条款中数量单位的一字之差，同一计量单位表示的数量相差甚大，由于出口方在签订订单时对度量衡的疏忽，被进口商钻了空子，给履约带来了不必要的麻烦，还要承担违约风险。

（3）审核数量条款的计量方法。

订单中在规定商品数量时，有时是规定商品的重量是多少，如果是按重量计算的商品，还应明确用的是哪种计量方法，比如 100 千克的商品，是按毛重（G. W. ）还是净重（N. W. ）来进行计重等等。

学思践悟

商品数量条款计量方法引起的纠纷及损失

黑龙江某贸易出口公司与俄罗斯进口公司按每公吨 500 美元的价格于大连成交某农产品 100 公吨，货物装运出口后俄方来电称：该公司所交货物扣除皮重后实际到货不足 100 公吨，要求按净重计算价格，退回因短量多收的货款，出口公司则以合同未规定按净重计价为由拒绝退款，双方产生纠纷。

对农产品等价值较低的货物出口时，按惯常做法通常是以毛作净。但依照《联合国国际货物销售合同公约》（以下简称《公约》）第 56 条的规定，"如果价格是按货物重量规定的，如有疑问，应按净重确定。"可见，以毛作净，没有明确落实到合同文字上，才会发生争议。因此，按《公约》规定：出口方黑龙江某贸易出口公司应退回短量而多收的货款。

（4）审核数量条款是否规定了溢短装条款和"约"量条款。

有时受商品特性或运输等因素的影响，很难准确地按约定数量交货，所以订单中尽量争取签订一定比例的溢短装条款，如果订单中使用了"约"多少的数量，要审核是否已事先对大约的幅度进行了约定，以免引起纠纷。

2. 交期条款的审核

商品的交期条款包括商品交货的时间和地点等，在审核交期条款时要注意：

（1）交货期限是否明确。

交货期限在外贸订单中不能笼统含糊，如表达为"During the middle of Jan"或"Before the end of Jan"，而是必须明确清晰，明确到具体的某月某日，如最好表达为"Shipment not later than Jan. 5th"，规定商品应不迟于 1 月 5 日交货，同时也表明涵盖 1 月 5 日。

（2）交货期限是否合理。

在审核交期条款时，还需注意审核交货期限是否合理，公司是否能在交期之前及时生产并筹备到货物，并将货品按时装船送达约定口岸。

在这一过程中要充分考虑各船期的匹配、商品的报关报检以及上船装船的时间问题，最终才能明确将货物不迟于交货期限前装船，完成交货。

7.2.3　包装及运输等条款的审核

1. 包装条款的审核

商品的包装条款主要包括包装材料、包装方式和包装费用等内容。在审核包装条款时，要注意以下几方面：

（1）注意客户对商品的包装要求。

审核包装条款时要注意我方的包装方式和包装材料是否能达到客户对包装的要求，包装费用是否超出预算成本等。比如所在公司经营的衬衣产品常用的包装方式是将衬衣折叠后放入密封塑料袋中，那么就要根据订单中的包装条款来审核这一常用包装方式是否符合客户的包装要求，如果客户有额外包装要求，就要注意客户提供的资料是否齐全，是否有约定超出成本预算的包装费用由谁来承担等问题。

（2）注意进口国对商品包装的规定和要求。

不同国家在进口外贸商品时对商品包装的要求并不完全相同，有的国家对商品包装要求比较严格，比如禁止采用非环保的包装材料等。在审核包装条款时要注意符合进口国对包装的规定和要求，以及符合进口国的风俗习惯。

（3）注意明确包装唛头的制定。

一般包装唛头都是由卖方来印刷和决定，但如果客户有要求特定唛头，则应当注意审核订单中有无列明具体的包装唛头。

工作小技巧

订单条款约定不清楚应如何处理？

在实践中，由于交易事项不确定、当事人的疏忽等，常常会出现合同或订单条款约定不明的情况，这严重影响了业务订单的履行，并且很容易引发纠纷。那么对合同或订单条款约定不清楚应如何处理呢？

（1）在外贸订单履行前或履行过程中，如果发现所签的外贸订单条款不清，或外贸订单的内容存在漏洞时，应及时与对方当事人取得联系。本着平等协商的原则，对外贸订单所欠缺的内容予以协商、弥补。对双方约定不清的内容进一步地澄清、完善，力求通过协商的方式统一双方的意见，最终达成解决问题的协议。实践证明，这是一种积极有效的解决该类问题的补救方式。

（2）如果双方不能就外贸订单约定不明的问题达成补充协议，当事人应及时向法院提起诉讼，要求依法对外贸订单约定不明的内容予以解释、认定。并应积极寻找一些解释外贸订单的证据，如双方以往的交易习惯、本行业、本领域的通用做法和规则等，为外贸订单的解释、补充工作做好必要的准备。

（3）在不能按照外贸订单的有关条款或交易习惯对外贸订单的内容予以确定的情况下，应注意及时了解相关的法律规定，明确具体的法律内容，并注意依据法律确定的外贸订单履行依据、责任承担方式等，及时履行自己的义务，避免违约的发生或违约范围的进一步扩大。

2. 运输条款的审核

货物的运输条款主要包括运输方式、装运时间、装运地点等内容。在审核装运条款时，应注意以下几方面。

（1）运输方式是否合理。

国际贸易中主要使用的运输方式有海洋运输、航空运输、铁路运输等。如果是量少又较急且货值比较高的货物，可以采用空运；如果是货量比较多，而且货值比较普通，要货也不是特别紧迫的货物，一般可以采用海运；如果出货到中亚或欧洲国家，可以采用铁路运输。

在对运输方式进行审核时要注意其运输时间和运输费用的合理性、经济性，比如必须明确产生的费用由哪方承担，若由我方承担则要计算好有无超出核算的运输成本，若没有超预算则可接受，若超过预算则必须协商调整运输方式等。

（2）运输地点是否合理。

审核运输条款时要注意装运港和目的港是否合理，一般在规定运输地点时，都会选择交通方便、费用低、装卸效率高的港口作为装运港或目的港。还应审核运输地点的装运港和目的港有无重名等，如果有重名问题，一定要及时联系客户进行确认，并在订单中注明港口所在的地区或国家。

（3）是否允许分批装运和转运。

在有些外贸订单中，对货物运输是否可以分批、转运也做了明确规定，必须要注意审核这些内容。如果是量少的货物基本上不需要分批，如果货量比较大，就要涉及分批交货，这时要注意审核运输条款中的规定，看货物是否可以分批，如果可以分批，要审核条款中是否对交货的批次及每批数量有所约定和限制。

转运条款关系到出口方租船订舱的操作，比如在租船时是选择直航船还是转航船等。货物运输中是否转运要根据订单要求来执行，如果不允许转运则只能选择直达方式来进行出口运输。

3. 其他条款的审核

（1）保险条款的审核。

订单中的保险条款因不同的贸易术语而异。在审查保险条款时，要注意明确保险险别和明确保险金额。审核买卖双方约定的险别是平安险、水渍险、一切险中的一种，还是在此基础上加保了附加险，以按照约定的险别进行投保。如果是按 CIF 或 CIP 术语成交，买卖双方应该在订单中约定保险金额，如未约定，保险金额按 CIF 或 CIP 总值加成 10% 计算。

（2）支付条款的审核。

订单中的支付条款主要包含付款时间和付款方法。在审查支付条款时，要注意审核是否选用了合理的付款方式，综合考虑各方面的因素，包括企业内部对支付方式的规定、交易商品的竞争情况、交易对方的信用情况、贸易术语的选用情况等，确保选用的付款方式科学合理。依据不同的付款方式，订单中的支付条款内容和注意事项各异。在审查时一定要注意定金和余款是如何支付的，有无附加条款等，保证安全收汇。

【任务实施】

认真审核外贸订单内容条款，将任务实施情况、总结评价及改进提升结果做好相应记录，并填写表 7-6。

表 7-6　任务实施记录

执行情况	步骤 1	
	步骤 2	
总结评价	优点	
	不足	
改进提升	改进 1	
	改进 2	
	改进 3	

【任务评价】

根据任务完成情况由教师、学生共同进行任务评价，如表7-7所示。

表7-7　任务评价

考核项目		教师评分	学生评分	总评分	评语
任务执行质量	品名条款审核情况				
	品质条款审核情况				
	数量条款审核情况				
	交期条款审核情况				
	包装条款审核情况				
	运输条款审核情况				
	支付条款审核情况				
任务执行态度					
任务执行效率					

任务7.3　了解衬衫的基本商品知识

【任务描述】

小周完成了对外贸订单的审核后，Jackson告诉小周，外贸业务主要就是进行"商品货物"的进出口交易，小周还需要熟悉自己所跟单的产品，了解所跟单产品的原材料特点、来源及成分，知道产品的规格、质量和包装等方面的相关产品知识，以便和客户及生产人员进行沟通。

【任务分析】

由于小周所跟进业务订单的外贸商品为衬衫，所以他还需要学习和了解衬衫的基本知识。

步骤1：通过查询网络或书本，学习了解衬衫材质、规格、品质等方面的表述和要求。

步骤2：通过查询网络或书本，了解衬衫制作的基本工艺及要求。

步骤3：通过查询网络或书本，明确衬衫商品的基本包装要求。

【知识储备】

7.3.1　衬衫材质、规格、品质等的表述和要求

1. 衬衫的面料材质

一般衬衫常用到的面料有：100%纯棉面料、精梳棉、100%化纤面料、混纺面料、桑

蚕丝面料和亚麻面料。

（1）100%纯棉面料。

纯棉面料亲肤、透气、吸湿抗热性比较好，穿着舒适，但是容易产生褶皱，多次洗涤后容易变形，日常需要打理。一般高品质的正装衬衫或商务衬衫常使用纯棉面料。

（2）精梳棉。

精梳棉也是棉类面料的一种，它是在纯棉的基础上进行了改进和提高，易洗快干，手感柔软，吸湿性和透气性好，同时抗皱性也比纯棉面料高，是一种比较高端的面料，适用于生产高档衬衫。

（3）100%化纤面料。

100%化纤面料是利用高分子化合物为原料制作而成的纤维的纺织品，其特点是色彩鲜艳、质地柔软、悬垂挺括、顺滑舒适，其缺点是耐磨性、耐热性、吸湿性、透气性较差，遇热容易变形，容易产生静电。虽然可以用来做各种服装，但是整体档次不高，很难穿出优雅感。就衬衫而言，100%化纤面料意味着廉价，常用于制作特殊用途的衬衫，如需要光泽的表演服装、需要弹性的舞蹈服装、需要防水的户外服装等。

（4）混纺面料。

混纺面料主要是棉和化纤混合纺织而成的，棉的成分比例越高其价格越贵。这种面料既吸收了棉和化纤各自的优点，又尽可能地避免了各自的缺点，不易变形，不易染色或变色，普通衬衫大多采用这种面料。

（5）桑蚕丝面料。

桑蚕丝是一种天然的动物蛋白纤维，质地柔软。用桑蚕丝制作的衬衫，质地柔软光滑，穿着不闷热，冬暖夏凉。而且桑蚕丝的化学成分有十八种氨基酸，与人体皮肤的组成几乎完全相同，有人造皮肤之称，所以桑蚕丝制作的真丝衬衫舒适性更高、穿起来更舒适。

（6）普通亚麻面料。

普通亚麻面料是天然纤维，这种材质韧性十足，但毫无弹性，相对纯棉来说更容易发皱，强力之下容易变形，手感也不及纯棉滑爽舒适。不过其在防静电和抗菌方面的优势是其他布料所不具备的，同时具有轻薄和凉爽的特点，适合用于制作夏季衬衫。

这些常见面料，一般都是梭织面料，其规格可以用经纬的纱支和密度来表示，比如"80×100/108×120"。80×100表示此面料所用的经、纬纱线的粗细，即为80支的经纱，100支的纬纱，纱的支数越大表示纱线越细。108×120是此面料的经纬密度，即经向的密度为108根经纱/英寸，纬向的密度为120根纬纱/英寸，密度越大，织物越紧。

2. 衬衫的规格表述

成品衬衫常见的规格有三种型号标法，如表7-8所示。一是用码数表述，如38码、40码、42码等。二是用规格型号，即身高/胸围净尺寸的形式，如160/80A、165/85A、170/85A。三是使用普通的尺码，如S（小码）、M（中码）、L（大码）、XL（加大）等。

表7-8　成品衬衫规格型号对照

衬衫尺码	37	38	39	40	41	42	43
国际型号	160/80A	165/84A	170/88A	175/92A	180/96A	180/100A	185/104A
肩宽/cm	42~43	44~45	46~47	47~48	49~50	51~52	53~54

续表

衬衫尺码	37	38	39	40	41	42	43
国际型号	160/80A	165/84A	170/88A	175/92A	180/96A	180/100A	185/104A
胸围/cm	98～101	102～105	106～109	110～113	114～117	118～121	122～125
衣长/cm	72	74	76	78	80	82	83
身高/cm	160	165	170	175	180	185	190
上衣尺码	XS	S	M	L	XL	XXL	XXXL

在国际贸易中，衬衫的型号通常是以"号"和"型"来表明。"号"是指服装的长短，"型"是指服装的肥瘦。如38码男衬衫，就是165/84A型号，斜线前后的数字表示人体高度和人的胸围或者腰围，斜线后面的字母表示人的体形特征。

中国衬衫服装的规格以GB/T 2667—2017《衬衫规格》为标准，使用S、M、L的衬衫尺码，这个标准适用于以纺织机织物为主要面料成批生产的成人衬衫。在国家标准中，男装衬衫M号对应的型号就是39码，170/88A；L号对应40码，175/92A；XL号对应41码，180/96A。为了使衬衫规格更加具体，有时客户还会提供量体表用来明确衬衫的具体规格。

职业指导

明确衬衫商品的缝制标准

1. 成品规格测量方法及公差范围（见表7-9）

表7-9　成品规格测量方法及公差范围

序号	部位名称	测量方法	公差/厘米	备注
1	领大	领子摊平横量，立领量上口，其他领量下口	±0.6	
2	衣长	男衬衫：前、后身底边拉齐，由领侧最高点垂直量至底边 女衬衫：由前身肩缝最高点，垂直量至底边	±1	
3	长袖长	由袖子最高点量至袖头边	±0.8	
4	短袖长	由袖子最高点量至袖口边	±0.6	
5	胸围	扣好纽扣，前、后身放平（后褶皱拉开）在袖底缝处横量（周围计算）	±2	4 cm分档
			±1.5	3 cm分档
6	肩宽	男衬衫：由肩袖缝边1/2处，解开纽扣放平量 女衬衫：由肩袖缝交叉处，解开纽扣放平量	±0.8	

2. 辅料规定

衬布缩水率和缝纫、锁眼线的性能、色泽应与面料相适应。

3. 技术要求

（1）对条、对格规定。

①19tex×2（29英支/2）纱以上面料有明显条、格在1cm以上者，规定如表7-10所示。

表7-10　对条、对格规定

序号	部位名称	对条、对格规定	备注
1	左右前身	条料顺直，格料对横，互差不大于0.4厘米	遇格子大小不一致，以后身1/3上部为主
2	袋与前身	条料对条，格料对格，互差不大于0.3厘米	遇格子大小不一致，以袋前部的中心为准
3	斜料双袋	左右对称，互差不大于0.5厘米	以明显条为主（阴阳条例外）
4	左右领尖	条、格对称，互差不大于0.3厘米	遇有阴阳条、格，以明显条、格为主
5	袖头	左右袖头，条、格料以直条对称，互差不大于0.3厘米	以明显条、格为主
6	后过肩	条料顺直，两端对比，互差不大于0.4厘米	
7	长袖	格料袖，以袖山为准，两袖对称，互差不大于1厘米	5 cm以下格料不对横
8	短袖	格料袖，以袖口为准，两袖对称，互差不大于0.5厘米	3 cm以下格料不对横

②倒顺绒原料，全身顺向一致。

③特殊图案原料，以主图案为主，全身向上一致。

④色织格料纬斜不大于3%，前身底边不倒翘。

（2）表面部位拼接范围。

袖子允许拼接，但不大于袖围的1/4。

（3）色差规定。

①领面、过肩、口袋、袖头面料与大身高于4级。

②其他部位4级。

（4）外观疵点。

规定：每个独立部位，只允许一处疵点，具体如表7-11所示。

表7-11　外观疵点规定

序号	疵点名称	各部位允许存在程度					样卡序号
		0部位	1部位	2部位	3部位	4部位	
1	粗于1倍粗纱（2根）	0	长3厘米以下	长不限	长不限	长不限	5
2	粗于2倍粗纱（3根）	0	长1.5厘米以下	长4厘米以下	长6厘米以下	长不限	6

续表

序号	疵点名称	各部位允许存在程度					样卡序号
		0 部位	1 部位	2 部位	3 部位	4 部位	
3	粗于 3 倍粗纱（4 根）	0	0	长 2.5 厘米以下	长 4 厘米以下	长 8 厘米以下	7
4	双经双纬	0	0	长不限	长不限	长不限	8
5	小跳花	0	2 个	4 个	6 个	10 个	9
6	经缩	0	0	长 4 厘米宽 1 厘米以下	长 6 厘米宽 1.5 厘米以下	长 10 厘米宽 2 厘米以下	10
7	纬密不匀	0	0	不限	不限	不限	11
8	颗粒状粗纱	0	0	0	0.2 厘米以下	0.2 厘米以下	12
9	经缩波纹	0	0	0	长 4 厘米宽 2 厘米以下	长 6 厘米宽 2 厘米以下	13
10	断经、断纬（1 根）	0	0	0	长 1.5 厘米以下	长 3 厘米以下	14
11	搔损	0	0	轻微	轻严重（不损纱）	轻严重（不损纱）	15
12	浅油纱	0	长 1.5 厘米以下	长 2.5 厘米以下	长 3.5 厘米以下	长 5 厘米以下	16
13	色档	0	0	轻微	轻微	轻微	17
14	轻微色斑	0	0	0.2 厘米^{2}以下	0.3 厘米^{2}以下	0.4 厘米^{2}以下	18

注：①未列入的疵点，参照此表执行。②浅油纱 1 部位浅色面料不允许，其他色泽在 60 厘米距离内目测明显者不允许。③色斑的允许程度不低于 5 级褪色卡 3～4 级。④29 英支纱以下面料疵点长宽程度按此表扩大 50%。

（5）缝制规定。

①针距密度规定如表 7 - 12 所示。

表 7 - 12　针距密度规定

序号	项目	针距密度（针）	备注
1	明线	14～18/3 厘米	包括无明线的暗线 包括三线包缝
2	四线五线包缝	12～14/3 厘米	
3	锁眼	11～15/1 厘米	
4	钉扣	每眼不低于 6 根线	

②各部位线路顺直、整齐、牢固，松紧适宜。摆缝、袖底缝松紧，不低于外观缝制样卡序号 12。底边、袖口边缝松紧，不低于外观缝制样卡序号 14。口袋缝松紧，不低于外观缝制样卡序号 10。

③领子平服，止口整齐，领面松紧适宜，不反翘，不起泡。

④商标位置端正，号型标志清晰。

⑤锁眼不偏斜，扣与眼位相对。

⑥对称部位基本一致。

（6）整烫外观。

①内外熨烫平服、整洁。

②领形左右基本一致，折叠端正、平挺。

③成品折叠尺寸：

男衬衫：长31.5厘米，宽20.5厘米。女衬衫：长29厘米，宽19厘米。

7.3.2 衬衫基本工艺及要求

衬衫常用的面料工艺有色织、提花、印花等。

1. 色织

色织是将纱线或长丝经过染色，然后使用色纱进行织造的工艺方法，色织物是由有颜色的纱线通过不同的组织结构织制而成的织物。因为是先染色，不经后道染色等工序，更加健康环保。除此之外，纱线的成本更高，品质更好，不会发生出色、掉色、沾色现象。衬衫当中，格子衬衫、条纹衬衫以及牛仔衬衫大部分都是使用色织工艺制作而成的。

2. 提花

提花是指面料上的图案在织造中，用异种纱线织出来的工艺，视觉效果为图案在面料正反面都可见。提花组织织物表面立体感较强，用提花织机完成，工艺难度大。一般高档的衬衫或者双面可穿的衬衫常会使用到提花工艺。

3. 印花

印花是在面料上印刷图案的工艺，通过一定的方式将染料或涂料印制到织物上形成花纹图案。织物的印花也称织物的局部染色。常用于时尚休闲衬衫的制作。印花的方法有直接印花、拔染印花、防染印花和涂料印花。

知识小窍门：
印花与染色的区别

（1）直接印花。

直接印花是一种直接在白色织物或在已预先染色的织物上印花，后者称作罩印。大量常见的印花方式是直接印花。如果织物底色为白色或大部分为白色，并且印花图案从背面看起来要比正面颜色浅，那么可以判定这是直接印花织物（注意：由于印花色浆渗透力很强，所以对轻薄织物无法按此方法判断）。如果织物底色正反面深浅相同（因为是匹染），并且印花图案比底色深得多，那么这就是罩印织物。

（2）拔染印花。

拔染印花通过两步进行，第一步，把织物匹染成单色，第二步，把图案印在织物上。第二步中的印花色浆含有能破坏底色染料的强漂剂，因此用这种方法能生产蓝底白圆点图案的花布，这种工艺叫拔白。当漂白剂与不会同它反应的染料混合在同一色浆中（还原染料属于这种类型）时，可进行色拔印花。因此，当一种合适的黄色染料（如还原染料）与有色的漂白剂混合在一起时，就可在蓝底织物上印出黄色圆点图案。因为拔染印花的底色是先采用匹染方式上染的,如果同底色是被印上去的满地印花比起来,底色的颜色要丰富且深得多。这是采用拔染印花的主要目的。拔染印花织物能通过滚筒印花和筛网印花印制,但不能通过热转移印花印制。因为与直接印花相比,拔染织物的生产成本很高,还必须十分小心和准确地控制使用所需的还原剂。使用这种方式印花的织物,销量更好,价格档次更高。有时候,在这个工序中使用的还原剂会引起印花花纹处织物受损或破坏。如果织物的正反两面底色的色泽一致(因为是匹染),而花纹处是白色的或是与底色不一样的颜色,就能确认是拔染印花织物。

(3)防染印花。

防染印花包括两阶段工序:第一阶段在白色织物上印上能阻止或防止染料渗透进织物的化学药剂或蜡状树脂;第二阶段是匹染织物。其目的是上染底色从而衬托出白色花纹。注意其结果与拔染印花织物的一样,然而达到这种结果的方法却与拔染印花相反。防染印花方法应用并不普遍,一般在底色不能拔染的情况下才会使用。比起大规模的生产基础,大多数防染印花是通过手工艺或手工印花(如蜡防印花)等方法实现的。因为拔染印花和防染印花会产生同样的印花效果,所以通过肉眼观察一般不能鉴别。

(4)涂料印花。

用涂料而不是用染料来生产印花布已经非常广泛,以至开始把它当作一种独立的印花方式。涂料印花是用涂料直接印花,该工艺通常叫作干法印花,以区别于湿法印花(或染料印花)。

通过比较同一块织物上印花部位和未印花部位的硬度差异,可以区别涂料印花和染料印花。涂料印花区域比未印花区域的手感稍硬一些,也许更厚一点。如果织物是用染料印花的,其印花部位和未印花部位就没有明显的硬度差异。深色涂料印花比起浅色或淡色,很可能手感更硬,更缺乏柔性。当检查一块存在涂料印花的织物时,应确保检查所有颜色,因为在同一块织物上,可能同时含有染料和涂料。白色涂料也有用于印花的,这个因素不应被忽视。

涂料印花是印花生产中价廉的印花方式,因为涂料的印制相对简单,所需的工艺少,通常不需要汽蒸和水洗。涂料有鲜艳、丰富的颜色,可用于所有的纺织纤维。它们的耐光牢度和耐干洗牢度良好,甚至称得上优秀,因此广泛用于装饰织物、窗帘织物以及需要干洗的服装面料。此外,涂料几乎不会在不同批次的织物上产生较大色差,而且在罩印时对底色的覆盖性也很好。随着不断的水洗或干洗,涂料印花会逐渐褪色,颜色越来越淡。这是由于在清洗过程中的不断转动和搅拌使树脂黏合剂逐渐脱落。一般经过20~30次清洗后,这种印花布就会出现明显褪色现象。由于在后整理过程中应用树脂和硅柔软剂对织物进行处理,因此色牢度得到改善。值得注意的是,深色比浅色或淡色更易褪色。涂料使织物印花部位手感发硬,浅色时这种情况不太明显,深色时却十分突出。涂料并不特别耐磨,尤其是深色。深色涂料应特别避免用在如家具装饰织物中。

采用何种方法印制花纹图案受很多因素的影响,如图案的要求、产品质量的要求、成本的高低等。因此,一张图案一经被选上就要考虑在保证质量的前提下用最简单的方法、最低的成本来进行印制。

7.3.3　衬衫基本包装要求

商品的包装,是实现商品使用价值、提高商品价值的一种重要手段。如果说合体的服装会使人的精神面貌焕然一新，那么包装就是服装的"服装"，它可使消费者产生极大的购买欲望，并提高服装的附加值。与一般的服装不同，衬衫常用的包装方法有折叠包装和立体包装等。

1. 折叠包装

折叠包装是基于特殊的样板设计，在包装时使用飞机纸板、蝴蝶卡、纸领条、胶领条、塑料卡等辅件，将衣身平整固定，使衬衫折叠成立体、美观的状态。在实际业务中，一般是采用自动叠衣机来完成衬衫的折叠包装。

工作小技巧

衬衫的折叠方法

衬衫的折叠方法如图 7-2 所示。

图 7-2　衬衫的折叠方法

2. 立体包装

随着人们对服装外形要求的提高，近年来立体包装发展很快。立体包装是避免服装经包装与运输后发生皱褶，保持良好外观，提高商品价值的包装方法，将衣服挂在衣架上，外罩塑料袋，再吊装在包装箱内。每箱可吊装西服约 20 件。由于在整个运输过程中不会发生折叠和压迫，因而可充分保证商品的外观质量。主要使用于高档衬衫、西装类服装的包装。

对任何一种服装产品进行包装设计，首先要对被包装物品的性质和流通环境进行充分了解，这样才能选择适当的包装材料和方法，设计出保护可靠、经济实用的包装结构。在确定包装的保护程度时，一定要考虑产品的具体要求。包装的保护强度往往和包装费用成正比例关系。过高的包装保护强度会增加包装费用；反之，则会使被装物易于损坏，同样会造成经济上的损失。

【任务实施】

通过书本或网络等多种途径，搜集了解衬衫产品的基本知识，以小组为单位进行讨论展示，将任务实施情况、展示分享、总结评价及改进提升结果做好相应记录，并填写表 7 – 13。

表 7 – 13　任务实施记录

执行情况	步骤 1	
	步骤 2	
	步骤 3	
展示分享		
总结评价	优点	
	不足	
改进提升	改进 1	
	改进 2	
	改进 3	

【任务评价】

根据任务完成情况由教师、学生共同进行任务评价，如表 7 – 14 所示。

表 7 – 14　任务评价

考核项目		教师评分	学生评分	总评分	评语
任务执行质量	对衬衫基本商品知识了解的完整性				
	对衬衫基本商品知识了解的正确性				
	对衬衫基本商品知识了解的全面性				
任务执行态度					
任务执行效率					

【思政园地】

严谨细致：践行认真、谨慎的工作态度

习近平总书记强调："全党同志一定要不忘初心、继续前进，永远保持谦虚、谨慎、不骄、不躁的作风，永远保持艰苦奋斗的作风，勇于变革、勇于创新，永不僵化、永不停滞，继续在这场历史性考试中经受考验，努力向历史、向人民交出新的更加优异的答卷！"

作为跟单员，认真、谨慎的工作态度意味着我们对待工作时要高度负责、细心周到。

跟单员在处理一个复杂的大订单时，应仔细研究客户的要求和规格，并与各个部门沟通协调。跟单员应对订单的每个细节都做好详细记录，并及时与客户进行沟通，确保没有遗漏或误解。这样才能确保订单顺利完成，并得到客户的高度评价。在工作中，跟单员小张展现了严谨细致的工作态度。他通过对订单要求的仔细研究和记录，以及与各个部门的沟通协调，保证了订单的准确性和顺利完成。他的认真负责和小心谨慎让他能够在复杂的情况下保持清晰的思维和高效的执行能力。

作为跟单员，我们要对每一个工作任务都持认真的态度。无论是处理订单、安排物流、协调供应商，还是与客户沟通，我们都要全力以赴，确保任务的顺利完成。我们需要仔细检查订单信息的准确性，确保没有遗漏或错误，并准确记录和传达相关信息。

作为跟单员，我们可能会面临各种复杂的情况和问题。拥有谨慎的工作态度意味着我们要细致地分析和评估问题，并采取合适的解决方案。我们需要仔细权衡各种影响因素，包括时间、成本、风险等，以确保我们的决策是可靠的和有利的。

严谨细致的工作态度对确保工作质量和客户满意度至关重要。它要求跟单员对工作任务有高度的责任心和认真的态度，同时在处理问题和决策时要保持谨慎的态度和细致的思考。这种工作态度不仅体现了跟单员对工作的尊重，也为跟单员个人的职业发展打下了坚实的基础。

知识与技能训练

【同步测试】

一、单项选择题

1. 外贸订单的基本结构不包括（　　　）。

A. 约首　　　　　　　B. 正文　　　　　　　C. 约中　　　　　　　D. 约尾

2. 订单中运输条款的内容不包括（　　　）。

A. 运输方式　　　　　B. 装运时间　　　　　C. 装运地点　　　　　D. 运输期限

3. 印花工艺常用于制作（　　　）。

A. 商务衬衫　　　　　B. 时尚衬衫　　　　　C. 双面衬衫　　　　　D. 特殊服装

4. 跟单员在进行价格条款审查时要注意（　　　）。

A. 明确计价货币　　　　　　　　　　B. 明确计量方法

C. 明确交货数量　　　　　　　　　　D. 明确支付方式

5. 在采用商品名称时，要注意符合（　　　）。

A. H. S. 编码　　　　B. Code 编码　　　　C. 目录编码　　　　D. C. S. 编码

二、多项选择题

1. 衬衫的基本工艺包括（　　　）。

A. 印花　　　　　　　B. 提花　　　　　　　C. 色织　　　　　　　D. 纺织

2. 订单中数量条款的内容包括（　　　）。

A. 商品数量　　　　　B. 计量单位　　　　　C. 计量方法　　　　　D. 约量条款

3. 订单中包装条款的内容包括（　　）。

A. 包装材料　　　　B. 包装方式　　　　C. 包装费用　　　　D. 包装上限

4. 跟单员在审核交期条款时要注意（　　）。

A. 交货期限是否明确　　　　　　　　B. 交货期限是否合理

C. 交货地点能否到达　　　　　　　　D. 交货期限是否延迟

5. 印花的方法包括（　　）。

A. 直接印花　　　　B. 拔染印花　　　　C. 防染印花　　　　D. 间接印花

三、判断题

1. 100% 化纤面料适用于生产高档衬衫。　　　　　　　　　　　　　　（　　）

2. 中国衬衫服装的规格以 GB/T 2667—2017《衬衫规格》为标准。　　（　　）

3. 订单中采用合适的品名条款可以减低关税、方便进出口和节省运费开支。（　　）

4. 目前衬衫的主要包装方法有折叠包装和立体包装两种。　　　　　　（　　）

5. 普通亚麻面料适合制作夏季衬衫。　　　　　　　　　　　　　　　（　　）

【综合实训】

1. 完成对编号 ZX7887563423 衬衫外贸产品订单的实际审核操作。

2. 完成表 7-5 所示的审核记录表，并解读审核记录。

学习单元 8

外贸生产供应企业的寻找选定

【项目介绍】

由于目前国内的外贸企业大部分不具备产品的生产能力和生产技术，没有自己的生产基地，所以外贸企业在拿到客户订单之后，一般都需要根据外贸订单来选择合适的加工工厂或外贸生产供应企业。

在本单元的学习过程中，外贸跟单员需要对生产供应企业的类型、性质及其内部组织职能有一个基本的了解，需要掌握多种寻找外贸生产供应企业的途径和方法，掌握验厂的流程及具体操作，以便能在跟单过程中选定合适的生产供应企业。

【学习目标】

知识目标：

- 掌握寻找供应商的基本途径
- 了解选择生产供应商的一般步骤和主要方法
- 掌握验厂的方式、类型和标准
- 掌握验厂操作的基本步骤

技能目标：

- 能够采用不同的渠道选择合适的供应商
- 能够解读企业的基本信息，综合评定并确定供应商
- 能够协助开展验厂操作，解读验厂报告
- 初步具备选定合格供应商（生产商）的能力

素养目标：

- 在供应商选择过程中培养遵循准则、灵活把控的意识
- 在选厂验厂操作中树立国际标准意识

【思维导图】

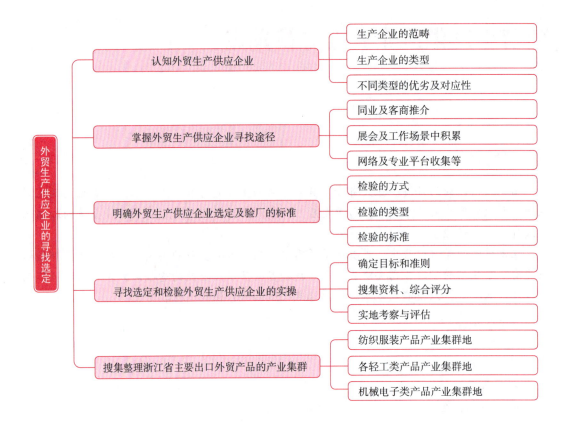

任务 8.1　认知外贸生产供应企业

【任务描述】

小周完成了对外贸订单的审核之后，在师傅 Jackson 的带领下，正式开始了他对编号 ZX7887563423 外贸产品订单的业务跟单之旅。由于浙江卓信实业有限公司没有自己的服装生产工厂，师傅 Jackson 告诉小周，他们现在需要寻找合适的外贸生产供应企业，以完成对订单衬衫产品的生产。

【任务分析】

小周初入社会，对外贸生产供应企业还不甚了解，他需要通过网络、书本或其他途径，搜集了解外贸生产供应企业的相关信息，以便对外贸生产供应企业有一个更好的认知。

步骤 1：通过查询网络或书本，明确生产企业的范畴及含义，了解生产企业的特点。

步骤 2：明确生产企业的内部组织结构，制作生产企业内部组织结构图。

步骤 3：通过查询网络或书本，明确生产企业的不同类型及其优劣性，并完成表 8-1。

表 8-1 生产企业不同类型对比

划分标准	企业类型	具体含义	不同优劣性对比

【知识储备】

8.1.1 生产企业的范畴

1. 生产企业的内涵

生产企业的定义是指应用现代科学技术，自主地从事商品生产、经营活动，实行独立核算，具有法人地位的经济实体。从狭义上来讲，有实物产品产出的企业就是生产企业，基于此，生产企业也被称为制造企业，他们为满足社会需要并获得盈利，从而从事工业性生产经营活动或工业性劳务活动。而从广义上来讲，一切社会组织将它的输入转化为输出的过程就是生产，也就是说只要有这个过程的企业就是生产型企业。

具体到外贸生产企业，是指从事对外贸易的生产企业，通过生产各种产品，与海外客户进行贸易往来。这些企业具有一定的生产、技术和外贸经验，能够满足海外客户的需求，并能满足制定的外贸规范和标准。

通常来讲，外贸生产企业必须具备一定的生产资金、生产厂房、生产车间、生产设备、生产工人，以及生产技术部门、生产检验部门、生产管理部门等要素。它们要具有一定的产品设计能力、打样能力、采购能力以及组织生产能力及自负盈亏的经营担责能力。

2. 生产企业的特点

（1）生产型的企业需要使用生产工具利用物理或化学的方法对原材料进行加工。在这个过程中，需要操作人员具备一定的职业技能，需要借助一定的生产设备以及完善的生产工艺流程。

（2）生产型企业前期需要一定的固定资产投资，主要为厂房用地的租赁或购买、厂房的建设及生产设备的投入。

（3）生产的产品为实物产品。区别于服务业、科技业等虚拟产品，生产型企业通过对原材料进行加工获得实物产品，以实物产品的销售为主营业务。

（4）对资金的需求一般都是短期需求。因季节性或生产经营突发状况，导致流动资金周转不开，临时需要大量资金。

（5）生产过程一般不受自然条件或季节性变化的影响。

（6）产品的用途可以分为两大类，一是用于生产消费，二是用于生活消费。前者生产出的产品为下游企业的生产工具或原材料，后者生产的产品用于人们的最终消费。

（7）经营周期一般可分为购买原材料、生产产品和销售三个环节。

（8）生产型企业处于产业链中游，依存于上下游企业。

学思践悟

"1688" 生产供应企业展示

1. 宁波××服饰有限公司（针织服装厂）

厂房面积 3 000 平方米，员工 200～300 人，拥有智能吊挂系统 2 条，普通流水线 5 条，年产值 8 000 万元以上，月产量 20 万件以上，凭借精湛的工艺、严格的品质管理以及先进的生产设备，目前合作客户有太平鸟、海澜之家、DICKIES、LEE、VANS、爱法贝、斐乐、鳄鱼、迪迪鹿等国际国内知名品牌，工厂档案如图 8-1 所示。

基础信息	工厂档案	产品目录			
综合概览	生产实力	合作方式	车间设备	专利资质	企业诚信

工厂档案

【职位】总监【城市】浙江宁波【公司】宁波×××××有限公司 (宁波××服饰有限公司) 【定位】宁波针织服装厂，厂房面积 3 000 平方米，员工 200～300 人，拥有智能吊挂系统 2 条，普通流水线 5 条，年交易额 8 000 万元以上，月产量 20 万件以上，凭… 点击展开 〉

年交易额	8 000 万以上		厂房面积	3 000 平方米
员工总数	200—300 人		支持打样	是
加工设备	100 台		外贸资质	无
资质证书(1)	营业执照			

图 8-1 宁波××服饰有限公司工厂档案展示

2. 杭州××服饰有限公司

杭州××服饰有限公司自 2010 年组建以来，一直致力于从事外贸服装服饰业务，是一家集设计、研发、生产、加工、销售于一体的现代化服装企业，主要生产和销售中高端男女针织衫，羊毛、羊绒、混纺产品。产品远销欧美、中东、韩国等地，与 Dior、VERSACE JEANS、CAVALI、SANDRO、MAJE 等多个知名品牌开展贸易合作。每年开发新款上千款，自营的设计品牌同步欧美流行趋势。工厂档案如图 8-2 所示。

3. 生产企业的组织结构

外贸生产供应企业的组织结构，一般主要包括业务部门、采购部门、生产部门、质控部门、研发部门、设备保障部门、财务部门等。生产企业组织结构示例如图 8-3 所示。

基础信息　　**工厂档案**　　产品目录

综合概览　　生产实力　　合作方式　　车间设备　　企业诚信

工厂档案

██　　　服饰有限公司自2010年组建以来，一直致力于从事外贸服装服饰业务，是一家集设计、研发、生产、加工、销售于一体的现代化服装企业。主要生产和销售中高端男女针织衫、羊毛、羊绒、混纺产品。产品远销欧美、中东、韩国等地，与Dior、VERSACE JEANS、CAVALI、SANDRO、MAJE等多个知名品牌开展贸易合作。每年开发新款上千款，自营的设计品牌同步欧美流行趋势 收起 ＞

年交易额	2 000万元以上	公司面积	600平方米
员工总数	50~100人	支持打样	是
加工设备	20台	外贸资质	无

商标/品牌(1)　　**HOLLIE MOLLIE**

图 8 - 2　杭州××服饰有限公司工厂档案展示

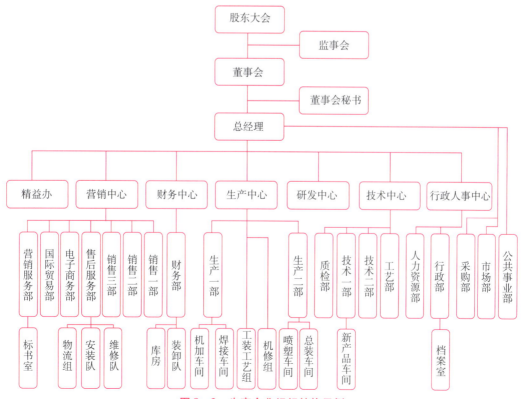

图 8 - 3　生产企业组织结构示例

生产部门是外贸供应企业的核心部门，主要负责产品的生产和制造，以及确保产品的质量和数量达到要求，是跟单员在进行工作时重点对接的部门，跟单员必须了解该部门各负责人及相应职责，这样才能在跟单过程中有针对性地找到相关负责人并进行工作对接。

（1）业务部门及经理：负责承接外贸订单业务，包括订单所有要求，如产品价格、质量、数量、交期等的审核确认。

（2）采供部门及经理：负责整个订单所涉及原辅料的采购和供应，包括所有原辅料的价格数量和到位时间等。

（3）生产部门经理：负责整个生产部门的管理工作，包括生产计划制订、生产流程优化、设备维护和产品质量控制等方面。

（4）生产部门主管：负责生产线的具体管理工作，包括生产进度跟踪、生产成本控制、人员调配和工作流程优化等方面。

（5）生产部门计划员：负责制订生产计划和生产进度安排，确保生产任务按时完成，同时协调采购和库存等部门的工作，保证原材料和物料的供应充足。

（6）生产部门调度员：负责生产线的调度和协调工作，确保生产线运转顺畅，生产任务按时完成，同时协调维修和保养工作，保证设备的正常运行。

（7）研发部门及工艺工程师：负责各时期各类型样品的制作和修改确认，制定订单生产中产品的工艺流程和生产工艺参数，协助生产部门提高生产效率和产品质量。

（8）质控部门及质量控制员：负责监督和检验产品的质量，制定质量标准和检验方法，协助生产部门改进生产工艺和提高产品质量。

（9）设备保障部门及设备维护员：负责生产设备的维护和保养工作，确保设备的正常运行和生产线的稳定性。

（10）生产部门生产工人：负责生产线上的具体操作工作，包括装配、加工、检验和包装等方面，确保产品质量和生产效率。

8.1.2　生产企业的类型

外贸生产企业在具体的业务实践中，其形式也是多样的，按照不同分类标准可将生产企业划分为不同类型。

1. 按照经济类型分类

外贸生产供应企业可以按经济类型进行分类，我国目前有国有经济、集体所有制经济、私营经济、联营经济、股份制经济、涉外经济等经济类型，相应地我国企业立法的模式也是按经济类型来安排，从而形成了按经济类型来确定企业法定类型的特殊情况。外贸生产企业按照经济类型也可以分为国有企业、集体所有制企业、私营企业、外商投资企业等。

（1）国有企业。

国有企业是指全部财产属于国家，由国家出资兴办的企业。国有企业的范围包括中央和地方各级国家机关、事业单位和社会团体使用国有资产投资所举办的企业，也包括实行企业化经营、国家不再核拨经费或核发部分经费的事业单位以及从事生产经营性活动的社会团体，还包括上述企业、事业单位、社会团体使用国有资产投资所举办的企业。

（2）集体所有制企业。

集体所有制企业是指一定范围内的劳动群众出资举办的企业。它包括城乡劳动者使用集体资本投资兴办的企业、个人通过集资自愿放弃所有权并依法经工商行政管理机关认定为集体所有制的企业。

（3）私营企业。

私营企业是指企业的资产属于私人所有，有法定数额以上的雇工的营利性经济组织。在我国，这类企业由公民个人出资兴办并由其所有和支配，而且其生产经营方式是以雇佣劳动为基础，雇工数额应在 8 人以上。这类企业原以经营第三产业为主，现已涉足第一、第二产业，向科技型、生产型、外向型方向发展。

（4）外商投资企业。

外商投资企业既包括中外合营者在中国境内经过中国政府批准成立的，中外合营者共同投资、共同经营、共享利润、共担风险的中外合资经营企业；也包括由外国企业、其他经济组织按照平等互利的原则，按我国法律以合作协议约定双方权利和义务，经中国有关机关批准而设立的中外合作经营企业；还包括依照中国法律在中国境内设立的，全部资本由外国企业、其他经济组织或个人单独投资、独立经营、自负盈亏的外资企业。

2. 按照贸易形式分类

按照贸易形式分类，有单纯从事加工的生产型企业，也有工贸一体的拥有所属工厂的工贸型企业。

纯加工的生产企业从事生产加工业务，生产产品主要出口到国外市场。工贸一体化集工业企业和商贸企业业务于一体，企业既生产产品对外销售，又从事贸易性质交易。工贸一体的生产企业可以出口别的工厂的产品，但是必须有出口权。相较纯加工的生产型企业，工贸一体的生产企业是工业企业和商业企业的结合，企业不仅生产对外销售的产品，还从事贸易往来。

3. 按照生产依据分类

生产企业按生产依据分类还可分为需求计划型企业、订单生产型企业和计划订单混合型企业。

（1）需求计划型：该类型生产企业根据销售数量、增长速度等市场情况进行销售预测，并以此决策来设定生产存量和进行计划生产。

（2）订单生产型：接到客户订单后，才会安排货物生产的生产企业。

（3）计划订单混合型：以需求计划和订单生产型相结合为依据的生产企业。

8.1.3 不同类型的优劣及对应性

一般情况下，不同的经济类型反映了企业所有制形式和经营模式等方面的不同。国有企业通常具有较强的实力和资金支持，但由于经济体制和运行方式的惯性思维，可能在响应市场变化方面有所欠缺，并且国有企业一般相对生产成本较高，从而使产品的价格水平较高；集体所有制企业通常比较注重员工权益和稳定性，但可能在管理和市场发展方面存在不足；私营企业虽然灵活度较高，但可能存在管理水平和技术创新方面的欠缺等。

跟单员在选择外贸生产供应企业时要注意该企业的经济类型，以便更好地了解企业的实力和状况，充分考虑企业的经营模式和特点，在寻选生产企业时做出最合适的选择。

除此之外，在选择生产企业时，跟单员还应根据所需产品的特性和客户要求来考虑选择纯生产企业还是选择工贸一体的生产企业。如果客户对产品的质量要求非常高，生产企业需要具有高度的生产和技术能力，那选择纯生产企业更为合适；如果客户需要同时满足产品的价格和品质，生产企业需要有更好的供应链和贸易能力，那么选择工贸一体的生产企业更为合适。

【任务实施】

对任务分析中需要做的工作加以实施，搜集了解外贸生产供应企业的相关信息，认知外贸生产供应企业，具体包括任务讨论、任务执行、结果记录及总结评价等，可以自行设计相关的表格。

【任务评价】

根据任务完成情况由教师、学生共同进行任务评价，如表8-2所示。

表8-2 任务评价

考核项目		教师评分	学生评分	总评分	评语
任务执行质量	对生产供应企业的认知是否正确				
	对生产供应企业类型的辨别是否准确				
	能够明确不同生产供应企业类型的优劣性				
任务执行态度					
任务执行效率					

任务8.2　掌握外贸生产供应企业寻找途径

【任务描述】

小周经过对外贸生产供应企业的了解和学习后，对外贸生产供应企业有了清晰的认知，接下来小周需要在Jackson的带领下，掌握寻找合适生产供应企业的途径和方法，以便通过多种渠道搜集所要寻找生产供应企业的资料和信息。

【任务分析】

小周需要搜集和掌握寻找供应商的基本途径，并对这些途径进行整理，按照自己的标准对寻找外贸生产供应企业的基本途径进行分类整理。

【知识储备】

8.2.1　同业及客商推介

公司正常的生产经营，通常都会拥有相应的供应商支持。公司合作或有合作意向的供应商往往不止一个，公司一般会对这些供应商进行规范化管理，建立供应商资料，以便随时查看。跟单员在选择供应商时，可以将这些公司现有供应商列为首要备选，通过分析数据资料判断它们是否符合此次采购项目要求，确认是否与其继续合作。在现有供应商中选择时，有助于备选供应商之间进行积极的竞争，使采购方获得更有利的价格和质量保障。

现代信息化的发展也使同行业内信息沟通更加顺畅。跟单员在日常的工作中可以通过与同业人员沟通交流的方式，掌握第一手行业资料，发现优质供应商，并通过同行引荐，达到与其合作的目的。

很多行业也会成立相应的行业协会，这些协会组织往往集中了本行业内最丰富的信息。跟单员可以借助行业信息的力量，请行业协会提供合适的供应商名单，通过行业协会的推荐，跟单员可以直接与供应商进行沟通，达成合作。比如跟单员要在浙江寻找一家服装类的外贸企业，就可以借助中国服装行业协会、浙江服装行业协会等相关协会力量，找到一些有价值的外贸生产供应企业的资源。

8.2.2　展会及工作场景中积累

参加国内外产品展销会，可以直接了解产品和生产供应企业的相关信息。因此为了及时了解行业信息，跟单员可以定时参加有关行业的新品发布会。在会上及时了解新产品的合作供应商，在发布会上收集供应商资料，并主动进行洽谈，从洽谈中获取更多的信息，这样有助于加深跟单员对供应商的认识，还可以丰富跟单员对供应商信息的了解，判断其是否符合采购要求，以便促成合作。外贸企业可以通过广交会、上交会等专业展会来寻找供应商。

虽然越来越多的供应商采用了电话采购、网络采购等采购形式，但传统的面对面采购依然存在。这种面对面的采购有助于采购方更直接地与供应商交流，有着其他采购方式难以替代的独特优势。所以，很多供应商会安排推销人员与外贸业务员面对面交流，外贸跟单员可以从与推销人员交流的工作场景中收集和积累供应商的相关信息。

8.2.3　网络及专业平台收集等

跟单员不能仅仅拘泥于自己的公司信息，还应将眼光放长远，在平时多从各种专业的期刊上获得更多的行业信息，从而知晓更多的供应商，还要善于利用网络，搜索供应商资料，再根据从网络收集的信息对生产供应企业进行筛选，通过对供应商的地理位置、公司规模、网站以及产品品质调查来判断其是否适合此次采购任务，再依据其网络上的联系方式取得资源。

各行各业都会有很多的专业网站，这些网站会提供大量的专业信息，如门窗行业的专业网站有中国门窗网、门窗之家等，服装行业有中国服装面料网、广州国际轻纺网、网上轻纺网等。跟单员可以根据外贸订单的要求、所需产品的种类规格，搜索相关的专业平台和行业网站，也可以关注行业微信公众号，进行供应商的筛选。善于利用网络将会为跟单工作提供很多专业帮助。

除此之外，跟单员还可以通过公开招标、联系采购专业中介机构、征询公司内部的原料使用部门等途径，寻找外贸生产供应企业。

公开招标就是使用面向市场公开招标的方式选择最合适的供应商，使符合采购要求的，具备高品质、高效率、价格合理、优质服务等优势的供应商均有机会参与竞争。

联系采购专业中介机构，可以请他们提供可供选择的供应商名录。这种方式对那些稀缺的原料资源采购尤为适用，既可以节约时间，又可以在能力范围内选择更为合适的供应商进行合作。

公司内部最终使用原料的部门，对使用产品的特性和品牌信息也都更为熟悉，跟单员可以从这些产品使用部门处获取相关供应商的资料，并根据其他部门的推荐资料对供应商进行选择。

【任务实施】

对任务分析中需要做的工作加以实施，以小组为单位，搜集和整理寻找供应商的基本途径，并对搜集到的途径进行分类展示。

【任务评价】

根据任务完成情况由教师、学生共同进行任务评价，如表8-3所示。

表8-3 任务评价

考核项目		教师评分	学生评分	总评分	评语
任务执行质量	生产供应企业寻找途径搜寻的全面性				
	生产供应企业寻找途径的多样性				
	生产供应企业寻找途径分类展示的合理性				
任务执行态度					
任务执行效率					

任务8.3 明确外贸生产供应企业选定及验厂的标准

【任务描述】

小周掌握了寻找外贸生产供应商的基本途径后，打算立即对这些途径加以应用，开始找寻合适的生产供应企业对衬衫进行生产。Jackson却劝诚小周不要着急，外贸生产供应企业的选择是企业供应管理中的一项重要决策，要进行渠道、成本、质量、利润等各方面的综合考量。所以，小周还需要掌握一定的衡量标准和检验标准，这样才能知道什么是好的合适的生产供应商。

🕐【任务分析】

小周需要学习和了解外贸生产供应企业验厂的检验方式、检验类型以及检验标准，并对外贸生产供应企业的验厂标准进行分类，掌握检验和判定优质生产供应企业的方法。

步骤 1：梳理外贸行业常见的验厂方式，并填写表 8-4。

表 8-4　外贸验厂方式梳理

验厂方式	具体含义	验厂方式优缺点

步骤 2：梳理验厂的检验类型，掌握不同验厂类型下的验厂内容及注意事项，并填写表 8-5。

表 8-5　不同验厂类型梳理

验厂类型	验厂内容	验厂注意事项

步骤 3：明确验厂的检验标准，对外贸生产供应企业的验厂标准进行分类整理，并填写表 8-6。

表 8-6　外贸验厂标准梳理

验厂标准	验厂标准具体内容

📚【知识储备】

一般来说，同一产品的生产厂家数目越多，选择过程就越复杂，外贸企业在选择生产厂家时会有针对性地去调查生产供应企业，自行或委托第三方公证行检查生产供应企业的实际情况，检验其在质量、社会责任、反恐等方面是否达到了一定的标准和要求，只有在检验确认工厂达到了标准、符合外贸企业的需求时，才会把生产供应企业纳入合格供应商名单中，下达订单并与之进行长期合作。在合作过程中，外贸企业也会不定期对生产供应企业进行检验，这一系列过程称为验厂。验厂又叫工厂审核，俗称查厂，简单地理解即检查工厂。

8.3.1 检验的方式

目前，外贸行业的验厂基本采用以下三种形式。

1. 外商自行验厂

绝大部分外商都采用这种方式，向合约工厂派驻代表，并由他们来监督和检查合约工厂。

2. 委托公证行验厂

少数外商依据自己的社会责任行为规则自行或委托独立的第三方公证行进行验厂，由这些公证行充当"社会警察"的角色。

3. 外贸企业跟单验厂

外贸跟单员与生产供应企业联系，深入生产供应企业的生产线，调查供应商的生产设备、生产工艺、质量检验和管理部门等，重点考察生产供应企业的生产设备、质量生产体系、质量监管体系和公司管理水平。

8.3.2 检验的类型

按验厂内容划分，验厂一般分为质量验厂、人权验厂、反恐验厂等。

1. 质量验厂

质量验厂，又称品质验厂或生产能力评估，是指以某采购商的品质标准对工厂进行审核。一个工厂，如果能建立起一个完善的质量管理体系，即 Quality Management System（QMS），让整个生产过程流程化，对整个生产的品质控制和成本的控制，有非常大的帮助。这个系统一旦建立，可以大大减少返工率和次品率，提高生产效率，节约经济成本和时间成本，只有通过了质量验厂的生产工厂，才能确保工厂有一套行之有效的生产体系和硬件，才能确保生产出高质量的产品，按时按质地完成订单生产任务。

质量验厂的检验内容一般包括以下几方面：

（1）工厂的设备和生产能力。

工厂要具有一定的规模和相应完善的生产设备，才能证明工厂有能力保质保量地按时完成订单。需要注意的是，所有的机器设备都要有机器操作指引、定期维护保养及校正记录卡等挂在机器设备上。

（2）清晰的管理程序和规章制度。

工厂要包括但不限于以下管理程序和规章制度：品质管理人员的培训程序、品质控制程序、原材料检验管理程序、来料检验操作程序、成品检验操作规程、最终成品抽检操作规程、产品风险评估操作规程，等等。

（3）完整的文件资料和验货报告。

包括但不限于以下报告：生产中期检验报告、成品检验报告、最终成品抽检报告、面料 4 分制检验报告、金属探测器检验及校正报告、利器以及车针的发放和回收记录及检验报告，等等。

（4）产前会议和产前管控的建立。

　　所有的产品在生产前都要先生产一个产前样板，并要求相应的生产部门参加产前会议。在这个会议中，需要列出生产中的注意点以及风险点，在生产的过程中，相应的部门要重点控制这些点。做好产前样板的确认和产前会议记录。

　　（5）生产过程的控制。

　　品质控制要贯穿于整个生产流程。在这一生产过程中，要注意检验工厂对以下几方面内容的控制：

　　①原材料仓。所有的主料辅料都要有来料检查和记录；原材料仓要划分不同的区域，如待检区、合格区和不合格区等；检验合格的物料，不能直接堆放在地上，要放在货架或栈板上。

　　②生产车间。车间要有生产排期表，确保产品可以按计划进行生产；车间所有的液体溶液必须要放置二次容器，防止液体泄漏污染产品；针车的每个步骤都要有操作指引和标准确认件；每次转产品必须要清理掉所有的剩余物料；等等。

　　③包装车间。包装台面必须要有 QC 确认过的包装样板；要有成品检验的程序。

　　④仓库。货物的堆放注意不要超过限高 1.8 米，货物不能直接挨墙堆放，不能直接将货物直接堆放到地板上，必须要放在栈板或货架上。

　　（6）利器和车针的管控。

　　国外对所生产商品中含有可能对消费者造成伤害的利器或金属的商家的处罚非常严重，一旦发现此类问题，买家必然要对供应商做出相应的索赔。所以在生产中要严格地做好防范措施以避免这种情况的出现，尤其要做好利器和车针的管控。主要管控措施包括以下几方面：

　　①利器和车针等必须有专人负责管理，每天都要有发放和回收记录。

　　②所有的利器工具都要有编号，按照分类分别存放于密闭容器内。

　　③必须要有车针的发放记录。对断针的完整收集要有断针管理程序。

　　④所有的利器工具在使用的过程中，必须固定在台面或机车上。

　　（7）吊牌商标唛头的管控。

　　所有采购回来的吊牌商标唛头等都要先检查内容是否完整，是否符合出售地的法律法规，并且所有的唛头都应该标有出产地。信息确认无误之后，做好记录交由专人分客户分款式类别保管。做好发放和回收记录，如数量、款式、颜色等，以防错发漏发等。

　　（8）产品生产过程中的中检和终检。

　　生产中的每个步骤首件都要经 QC 确认方可进行生产，QC 不定期进行抽检。品质控制就是要把问题控制在初期，一旦做成成品再发现问题，产品只能报废。所以，对生产中的每个步骤进行控制尤其重要，还要有检验方法以及检验过程的记录，不良品的数量及处理办法也要有记录。成品入仓前，要进行 100% 的检查，做好成品检验方法的记录。

　　在实际的验厂业务中，质量验厂主要有 FCCA 验厂（沃尔玛工厂产量及能力评估）、GMP 验厂（Costco 质量产能审核）、SQP 验厂（ITS 质量认证体系）、TARGET 验厂（塔吉特美国零售）、THD 验厂（家得宝）、LOWES 验厂（劳氏）等。

2. 人权验厂

　　人权验厂即社会责任验厂，也可通称 COC 验厂，是对生产供应企业社会责任的审核，要求供货商依照企业行为准则执行。其中 COC 验厂又分为公司社会责任标准认证和客户标准审批，主要验厂内容包括童工、强迫劳动、歧视、自由结社、工时、工资福利、环境、健康、安全和管理评审。

（1）公司社会责任标准认证。

公司社会责任标准认证是指公司社会责任制度制定者授权一部分保持中立的第三方机构对申请通过某个标准的企业是否能达到所规定的标准进行审查的活动。这些标准主要包含美国的 SA8000、ICTI（玩具业）、EICC（电子产业）、WRAP（服饰、服装鞋帽制造行业）、欧洲大陆的 BSCI（各个行业）、法国的 ICS（零售行业）和英国的 ETI（全部产业链）。

这一类型的人权验厂属于通用标准验厂，很多客户都能接受这些通用标准。生产供应企业检验过一次后无须重复验厂。

（2）客户标准审批。

通常情况下，大中小型跨国企业都有自己的企业行为规范内容，如沃尔玛、迪士尼、耐克、家乐福、BROWNSHOE、PAYLESSSHOESOURCE、VIEWPOINT、梅西百货等欧美服装、鞋类、日用品、零售和其他集团公司。这些外商企业的人权验厂都会采用自己的标准自行验厂，验厂报告只能指定客户使用。这种方法称为第二方身份验证。这两项认证的内容基于国际劳工标准，要求供货商在劳动力标准及工人生活水平层面担负要求的责任义务。

第二方认证发生比较早，覆盖面和影响力较大；第三方认证的标准及审核更全面。如果外商客户能接受人权验厂的通用标准尽量检验通用标准，这样可以减少重复验厂。

3. 反恐验厂

反恐验厂又称供应链安全验厂，是指针对出口企业的生产现场进行安全、消防和卫生方面的检查，以确保其产品符合进口国的标准要求，并从工厂的人员安全、资料安全、货物生产包装装卸安全等方面进行检查，以防止易燃、易爆、危险物品进入包装成品并直接运输到港口，对社会、公众造成潜在威胁和形成安全隐患，确保在货物装运前已经过充分检验及测试等程序后，才允许装船出运。

反恐验厂主要目的在于通过工厂本身的一套安全控制程序，来保障出口货物运输及使用安全。目前反恐验厂主要有 C–TPAT 反恐验厂、GSV 反恐验厂、SCS 验厂、SCAN 验厂等。验厂内容涉及工厂的保安、仓库、包装、装货和出货等环节。

除了按照验厂内容划分检验类型，也可以按照验厂时间划分，将验厂检验类型分为初次验厂、跟踪验厂、定期验厂和突袭验厂。

初次验厂的目的在于对工厂的整体情况及管理水平进行评估，主要关注工厂是否违反法规。一些存在严重问题的工厂往往在初次验厂不合格后就失去了接单的机会。跟踪验厂是针对上次的验厂报告，在约定的时间内，查看工厂的纠正进度及效果。如果合作工厂在约定期内没有改进的，外商就有可能取消订单。定期验厂是外商按一定时间间隔对合作工厂进行例行的检查，主要根据以往的验厂报告，全面检查合作工厂未达标项目的改进情况，有时根据国际贸易中出现的新规则增加一些新的验厂内容。最后，突袭验厂是常用的一种验厂策略，目的就是防止合作工厂弄虚作假，以便得到真实的信息。

跟单员在对外贸生产供应企业进行不同类型的验厂时，要注意关注以下几方面：

（1）了解生产供应企业概况。

跟单员在初次验厂时首先要了解生产供应企业的基本概况，整理基本信息，如生产供应企业的创立时间、注册资本、经营地、公司规模、公司性质、公司管理模式、公司生产优势、员工职能分工、生产水平、市场评估等基本信息，判定其是否符合采购需求。还可以到当地的工商注册管理部门查询，核实企业法人登记注册情况，向工商部门了解真伪，以防上当。

（2）了解生产供应企业的产品信息。

从供应商处获得产品基本信息，通过基本信息判断供应商的原料资源是否与公司现在所需的原材料相符合。同时，通过市场调查，调研该供应商的优势资源和竞争优势，通过对比优势资源选择合适的供应商。

（3）调查各项产品品质资格证明。

调查与供应商合作产品是否具备 ISO9000、ISO14000、3C 认证、UL 认证、CE 认证等安全资格认证书。需要生产供应企业提供各种体系与产品认证书的副本和复印件，用以确认供应商是否取得相应的资质。

（4）调查供应商的生产设备与检验设备。

调查供应商的生产与检验设备用来判断其产能产量，以便在下订单时对订单量有初步判断，同时还可以作为第一印象来判断供应商的质控状态。

8.3.3　检验的标准

1. 验厂国际管理标准

目前验厂的标准大都参照国际管理标准以及一些区域组织或国家颁布的重要指令，从质量管理、环境管理、现场管理和社会责任管理等四大方面进行验厂，即 ISO9000 标准、ISO14000 标准、OHSAS18000 标准以及 SA8000 标准。

（1）ISO9000 质量管理体系标准。

ISO9000 族标准是由国际标准化组织质量管理和质量保证技术委员会制定的国际标准，是在总结世界各国，特别是工业发达国家质量管理经验的基础上产生的，一个组织所建立和实施的质量体系应能满足该组织规定的质量目标，确保影响产品质量的技术、管理和人的因素处于受控状态，无论是硬件、软件、流程性材料还是服务，所有的控制应针对减少、消除不合格，尤其是预防不合格。

这一标准可帮助组织实施并有效运行质量管理体系，它不受具体行业或经济部门的限制，可广泛适用于各种类型和规模的组织，在国内和国际贸易中促进相互理解。目前，已有 100 多个国家和地区将 ISO9000 族标准等同采用为国家标准。

ISO9000 族标准并不是产品的技术标准，而是针对组织的管理结构、人员、技术能力、各项规章制度、技术文件和内部监督机制等一系列体现组织保证产品及服务质量的管理措施的标准。具体来讲，ISO9000 族标准主要包含以下四方面规范质量管理：

①机构：标准明确规定了为保证产品质量而必须建立的管理机构及职责权限。

②程序：组织的产品生产必须制定规章制度、技术标准、质量手册、质量体系操作检查程序，并使之文件化。

③过程：质量控制是对生产的全部过程加以全面的控制。从根据市场调研确定产品、设计产品、采购原材料，到生产、检验、包装和储运等，全过程需按程序要求控制质量，

并要求过程具有标识性、监督性、可追溯性。

④总结：不断地总结、评价质量管理体系，不断地改进质量管理体系，使质量管理呈螺旋式上升。

（2）ISO14000环境管理体系标准。

ISO14000环境管理系列标准是国际标准化组织（ISO）继ISO9000标准之后推出的又一个管理标准。该标准由ISO/TC207的环境管理技术委员会制定，有14001～14100共100个号，统称为ISO14000系列标准。

这一系列标准融合了世界上许多发达国家在环境管理方面的经验，是一种完整的、操作性很强的体系标准，包括为制定、实施、实现、评审和保持环境方针所需的组织结构、策划活动、职责、惯例、程序过程和资源。

其中ISO14001是环境管理体系标准的主干标准，它是企业建立和实施环境管理体系并通过认证的依据。ISO14000环境管理体系的目的是规范企业和社会团体等所有组织的环境行为，以达到节省资源、减少环境污染、改善环境质量、促进经济持续、健康发展的目的。ISO14000系列标准的用户是全球商业、工业、政府、非营利性组织和其他用户，其目的是用来约束组织的环境行为，达到持续改善的目的。

（3）OHSAS18000职业安全卫生管理标准。

OHSAS18000全名为Occupational Health and Safety Assessment Series 18000，是企业职工健康安全管理体系标准，其目的是使企业在运作过程中增加对员工的保护，减少员工的职业危害，尊重员工的人权，从而增强员工的忠诚度和稳定性。

OHSAS18000标准与ISO14000结合比较紧密，与ISO9000结构也比较相似，因此三个体系可以一起实施，成为"整合体系"或"一体化体系"。OHSAS18000要求企业识别出内部的危险源，并对重大危险源通过管理方案进行有效控制，同时应对员工进行安全教育，为员工提供法律法规要求的必要的劳动保护。也要求企业建立自身的安全方针、安全目标和指标，通过内部检查不断改善生产的安全性。

企业通过OHSAS18000认证可以避免国际贸易中的"人权歧视"，避开贸易壁垒，而且表示了对员工的关怀，可以形成企业内部良好的企业文化，使内部沟通更加畅通，从而增强员工的满意度，增强员工的忠诚度和稳定性，降低企业的运作成本，满足安全生产的法律法规要求。

（4）SA8000社会责任管理体系标准。

SA8000社会责任管理体系标准是Social Accountability 8000的英文简称，是全球首个道德规范国际标准，以保护劳动环境和条件、劳工权利等为主要内容，旨在确保供应商所供应的产品皆符合社会责任标准的要求，适用于世界各地、任何行业、不同规模的公司。其主要内容有：

①有关核心劳工标准。

公司不应使用或支持使用童工，应与其他人员或利益团体采取必要的措施确保儿童和应受当地义务教育的青少年的教育，不得将其置于不安全或不健康的工作环境和条件下。公司不得使用或支持使用强迫性劳动，也不得要求员工在受雇起始时缴纳"押金"或寄存身份证件。公司应尊重所有员工结社自由和集体谈判权。公司不得因种族、社会阶层、国籍、宗教、残疾、性别、性取向、工会会员或政治归属等而对员工在聘用、报酬、训练、升职、退休等方面有歧视行为；公司不能允许强迫性、虐待性或剥削性的性侵扰行为，包括姿势、语言和身体的接触。公司不得从事或支持体罚、精神或肉体胁迫以及言语侮辱。

②工时与工资。

公司应在任何情况下都不能经常要求员工一周工作超过 48 小时，并且每 7 天至少应有一天休假；每周加班时间不超过 12 小时，除非在特殊情况下及短期业务需要时不得要求加班；且应保证加班能获得额外津贴。公司支付给员工的工资不应低于法律或行业的最低标准，并且必须足以满足员工的基本需求，并以员工方便的形式如现金或支票支付；对工资的扣除不能是惩罚性的；应保证不采取纯劳务性质的合约安排或虚假的学徒工制度以规避有关法律所规定的对员工应尽的义务。

③健康与安全。

公司应具备避免各种工业与特定危害的知识，为员工提供安全健康的工作环境，采取足够的措施，降低工作中的危险因素，尽量防止意外或健康伤害的发生；为所有员工提供安全卫生的生活环境，包括干净的浴室、洁净安全的宿舍、卫生的食品存储设备等。

④管理系统。

公司高管层应根据本标准制定符合社会责任与劳工条件的公司政策，并对此定期审核；委派专职的资深管理代表具体负责，同时让非管理阶层自选一名代表与其沟通；建立适当的程序，证明所选择的供应商与分包商符合本标准的规定。

2. 外贸跟单验厂标准

具体到实际验厂业务，不同企业不同项目的检验标准区别较大，因此验厂标准并非是通用标准，而是根据情况不同而采取不同的标准范围。以外贸企业跟单验厂为例，其验厂方面的标准为：

（1）生产供应企业的设备管理能力。

设备管理能力是企业管理能力的一个重要体现。比较设备管理能力的最好方式是观察两个供应商生产同一个产品时的情况，设备管理能力会影响质量和效率。有时非常好的企业也会由于业务的突然变化或紧急订单而变得管理混乱。

跟单员需要核实企业各类生产设备数量，生产用工具、模具、机架数量，运输装卸工具数量，使用及保养记录等，以此判断生产供应企业的生产设备与检验设备是否能适应采购要求，是否能适应较紧急生产的要求，是否能接受最高与最低的产量，以便在心中确定一个订货数量范围。

（2）测算企业实际生产能力。

了解生产供应企业的产品生产能力，判断其生产能力是否符合本公司要求，能否按时、高质量地完成产品生产。跟单员应学会分析计算企业的生产能力，检查生产供应企业能否按期保质保量交货。

企业生产能力（简称产能），是指单一企业的生产设备在一定时间内所能生产的产品数量。生产能力通常以工时为单位。计算一个企业的生产能力，一般通过以下步骤：

①理想产能计算。以车床为例，假定机器设备完好，可用车床有 10 台，每台配置车工 1 人，总人数为 10 人，按每周工作 7 天，每天 3 班，每班 8 小时，其间没有任何停机时间，则一周理想的产能标准工时为 $10 \times 7 \times 3 \times 8 = 1\ 680$ 工时。但显然由于机床操作人员只有 10 人，不可能一天 24 小时工作，因此它是理想产能，与实际有效产能有较大区别。

②计划产能计算。计划产能是对企业理想产能的修正，但它仍不代表企业实际的有效产能。此计算根据企业每周实际工作天数、排定的班次及每班次员工工作时间来确定。以机床为例，每周计划开动5天，每天两个班次，每班次员工工作8小时，因此计划产能标准工时为 $10 \times 5 \times 2 \times 8 = 800$ 工时。

③有效产能计算。有效产能是以计划产能为基础，减去因停机和产品不合格率所造成标准工时损失。产品不合格的损失，包括可避免和不可避免的报废品的直接工时。以车床为例，车床存在设备检修、保养、待料等待的时间，实际工作时间达不到计划时间（实际工作时间只有计划时间的80%），且生产的产品有不合格品（产品合格率为95%），因此机床的有效产能标准工时为 $800 \times 80\% \times 95\% = 608$ 工时。

在得出各设备一周有效产能后，再根据单一产品各工序生产所需工时，计算出完成订单总数量在各工序所需总工时，以检查企业生产能力能否在订单规定的期限内完成生产，对外交货。

（3）核实质量管理情况。

了解质量管理情况包括以下几个方面：

①有无质量检验部门。

②有无质检总监，能否对产品质量独立行使职权。

③有无独立行使职权的质量控制人员，其占整个工人比例。

④有无计量证书及实验室环境记录。

⑤有无 ISO 证书及其他认证证书（如 UL 认证证书、CE 认证证书等）。

⑥有无产品产前测试报告及成品批检测试报告。

⑦质检程序文件是否完善：是否包括生产机器、设备管理，供应商评估，采购控制，物料进出控制，客供物料控制，仓库物料管理，设计控制，来料/制程/成品品质控制，不合格品控制，质量记录控制，质量手册及年度评审记录等。

（4）审核企业内部经营管理能力。

了解企业内部经营管理能力应包括以下几个方面：

①物料采购单及供应商来料质量、数量、交货期历史记录。

②仓库物料收发货记录、出入账本、物料定期盘点记录及客供物料记录。

③生产总计划、各工序生产计划、生产日报、生产周报及生产周会记录。

④产品设计会议，设计、设计评审、设计确认及设计更改记录。

⑤产品生产流程图、生产指导书、试产评审记录及生产绩效记录。

⑥来料、过程、最终检验指引及报告，来料、过程、紧急放行及成品仓定期巡查记录。

⑦不合格产品记录或检验报告、停产记录及不合格品处理记录、纠正及预防措施记录。

除了以上内容外，跟单员还需要了解从业人员情况、环保、安全情况、技术能力等，综合考虑工厂的生产能力和设备，员工生产效率等情况，检验生产企业和自己是否匹配，是否能满足外贸订单的需求。只有一套切实有效、可行的质量管理体系在工厂运行，才能保证工厂生产出来的产品是合格的且能按时交货。

【任务实施】

明确验厂的检验方式、检验类型和检验标准，将任务实施情况、总结评价及改进提升结果做好相应记录，并填写表 8－7。

表 8－7　任务实施记录

执行情况	步骤 1	
	步骤 2	
	步骤 3	
总结评价	优点	
	不足	
改进提升	改进 1	
	改进 2	
	改进 3	

【任务评价】

根据任务完成情况由教师、学生共同进行任务评价，如表 8－8 所示。

表 8－8　任务评价

考核项目		教师评分	学生评分	总评分	评语
任务执行质量	验厂检验方式的梳理是否明确				
	验厂检验类型的梳理是否明确				
	验厂检验标准的梳理是否明确				
任务执行态度					
任务执行效率					

任务 8.4　寻找选定和检验外贸生产供应企业的实操

【任务描述】

在综合了解了寻找选定和检验外贸生产供应企业的相关知识后，小周需要对寻找选定和检验外贸生产供应企业进行实操。

【任务分析】

小周需要通过多种途径和方法，寻找合适的生产供应企业，搜集生产供应企业的相关信息，对其进行综合评估和检验，以最终选定合适的服装生产供应企业。

步骤1：明确寻找目标。

明确所需寻找生产供应企业的行业、规模、类型以及所需产品的特性和数量，填写表8-9。

表8-9　生产供应企业相关信息

行业	规模	类型	产品特性	产品数量

步骤2：搜集生产供应企业资料。

通过阿里巴巴、商务网站、产品展销会、同行协会等多种途径，寻找生产供应企业，查询整理生产供应企业的基本信息。多方对比，选定三家生产供应企业，填写表8-10。

表8-10　所选生产供应企业相关信息

企业项目	产能	注册资本	经营时间	信誉级别	生产设备	主营产品	主要出口市场	工价
企业1								
企业2								
企业3								

步骤3：对选定的生产供应企业进行综合评估。

综合选定的三家企业的各方面条件，设计综合评分表（见表8-11）对其进行评估，选定综合评分最高的生产供应企业。

表8-11　综合评价

项目	企业1	企业2	企业3
产品质量			
价格水平			
交货情况			
售后服务			
技术绩效			
综合得分			
最终选定			

步骤4：实地考察最终选定的生产供应企业。

对选择的生产供应企业进行实地考察与评估，核算其实际的生产经营能力，了解企业的生产设备。判断该企业是否符合要求，选定最终的生产供应企业。

【知识储备】

外贸跟单员在跟单过程中需要选择合格的外贸生产供应企业并对其进行评估检验，以最终选定合适的生产供应商。不同产品或不同企业在选择外贸生产供应企业时，所采用的步骤有所差别，但基本步骤如图 8 - 4 所示。

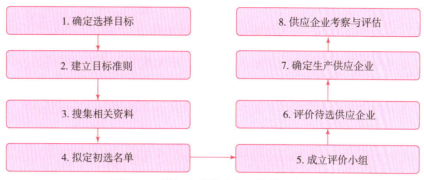

图 8 - 4　选择生产供应企业的基本步骤

8.4.1　确定目标和准则

1. 确定寻找目标

在寻找选定外贸生产供应企业时，首先确定好要寻找的目标，这是选择外贸生产供应企业的第一步。通过这一步骤，跟单员可以准确地定位到要找寻生产供应企业的行业、规模、类型等，还可以在这一过程中识别客户的需求或生产企业的生产物料要求，从而明确所需产品的特性和数量。

2. 确定选择准则

在确定了寻找目标的基础上，跟单员还应制定清晰的外贸生产供应企业选择准则，以方便对企业进行产品品质、产品数量、产品价格与产品交期方面的评估和选择，综合考虑待选企业各个方面的表现。在这一步骤中，跟单员可以参考"QCDS 准则"，即利用质量、成本、交付与服务准则来对企业进行评估判定。

QCDS 准则对生产企业来说，是评价其运营绩效的四个要素，即 Q（品质，Quality）、C（成本，Cost）、D（交期，Delivery）、S（安全或者现场，Safety）。在这四个要素中，品质因素是最重要的，首先要确认供应商是否有一套稳定有效的质量保证体系，然后确认供应商是否具有生产所需特定产品的设备和工艺能力。其次是成本与价格，要运用价值工程的方法对所涉及的产品进行成本分析，并通过双赢的价格谈判实现成本节约。在交付方面，要确定供应商是否拥有足够的生产能力，人力资源是否充足，有没有扩大产能的潜力。最后一点，是供应商的售前、售后服务纪录，这也是非常重要的。

8.4.2　搜集资料、综合评分

1. 搜集生产供应企业资料

在寻找选定生产供应企业的流程中，确定好目标和准则后，就要对特定的分类市场进行竞争分析，了解谁是市场的领导者，目前市场的发展趋势是怎样的，各大供应企业在市场中的定位是怎样的，从而对潜在生产供应企业有一个大概的了解。经过对市场的仔细分析，可以通过各种公开信息和公开渠道得到生产供应企业的联系方式和相关资料。

工作小技巧

供应商信息资料搜集

供应商信息的搜集需要经过一个较长的过程，跟单员平时需要注意通过各种各样的途径积累相关供应商信息，这些渠道包括生产供应企业的主动问询和介绍、专业媒体广告、互联网搜索等，以便新产品开发过程中对新原料提出需求时，跟单员能够迅速找到合适的供应商，保证企业的正常生产。

搜集生产供应企业的相关信息是选择生产供应企业的第一步，供应企业的选择不能仅仅依靠获取的书面信息来决定，而且要通过深入调查进一步加深对供应企业的了解，在深入了解的基础上最终选定供应企业。通过分析企业的需求，应该从以下五个方面对供应企业进行信息调查。

（1）供应企业的基本情况。

①企业经营环境：主要包括企业所在国家或地区的政治、经济和法律环境的稳定性、当地政策对企业的支持程度、是否存在进出口限制、企业工厂附近基础设施情况等内容。

②企业员工情况：主要包括员工的受教育程度、平均工资水平、出勤率、流失率、员工对企业文化的认同程度等。

③企业近几年的财务状况：包括企业的资产负债表、现金流量表和利润表以及企业经营报告等。企业此类信息需要通过专业的财务人员获取，企业的财务状况能够清楚地反映出企业经营业绩以及企业是否有能力提供令人满意的服务。对该项信息的初步调查可以避免跟单员进一步研究的耗费。

④企业在同行业中的信誉及地位：主要包括企业产品质量、交货可靠性、交货提前期及交货柔性、成本控制能力以及企业在同行业中的竞争地位等。

⑤企业近几年的销售情况：包括销售量及变化趋势、月均销售量、产品的市场份额等。

⑥企业与同行业企业的合作关系：包括与自身竞争对手、其他下游客户和其自身供应商之间的关系。

⑦企业的地理位置：主要包括与本企业的空间距离和通关的难易程度。

（2）供应企业的设计、工程、工艺情况。

①供应商组织机构的设立与相应职责。

②工程技术人员的能力：主要包括工程技术人员的受教育情况、技术人员的工作经验，在产品开发方面的工艺水平、技术人员的流失情况等。

③开发与设计情况：主要包括供应企业新技术属于自行开发还是从外引进、新产品的研发速度、新产品试样的技术评价、新产品开发周期及开发程序、与供应企业共同开发的情况、对采购商资料的保密等。

（3）供应企业的生产能力。

①调查供应企业生产设备的安置情况。

②生产工艺情况：主要包括生产设备是否先进、生产能力是否被充分利用、设备布

置、工艺的改进情况、设备利用率、设备灵活性、生产规模等。

③生产人员的情况：主要包括生产现场管理情况、生产车间运作情况、生产现场环境与清洁情况、厂房的空间距离以及生产作业的人力是否充足等。

（4）供应企业的企业管理制度。

可主要从下述几方面调查供应企业的企业管理制度：管理层级是否合理、是否存在多领导冲突问题、企业管理是否计算机化、生产计划是否经常改变、采购作业是否对成本控制提供良好的基础等。

（5）质量控制能力。

企业的质量保证是需要重点调查的方面，采购员通过调查企业高层管理者对质量控制的认识，了解企业质量管理的方针、政策是否已经颁布，质量保证制度是否得到落实，对安全事故的处理是否有应急预案，年度质量检验是否采用科学合理的方法、有无政府机构的评鉴等级等。

除此之外，跟单员还应针对所采购物料的具体属性和规格要求，将供应企业信息的范围、内容、深度等适当拓宽，以适应其采购策略的需要。在这个步骤中，最重要的是对供应企业做出初步的筛选，可以使用统一标准的供应企业情况登记表，来管理供应企业提供的信息。这些信息应主要包括供应企业的注册地、注册资金、主要股东结构、生产场地、设备、人员、主要产品、产品报价、主要客户、生产能力等。

通过分析这些信息，可以评估其工艺能力、供应的稳定性、资源的可靠性及其综合竞争力。在这些供应企业中，剔除明显不适合进一步合作的供应企业后，就能得出一个供应企业考察名录。

🎀 工作小技巧

通过"1688"和天眼查查询企业信息

阿里巴巴（1688.com）批发网是全球企业间（B2B）电子商务的著名品牌，为天下网商提供海量商机信息和便捷安全的在线交易市场，也是商人们以商会友、真实互动的社区平台。1688.com属于源头厂家属性，同时有着批发、零售、定制、招商、代加工、做品牌等多种赛道，已覆盖原材料、工业品、服装服饰、家居百货、小商品等16个行业大类，提供原料采购、生产加工、现货批发等一系列的供应服务，采购者可以从海量的商品中甄选热销新品、查找优质好商，查询到生产工厂的规模、大小、注册资金、生产场地、设备、人员、主要产品、产品报价、主要客户、生产能力等信息，"1688"上的工厂也有大型工厂和小型工厂之分，在店铺都可以看到该工厂的员工人数、厂房面积等信息，甚至有相当一部分店铺还可以看到该工厂的360°全景图。为买家采购批发提供风向标。验厂档案示例如图8-5所示。

天眼查，是中国领先的商业查询平台，已收录全国近3亿家社会实体信息，300多种维度信息及时更新。天眼查专注服务于个人与企业信息查询，可以在天眼查查到企业工商信息、法律诉讼、注册商标、企业变更等信息，还可以查询到企业法人、企业年报、新闻动态、收购信息、对外投资等多方面信息。

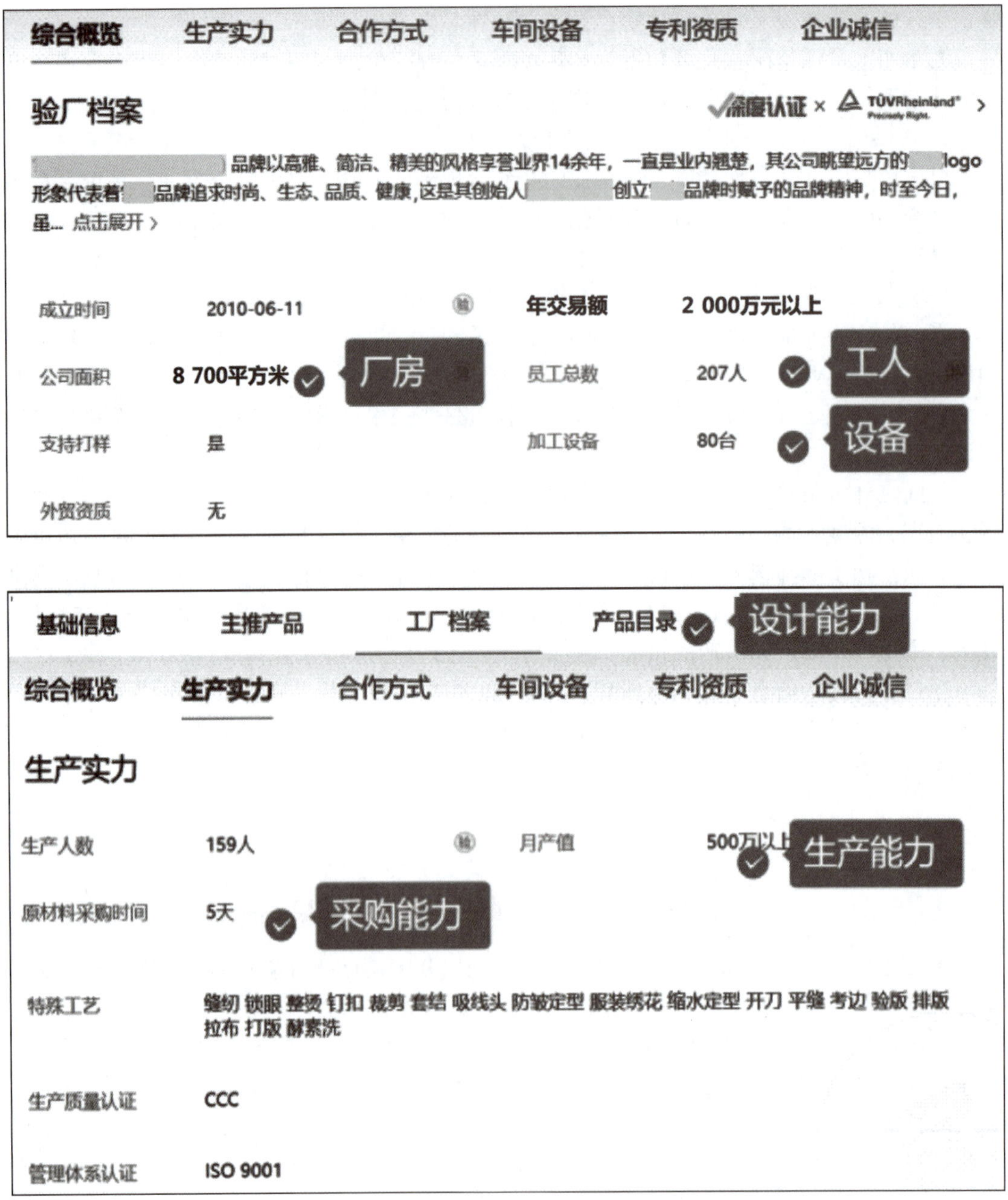

图 8-5 验厂档案示例

2. 对待选企业进行综合评分

确定好待选生产供应企业的名单后，跟单员需要组织成立评价小组，对待选供应企业进行评估，如有必要，可以邀请质量部门和工艺工程师一起参与，他们不仅会带来专业的知识与经验，共同审核的经历也有助于公司内部沟通和协调。在对多家供应企业信息进行比较分析时，可以采用直观判断法或综合评分法。

（1）直观判断法。

直观判断法是指跟单员根据经验以及问询意见、简单调查、判断和归纳分析来选择供应企业的一种方法。这种方法的主观性较强，跟单员仅仅通过倾听和采纳有经验的专家的意见，或者直接由跟单员凭自身的经验做出判断。这种方法的结果如何主要取决于跟单员是否准确掌握供应企业资料、跟单员所掌握信息是否完备以及最终决策者的分析判断能力与经验如何。这种方法运作简单、快速、方便，但是缺乏科学性，受限制于掌握信息的详尽程度。

（2）综合评分法。

现行企业大多采用综合评分法对供应企业进行评估与选择，它比直观判断法更加科学合理，易于理解，易于操作上手，也易于程序化。虽然综合评分法仍然存在专家打分的环节，会使评价结果带有一定的主观性，但其评估效果优于直观判断法。其不足之处在于无法体现不同评价指标的侧重性，而现实中大多数情况下对指标的权重，不同行业有其各自的倾向性，因此这一方法也渐渐被综合权重评分法或层次分析法等方法所代替。

在评估过程中，应该使用统一的评分表进行评估，并着重对其管理体系进行审核。在评估中还要及时与团队成员沟通，总结供应企业的优点和不足之处，通过综合评分选定一个或数个生产供应企业。

▰ 工作小技巧

选择生产供应企业的 QCDS 评分表

QCDS 评分如表 8 – 12 所示。

表 8 – 12　QCDS 评分

序号	评价项		评分标准
	名称	项目内容	
1	质量（60分）	（1）产品进厂检验是否有不合格现象？（10分）	进厂检验每出现一次性能不合格扣 2 分，包装、外观质量酌情扣分
		（2）在使用过程中是否有不合格现象？（30分）	根据材料的适用性，由使用部门确定其分值，如有因材料质量问题影响生产的重扣
		（3）是否有因供应企业材料问题而造成本公司受到用户投诉、索赔？（10分）	确为供应企业材料质量问题每受到一次投诉扣 5 分，每受到一次索赔扣 10 分
		（4）供应企业是否通过质量认证？（5分）	通过认证得 5 分，未通过得 0 分
		（5）随货是否有供货质量证明？（5分）	随货经常不附质量证明的扣 5 分，有遗漏现象的扣 1 ~ 4 分
2	价格（10分）	（1）价格是否合理？（5分）	价格合理得 5 分，尚有下降空间的酌情得 1 ~ 4 分
		（2）是否有额外运输费用？（5分）	无额外运输费用的得 5 分，有不合理的额外运输费用的发生一次扣 2 分

续表

序号	评价项		评分标准
	名称	项目内容	
3	交付质量 （15分）	（1）交货是否及时？（10分）	按时按量交货得10分，每有一次延期交货扣2分
		（2）对急需产品有无紧急供货措施？（5分）	无紧急供货措施的扣5分
4	服务质量 （15分）	（1）通信联络是否方便？（5分）	有相对固定的联系电话、联系人，能及时联系到的得5分，如不能及时联络到的扣1～5分
		（2）解决问题是否主动及时？（10分）	每发生一次解决问题不主动及时扣2分

选择供应企业的综合评分表

罗列选择供应企业的指标，给每个指标一个合适的分值权重，每个指标按评估项数赋分，如果完全符合，则此项得满分，部分符合得50%，不符合得0分，根据评分细则填列选择评分表（见表8-13），对供应商进行打分，对各个指标评估完成后，形成综合性结论，得分前几名的供应企业即进入最终确定的供应企业名单。

表8-13　供应企业选择评分

供应企业名称			供应企业代码	
供货产品				
序号	一级指标	二级指标	分值	得分
1	历史业绩（20%）	供货历史绩效	10	
		售后客户满意率	10	
2	产品质量（20%）	参数性能	5	
		质量体系认证情况（ISO9000）	5	
		抽检合格率	5	
		产品退货率	5	
3	业务能力（20%）	成本控制	5	
		财务状况	10	
		生产规模	5	
4	价格水平（20%）	产品报价	10	
		优惠条件	5	
		付款方式	5	
5	服务水平（20%）	交流反馈能力	10	
		服务改善能力	10	

续表

序号	一级指标	二级指标		分值	得分
6	总得分及定格	A		B	
		C		D	
7	综合评价意见	□战略供应企业		□合格供应企业	
		□保留资格，限期整改		□建议淘汰	
8	领导审批	年　月　日			

职业指导

服装行业外贸生产供应企业的寻找选定

　　雅莉服装公司是一家以生产各类羊毛衫为主，有自营进出口权的工贸企业，在业务合作中以其良好的服装质量和信誉获得了英国 TAD 贸易有限公司的信赖。现 TAD 公司想要向雅莉服装公司继续订购一批春季男士礼服衬衫。经过洽谈，双方于 11 月 20 日就春季男士礼服衬衫进出口事宜达成一致协议，并签订了正式合同。但是雅莉服装公司主要生产各类羊毛衫，欠缺生产男士衬衫的能力，所以现在公司跟单员 Janet 需要寻找合适的服装厂商为其供货。

SALES CONFIRMATION

S/C NO：WF428

Date：NOV 20，2023

The Seller：YALI FASHION CORP.

Add：99 FUQIN ROAD，NINGBO，CHINA

The Buyer：TAD TRADE CO. LTD

Add：NO. 555，W. N STREET，LONDON，BRITISH.

The Sellers Agree to Sell And The Buyers Agree to Buy The Undermentioned Goods According to The Terms And Conditions as Stipulated Below：

Name of Commodity，Specification，Packing	Quantity	Unit Price	Total Amount
MEN SHIRTS WFY. 3001 WFY. 3002 　PACKING：ONE PIECE TO A POLY BAG AND 80PCS TO ONE CARTON.	2，000PCS 1，600PCS	CIFLONDON USD12. 00/PC USD10. 00/PC	USD24，000. 00 USD16，000. 00
Total Value（In Words）：SAY U. S. DOLLARS FORTY THOUSAND ONLY.			

　　Shipment：Within 45 days of receipt of letter of credit and not later than the month of October 2024 With partial shipments and transshipment allowed. from any Chinese port to London，British.

　　Insurance：To be effected by seller for 110% of CIF invoice value covering all risks only as per China Insurance Clause.

　　Payment：By 100% confirmed Irrevocable Letter of Credit of 45 days after B/L opened by the Buyer.

Confirmed by：

The Seller：YALI FASHION CORP

陈志伟

General Manager

The Buyer：TAD TRADE CO. LTD

Steven

Dept. Manager

（1）外贸跟单员 Janet 登录"1688"网站，查看深度验厂报告，在男装→男士衬衫热度榜内查找合适的供应企业，如图8-6所示。

图8-6 "1688"网站男式衬衫供应企业

（2）外贸跟单员 Janet 了解并整理记录了供应企业基本信息（见表 8-14）。

表 8-14 供应企业基本信息

义乌市七多服饰有限公司			
企业类型	有限责任公司	法人	刘利民
经营范围	服装制造、销售	经营模式	生产型
公司成立时间	2008 年	公司注册地址	义乌市天宫工业区
厂房面积	12 923 平方米	员工人数	111 人
年营业额	2 000 万元以上	年出口额	/
月产值	500 万元以上	主要市场	国内
质量控制	ISO9000	研发部人员数	/
加工方式	OEM，ODM，OBM，CMT，其他		
蚌埠红帽子电子商务有限公司			
企业类型	有限责任公司	法人	葛言鹏
经营范围	服装制造、销售	经营模式	生产型
公司成立时间	2019 年	公司注册地址	蚌埠市蚌山区
厂房面积	540 平方米	员工人数	11~50 人
年营业额	501 万~1 000 万元	年出口额	/
月产值	51 万~100 万元	主要市场	国内
质量控制	ISO 9000	研发部人员数	/
加工方式	OEM，ODM，OBM，CMT，其他		
浙江傲哥服饰有限公司			
企业类型	有限责任公司	法人	潘英俊
经营范围	服装制造、销售	经营模式	生产型
公司成立时间	1998 年	公司注册地址	义乌市大陈工业区
厂房面积	14 880 平方米	员工人数	311 人
年营业额	2 000 万元以上	年出口额	/
月产值	11 万~20 万元	主要市场	国内
质量控制	ISO 9001	研发部人员数	50 人
加工方式	OEM，ODM，OBM，CMT，其他		

（3）外贸跟单员 Janet 对三家服装供应企业进行比较分析（见表 8-15），并选定最终供应企业。

表 8 – 15　三家供应企业对比

项目	公司 1	公司 2	公司 3
产品质量	90	80	90
价格水平	90	80	80
交货情况	80	80	85
售后服务	75	70	80
技术绩效	70	70	70
综合得分	84.5	78	83
最终选定	义乌市七多服饰有限公司		

8.4.3　实地考察与评估

1. 实地考察与评估指标

通过综合评分选定好生产供应企业后，跟单员最后还需要对选择的生产供应企业进行实地考察与评估，评估的指标主要包括产品质量、生产能力、综合实力、售后服务、稳定性等，以核算其实际的生产经营能力以及了解企业的生产设备等实际情况。

职业指导

实地考察供应商的方法技巧

2022 年年底，浙江某外贸公司考察一批供应商，其中有一个位于北京的西郊，晚上下了飞机，该浙江外贸公司的考察人员就直接去了这家工厂旁边的一个宾馆。此前该浙江外贸公司并没有通知供应商会过来考察。第二天早上，该浙江外贸公司的考察人员就直接打电话给供应商，这个电话是采购经理皮尔斯打的，但他在电话里说这次是顺便来看看，为下一步合作做好准备，但是希望明天去看，因为今天该浙江外贸公司的考察人员要去颐和园转一圈。

这样做是为了麻痹供应商，便故意说出了去颐和园转一圈的想法，其实是想让他们放松警惕。打完电话后，皮尔斯就带领自己的采购工程师在房间里开会，拿出了书面的资料，总共四个部分，并且把六个考察人员也相应分为工厂现场、质量文件、采购文件、仓库包装四组。然后指定哪个人负责照相、摄像和做掩护。

下午，在皮尔斯的带领下，他们分别在这个工厂的周围了解情况，并且做了一定的记录，这为事后的谈判打下了一个良好的基础。第三天，该浙江外贸公司的考察人员如期到了他们的工厂，考察人员故意表现出很疲倦的状态，让供应商认为他们心不在焉。供应商看到这种情况便没有任何芥蒂地带领考察人员参观了公司的每一个角落，并且该浙江外贸公司做了详细的记录，对文件做了收集，甚至与某些员工进行了谈话。

在事后的谈判里该浙江外贸公司一直牢牢掌控着整个进程，这是他们考察供应商最成功的一次。该浙江外贸公司事后总结了经验，在考察供应商时，还应该注意本公司内部的因素：

（1）本公司内部最关注供应商什么：是成本还是价格，是服务还是物流，是库存还是质量或者都重视。如果都重视，本公司有没有平衡的比例，有没有平衡的能力，有没有调整的能力。将这些内容尽量落实到表格上，在出发之前做出来，装进一个文件夹里，这样到了供应商那里才不会手足无措。要记住一定要做一个有准备的人。

（2）在填写数据时不要忘记填写日期。如果碰到受天气状况影响比较大的产品，如产品会受温度、氧化能力影响时，应关注当天的天气状况。

（3）在填写完考察记录以后，可以要求供应商的负责人签字确认。

（4）回公司后将这些原始资料记录归档，这将成为选择供应商的第一手资料。

（5）每当供应商有大的变化或业务变动时，能够及时沟通并更新这些信息，以保证这些信息的新鲜度。

2. 实地考察与评估结果处理

如果实地考察结果符合真实情况，符合跟单员要选择的目标要求和准则，那么可以与其签订服装生产加工合同，进行长期的订单合作，选定其为常规的长期合作供应企业；如果实地考察结果与预期目标有所出入，那么跟单员可以根据实地考察结果和评估结果对供应企业提出建议，提示其进行整改，若整改后仍不满足要求，则需要重新考虑选择其他更为合适的生产供应企业。

拓展阅读：服装
生产加工合同

【任务实施】

对任务描述中提出的要求及任务分析中需要做的工作加以实施，寻找选定合适的生产供应企业。实操参考步骤演示如下：

步骤1：明确寻找目标。

小周明确了所需寻找的外贸生产供应企业的行业、规模、类型以及所需产品的特性和数量，寻找服装行业，中等规模，能够生产 2 000 件女士衬衫的服装生产供应企业。

步骤2：搜集生产供应企业资料。

小周通过阿里巴巴搜索服装供应商，找到了浙江力天服装有限公司，通过以往有过联系的供应商找到了浙江悦美服装有限公司，通过中国纺织网（网址：www.texnet.com.cn）张贴的采购信息，找到了主动与小周联系的柏悦服装有限公司。小周还通过商务网站、产品展销会、同行协会等各种途径，了解到很多有关服装生产供应企业的基本信息。但经过多方对比，小周最后选择了表8－16中三家综合条件比较好的生产供应企业。

表 8 － 16　所选生产供应企业对比

生产企业 项目	产能 /(件·月⁻¹)	注册资本 /万元	经营时间 /年	信誉 级别	生产 设备	主营产品	主要出口 市场	工价 /(元·件⁻¹)
力天服装 有限公司	22 000	120	12	优	先进	衬衫、裙子、 裤子	欧美、 东南亚	13
悦美服装 有限公司	21 000	100	10	良	先进	裙子、裤子、 衬衫	欧美、 东南亚	15
柏悦服装 有限公司	19 000	20	1	良	先进	裙子、衬衫、 裤子	欧美、 日韩	14

步骤3：对选定的生产供应企业进行综合评估

小周综合这三家企业各方面条件进行评估，选定合适的生产供应企业。为了保证订单顺利履行，要求选定的生产企业的产能必须满足交货时间。小周经过向师傅 Jackson 请教，知道了 2 000 件订单衬衫产品的预计生产周期为一个月左右，除了产能之外，小周还要关注生产企业的主营产品及主要出口市场跟自己的订单产品及出口市场是否吻合。通过之前调查的这三家企业的基本信息，这三家企业在产能、主营产品和主要出口市场方面都能满足这次订单的需求。

小周接下来对外贸生产供应企业进行初步调查，初步调查内容主要包括企业注册资本、企业经营时间、企业信誉等。小周核实了这三家备选企业的注册资本，判断其是否有虚假出资，在这个过程中 Jackson 提醒小周还要注意订单业务与注册资本的匹配性，这三家公司中柏悦服装有限公司是一家新办公司，它的注册资本只有 20 万元，注册资金较少，承担风险的能力较差，一旦柏悦遇到了财务风险也可能会使自己的公司蒙受损失。于是小周排除了柏悦服装有限公司。

小周核实了力天服装有限公司和悦美服装有限公司的企业经营时间，两家企业的经营时间都在十年以上，而且累积的经验丰富，内部管理机制也比较健全。因为企业信誉不好有可能会影响交货质量和交货时间等，小周还关注了这两家生产企业的信誉，经过调查这两家的信誉都比较好。

接下来小周需要对这两家生产供应企业进行评估，考虑到力天服装有限公司和悦美服装有限公司的质量与交期都能满足需要，因此这次评估采用采购成本法，小周对这两家企业的加工费用进行比较，选择费用较低的企业，以降低成本。力天服装有限公司的加工费用在 13 元/件，悦美服装有限公司的加工费用在 15 元/件，因此小周选择了加工费用较低的力天服装有限公司。

步骤4：实地考察最终选定的生产供应企业。

小周对选择的生产供应企业——力天服装有限公司进行实地考察与评估，主要为了核算其实际的生产经营能力以及了解企业的生产设备。小周经过对力天服装有限公司的实地考察，严格估算了它的实际生产经营能力，确定能够满足这笔订单的需求，同时为了确保力天服装有限公司的生产效率和产品质量，小周也对企业的生产设备进行了了解，确定该公司的生产设备较为先进，打消了最后的疑虑，并最终确定力天服装有限公司作为该笔订单的生产供应企业。

◎【任务评价】

根据任务完成情况由教师、学生共同进行任务评价，如表 8-17 所示。

表 8-17　任务评价

	考核项目	教师评分	学生评分	总评分	评语
任务执行质量	生产供应企业初步寻找选定的正确性				
	生产供应企业资料搜集的全面性				
	生产供应企业综合评估及选定的合理性				

考核项目	教师评分	学生评分	总评分	评语
任务执行态度				
任务执行效率				

任务8.5　搜集整理浙江省主要出口外贸产品的产业集群

【任务描述】

作为跟单员经常会为寻找合适的生产供应企业感到苦恼，特别是对新手来说更是无从下手。这时候跟单员可以通过产业集群地寻找生产供应企业，产业集群实际上是产业成群、围成一圈集聚发展的意思。跟单员可以通过搜索相应产业集群地，有针对性地寻找供应商。

【任务分析】

小周在浙江省的某外贸企业实习，所寻找的生产供应企业也以浙江省内的工厂为主，小周需要搜集和整理浙江省内主要出口外贸产品的产业集群地。

步骤1：通过网络，搜集和整理浙江省内纺织服装产品产业集群地。

步骤2：通过网络，搜集和整理浙江省内各轻工类产品产业集群地。

步骤3：通过网络，搜集和整理浙江省内机械电子类产品产业集群地。

【知识储备】

8.5.1　纺织服装产品产业集群地

浙江省是中国纺织服装产业的重要基地之一，拥有完整的纺织服装产业链，包括从纺织原材料采购、面料加工、成衣生产到销售各个环节。2023年浙江公布省级特色产业集群，现代纺织与服装产业集群是其中之一，其中桐乡、萧山、柯桥为核心区，象山、兰溪、临平、海曙、瓯海为协同区，各集群之间密切联动、互为补充，共同构成浙江现代纺织产业链的"中轴线"。

浙江纺织产业还形成了一大批具有专业特色的产业基地，如表8-18所示，主要有绍兴、萧山的化纤织造业，宁波、温州和杭州的服装业，诸暨、义乌的衬衫和织袜业，嵊州的领带业，象山的针织业，海宁的经编业，余杭、海宁的装饰布业等。

表8-18　浙江省纺织服装产品产业集群地

分类	地区
化纤织造业	绍兴、萧山
服装业	宁波、温州、杭州

续表

分类	地区
衬衫和织袜业	诸暨、义乌
领带业	嵊州
针织业	象山
经编业	海宁
装饰布业	余杭、海宁

8.5.2 各轻工类产品产业集群地

浙江轻工业产业群以皮革制品、家具、日用化工等产业为主，形成了完整的产业链和一批知名品牌，如表 8 – 19 所示，包括台州市、温州市、永康市等地。其中，台州是全国最大的塑料制品的生产基地之一，塑料城生产各类塑料产品，如塑料袋、塑料箱、塑料水管、塑料丝、塑料板等；温州是中国最大的成衣和鞋类制品生产基地之一，生产鞋子、皮包、皮带等产品；永康是全球最大的五金门窗产业基地之一，生产铝合金门窗、门吸、合页、锁具、滑轮等门窗五金配件。

表 8 – 19 浙江省各轻工类产品产业集群地

地区	生产基地	主要产品
台州	塑料制品	塑料袋、塑料箱、塑料水管、塑料丝、塑料板
温州	成衣和鞋类制品	鞋子、皮包、皮带
永康	门窗五金	铝合金门窗、门吸、合页、锁具、滑轮

8.5.3 机械电子类产品产业集群地

浙江机械电子类产品产业集群以机械装备制造、电子信息技术为主要支撑，涵盖了机床、模具、自动化装备、数字化加工设备、电子商务等多个领域。如表 8 – 20 所示，杭州、宁波、温州、台州等地是这个产业集群地的主要节点城市。

表 8 – 20 浙江省机械电子类产品产业集群地

地区	支柱产业	主要产业
宁波	机电、汽车、船舶	铸造、木工、机床、电器、钢材加工
温州	针织、缝纫、鞋业、制衣	锅炉、压缩机、机床、包装设备、针织机
台州	电机、电器、机床、机械装备	制造业、科技研发、贸易配套等多方面产业链条
杭州	电子	集成电路、电视、笔记本电脑、手机

宁波拥有机电、汽车、船舶等多个制造业类别的产业集群。机械制造业是宁波地区最大的产业之一，主要以铸造、木工、机床、电器、钢材加工等为主要分支行业。

温州地区机械产业是我国南方较为出色的一支，主要涵盖针织、缝纫、鞋业、制衣等多个行业，其中以锅炉、压缩机、机床、包装设备、针织机等机械类产品为主要产业。

台州地区机械产业以电机、电器、机床、机械装备等为主要支柱，形成了涵盖制造业、科技研发、贸易配套等多个方面的产业链条。

杭州地区的电子产业是浙江乃至全国的重要产业之一，以集成电路（IC）、电视、笔记本电脑、手机等为主要产业，形成了产业链完善、科技含量高、上下游关联密集的产业集群。

【任务实施】

搜集和整理浙江省内主要出口外贸产品的产业集群，以小组为单位进行分享展示，将任务实施情况、展示分享、总结评价及改进提升结果做好相应记录，填写表 8 – 21。

表 8 – 21　任务实施记录

执行情况	步骤 1	
	步骤 2	
	步骤 3	
展示分享		
总结评价	优点	
	不足	
改进提升	改进 1	
	改进 2	
	改进 3	

【任务评价】

根据任务完成情况由教师、学生共同进行任务评价，如表 8 – 22 所示。

表 8 – 22　任务评价

	考核项目	教师评分	学生评分	总评分	评语
任务执行质量	浙江省纺织服装产品产业集群地搜集整理情况				
	浙江省各轻工类产品产业集群地搜集整理情况				
	浙江省机械电子类产品产业集群地搜集整理情况				
任务执行态度					
任务执行效率					

【思政园地】

📚 知识与技能训练

坚持原则与保持灵活性：寻找供应企业的思考

【同步测试】

一、单项选择题

1. ISO9000 标准是验厂国际管理标准中的（　　）。

A. 质量管理标准　　　　　　　　　　B. 现场管理标准

C. 环境管理标准　　　　　　　　　　D. 社会责任管理标准

2. 在信用证项目的业务中，各有关方面当事人处理的是（　　）。

A. 单据　　　　　B. 货物　　　　　C. 服务　　　　　D. 其他

3. 浙江省最大的塑料制品生产基地是（　　）。

A. 杭州　　　　　B. 台州　　　　　C. 温州　　　　　D. 泰州

二、多项选择题

1. 选择生产供应企业时"QCDS"准则是指（　　）。

A. 质量　　　　　B. 交付　　　　　C. 成本　　　　　D. 服务

2. 寻找外贸生产供应企业的途径包括（　　）。

A. 同业及客商推介

B. 展会及工作场景中积累

C. 网络及专业平台收集

D. 建设自己的生产工厂企业

3. 寻找和选定外贸生产供应企业的流程包括（　　）。

A. 确定目标和准则

B. 搜集供应企业资料

C. 对待选企业综合评分

D. 实地考察与评估

三、判断题

1. 按验厂内容划分，验厂一般分为质量验厂、人权验厂和反恐验厂。（　　）

2. 跟单员可以通过公开招标的途径，寻找外贸生产供应企业。（　　）

3. OHSAS18000 是企业职工健康安全管理体系标准。（　　）

四、计算题

小周采用综合评分法对衬衫供应商的信息进行比较，从众多的衬衫供应商中，选出四家符合公司业务需要的供应商，评价指标确定为财务状况、技术能力、生产能力和质量控制能力，小周邀请公司专家组对四家供应商进行评价打分，打分采用十分制，10分为最高分，1分为最低分，请通过计算，得出每家衬衫供应商的综合评分，填入表8-23中。

表 8 – 23 综合评分

评价指标		财务状况	技术能力	生产能力	质量控制能力	总分	排序
指标权重		25%	25%	25%	25%		
供应商	S1	8	9	8	9		
	S2	9	8	7	7		
	S3	6	7	7	6		
	S4	9	10	10	10		

由综合评分表得出，小周应该选择哪家供应商作为本企业的优选供应商？

【综合实训】

1. 搜集和实地考察服装行业的外贸生产企业并做出验厂报告。
2. 制作实地考察视频和 PPT 材料，并进行展示汇报。

学习单元 9
样品跟单

【项目介绍】

　　选定了生产供应企业后，外贸跟单员小周还需要安排服装大货生产前的打样工作，与客户沟通确认打出的样衣规格、工艺、品质等是否能达到要求和标准，并对样品进行跟踪管理，完成样品跟单工作。

　　样品跟单是跟单工作中的一个重要环节，也是跟单员必备的基本技能之一。在本单元的学习过程中，外贸跟单员需要了解样品的种类和重要性，能够根据客户的要求制作和提供样品，跟进样品的打样和寄样工作，并做好对样品的后续跟踪和管理工作。

【学习目标】

知识目标：

- 了解不同样品种类及其在订单执行过程中的作用
- 熟知不同样品及对应的英文名称
- 掌握打样操作知识
- 熟练掌握寄样操作知识及样品邮寄费用计算方式
- 熟练掌握样品跟踪跟进方法和样品管理知识

技能目标：

- 能够识别客户对样品的要求，判断制作不同种类样品
- 能够协助生产技术人员制作样品
- 能够熟悉掌握出口样品要求并掌握打样流程及操作方式
- 初步具备样品分类能力
- 自己能够节省快递邮寄费用
- 具备样品寄送和跟踪的能力

素养目标：

- 具备调研问题、发现问题、分析解决问题的能力以及创造思维
- 具备团队合作意识
- 具备一定的创新思维，能创新性地完成工作

【思维导图】

任务 9.1 　认知样品

【任务描述】

选定了女士衬衫的外贸生产供应企业后，接下来小周需要在师傅 Jackson 的指导下，完成样品跟单工作。在此之前，小周需要对样品有一个明确清晰的认知。

【任务分析】

样品跟单是跟单工作中的一个重要环节，小周需要通过网络、书本或其他途径，对样品进行全面认知。

步骤1：梳理样品的含义、种类及具体作用，完成表9-1。

表9-1　样品种类梳理

样品种类	样品种类含义	样品种类对应功用

步骤2：结合了解到的样品相关知识，表述自己对外贸行业样品的理解。

【知识储备】

9.1.1 样品的概念范畴

1. 样品的基本内涵

样品是代表商品品质的少量实物。它或者是从整批商品中抽取出来作为对外展示模型和产品质量检测所需；或者在大批量生产前根据商品设计而由生产者先行制作、加工而成，并将生产出的样品标准作为买卖交易中商品的交付标准。

2. 样品的适用范围

当样品作为商品品质的展示时，其代表同类商品的普遍品质，包括商品的物理特性、化学组成、机械性能、外观造型、结构特征、色彩、大小、味觉等。当样品被作为产品推广展示时，可以使买方对商品的整体特征有一个非常清晰的概念和了解。通常在使用样品表达时，都会辅助文字或图形说明。同时，作为展示所用的样品与实际交易的商品的品质可以出现差异，买方不能根据样品品质要求生产商或销售商承担责任。当样品的品质作为外贸交易中商品的交付标准时，卖方就要承担交货品质与货样必须一致的责任。如果交付商品的品质与样品不同，买方可根据样品标准要求卖方承担责任。

在商品品质比较复杂、描述非常困难的情况下，可以简单约定：凭样品交易。这种模式在现实中经常用到，但完全依据样品标准来交付商品的情况并不常见，约定商品各项标准都严格与样品一模一样，实践中非常难操作。通常以样品标准作为交付依据的，都只是将样品标准作为商品某方面的品质依据，比如颜色、款式等。如果生产商制作的商品在货物品质上不能做到完全一样，不应为了简便而采用这种表述方式。国际贸易实践中，如果采用了以样品为参考标准，应在合同中注明"品质与样品大致相同"。

9.1.2 样品的总作用

1. 样品的作用概述

样品是否符合客户的要求可以直接反映企业的技术水平，打样工作做的好，会增加客户对企业技术能力的信任。样品开发的顺利与否在很大程度上还能够体现跟单员沟通能力和服务水平的优劣。客户希望与之合作的跟单员能够积极主动地解决问题，同时又有良好的理解能力和沟通能力，只有这样，客户才会放心地把订单交给跟单员去做。此外，企业通过样品开发，可以更加准确地为客户报价，以保证企业的合理利润。

2. 样品的总作用

总体来说，样品的主要作用有以下几个：

（1）在国际贸易磋商中，样品是商品定价的依据。不同的样品，其生产成本和品质做工都会有所不同，样品质量好成本高，价格磋商定价就高，反之则低。

（2）在货物生产过程中，样品是生产的依据。只有经客户确认过样品后，企业才会依据样品确认样来进行生产。

（3）在货物生产完成后，样品是货物品质的代表。样品一般都代表着同类货物的普遍品质，包括货物的外观造型、内部结构、制作工艺、质量水准，等等。

（4）在货物完成交付后，样品是检验和索赔的依据。当买卖双方针对货物质量问题发生争议时，一般会依据样品进行检验和索赔，如果交付商品的品质与样品不同，买方可根据样品标准向卖方索赔。

（5）样品还可以在国际市场上代表企业的形象。样品的品质能直接反映一个企业的技术能力、生产能力并体现企业的售后服务等。

样品是企业跟单员与客户进行业务交流的特定产品，是物化了的概念和标准，是跟单员完成订单跟进过程中不可缺少的重要组成部分。

9.1.3　样品种类及对应具体功用

1. 常见外贸样品的种类及对应具体功用

外贸样品的种类有很多，一般常用的有参考样、修改样、测试样、确认样、产前样、生产样、出货样等几种。

（1）参考样（Reference Sample）。

参考样是指出口商向进口商提供的，作为双方洽谈磋商参考所用的样品。一般是出口企业已经准备好的现成样品，用来在洽谈过程中给客户展示，比如在某展会上，向外贸客户介绍商品时所用的样品就是参考样，主要用于商品样式、结构、工艺等方面的参考，不作为交付与检验的依据。

（2）修改样（Modified Sample）。

交易双方经过洽谈达成合作意向后，买方可能会对样品的某个方面提出修改意见，修改样就是卖方根据买方的修改意见对样品进行重新制作，修改后再给买方确认的样品。买方提出样品修改意见说明其对达成合作有明确的意向，此时卖方要积极配合买方修改意见，如果修改样做得比较好，可以有效地推进或促进交易的达成。

（3）测试样（Test Sample）。

测试样是卖方交由客户检验货物品质是否符合要求的样品。客户收到测试样后通过某种测试方法对样品进行检测，比如对收到的服装样品进行测试或者检验其款式、规格、面料、成分等是否符合要求。如果测试结果不符合客户要求，客户可能就不会再下订单。但如果测试样通过了测试，符合客户要求，说明卖方的样品基本达到了买方对产品规格、材质、品质及使用效能等方面的要求，对客户成功下订单具有积极促进意义。

（4）确认样（Confirmation Sample）。

确认样是指在测试样的基础上，买卖双方对样品所呈现的功能、外观、规格、材质、工艺、品质、效果等方面都进行较全面确认的样品。它可以作为买卖双方签订合同或确定订单的依据，因此确认样也可以称为"合同样"，当确认样被当作合同样使用时，大货就要以此为凭据来进行生产。所以在制定确认样的过程中，要注意大货生产技术的难度性，如果是大货生产工艺达不到要求的样品，千万不能做，否则容易在之后的大货生产中出现隐患。

（5）产前样（Pre–Production Sample，P. P. Sample）。

产前样是在大货生产之前特意生产的一个样板，一般是用大货的原料、大货的设备、大货的工人等生产而成的样品，它的目的是保证生产出来的大货规格、工艺、品质等能达到确认样的要求和标准。以服装样品为例，为了保证大货的准确性，在大批量制作成衣前，就会先裁剪制作"产前样衣"来测试大货的工艺和品质水平。

只有产前样达到了标准和要求，出口方才有把握在大货生产中能将产品做好。一般客户不会要求出口方提供产前样再做确认，但作为跟单员，为了确保大货能够生产好，生产到位，最好要求工厂在大货生产之前能够制作一套产前样，确保产前样符合客户对大货的一切要求，避免出现生产损失。

（6）生产样（Production Sample）。

生产样是大货生产中的样品。它是在随机抽取的前提下，能反映大货生产时品质等的样品。比如在生产服装大货时，随机从这一批成品中抽取的一件或几件服装样品就是生产样。一般客户不太会要求生产样，但为了掌握整个生产的品质情况，跟单员最好也要分阶段地从工厂生产的大货生产中提取生产样，以此作为抓手，对生产质量进行监管和把控。

（7）出货样（Shipment Sample/Bulk Production Sample）。

出货样有时也称大货样或船样，是指大货已经生产完成并已经做好了出货上船准备的样品。如果客户要求提供出货样，跟单员要积极予以配合，但要注意有些客户会根据出货样的品质来检验成交商品的质量，甚至可能会以出货样的品质情况来确定是否要接受这批货物，所以跟单员对出货样的挑选和提取要非常审慎，要有选择地挑选符合客户要求的样品作为出货样交给客户。同时还要注意，当客户要求出货样时，跟单员要做好时间安排，确保在发货之前，客户能及时收到出货样，并有足够的时间能够对出货样提出反馈意见。

在外贸跟单环节中，跟单员给客人的样品，不管是什么性质或什么种类，都要做好备份，即做好自我的样，以便在客户给予反馈意见时，可以从留样中进行验证，有样可查。而且对于测试样、确认样和出货样等特别重要的样品不仅要做留样，还要对留样做好封样处理，以此为依据用来指导大货生产和大货检验，同时还可以将封样的留样作为商品发生质量争议时的证明凭证。

2. 纺织行业样品的种类及对应具体功用

除了常见的外贸样品分类外，具体到不同的产品类别，也有一系列的工艺样品种类。比如，纺织服装行业中，就有款式样、齐色齐码样、水洗样、颜色样、印花样等不同的样品种类。

（1）款式样（Style Sample）。

款式样主要是用来让客户确认服装的款式造型是否准确、设计风格是否一致、缝制工艺是否达到要求等，因此不一定要用大货料，可以用代替面料，但当有配色时，一定要搭配合适的颜色才行，尺寸做工要完全按照客户的指示及要求。款式样的质量直接影响到客户是否愿意与企业签订订单，因此跟单员要特别注意。

（2）齐色齐码样（Size/Color Sample）。

齐色齐码样是纺织服装出口行业的常用语。以同一个服装款式为单位，从最小码到最大码叫齐码，所有颜色叫齐色。所以齐色齐码样是客户要求出口商按照其工艺要求，提供所有颜色和尺寸的样品。

（3）水洗样（Washed Sample）。

水洗样是指产品进行水洗生产工序后的样品，反映成衣经过水洗后的形态。水洗样的作用是检查成衣经过水洗后成衣尺寸是否有变化，成衣形态是否有变化，如果水洗后成衣形态变化较大，跟单员需要及时查找原因，找到合适的解决办法。

（4）颜色样（Lab Dip）。

颜色样是出口商按客户的原"色卡"要求，对面料和辅料进行染色后的样品，以便客户确认最接近的颜色。由于光线会影响人对颜色的辨认，所以颜色样的审核和确认需要在统一的光源下进行。

工作小技巧

打色样与潘通（PANTONE）色卡

一般情况下，面料提供商应提供面料色卡（Color Chip），跟单员应促使客户在供应商所提供的色卡或纱卡中选定其订单所需的色号。这样可以简化面料样板批复、修改等工作。如果客户对提供的颜色不满意，可以根据客户的要求打色样。跟单员也可以通过面料供应商寻找一些颜色相近的布样，供客户选择，以节省打样和批复的时间。颜色样打好后，跟单员要进行审核并递交给客户，再跟踪客户的批复或修改意见，有必要的话还要二次打色样。

打色样通常在客户确认面料品质样之后进行。打色样的过程实际上也是生产企业确定染色配方和染料工艺的过程，是后续大货染色生产的基础。颜色样的技术确认是保证大货面料顺利染色的关键。在允许的情况下，越早确认颜色，对大货生产越有利。因此，跟单员在打色样和客户批复的过程中，必须与客户和生产企业保持良好的交流和沟通，以确保面料订单的顺利生产。

潘通（PANTONE）色卡（见图9-1）是国际通用的标准色卡。中文惯称潘通。PANTONE 色卡是享誉世界的色彩权威，涵盖印刷、纺织、塑胶、绘图、数码科技等领域的色彩沟通系统，已成为当今交流色彩信息的国际统一标准语言。

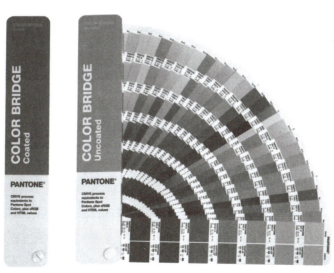

图9-1 潘通（PANTONE）色卡

（5）印花样（Printed Sample）。

印花样也称绣花样（Embroidery Sample），是对面料、成衣等打上绣花或印花图案后的样品。往往需要用正确颜色的布、线进行模仿打样，以示生产商有能力按客户的要求进行生产。在模仿打样时，绣花或印花的图案资料必须保证准确，如颜色搭配、花型等，如有不明确的地方，要及时与客户沟通，争取缩短确认周期。通过打印花样，不仅可以展示生产实力，而且可以测算生产周期和比较准确地计算大货生产时间，从而更准确地帮助跟单员确定交货时间。

【任务实施】

对任务分析中需要做的事项加以实施，搜集整理外贸产品样品的相关信息，并表述自己对样品的理解，任务实施具体包括任务讨论、任务执行、结果记录及总结评价等，可以根据需要自行设计相关表格。

【任务评价】

根据任务完成情况由教师、学生共同进行任务评价，如表9-2所示。

表9-2　任务评价

考核项目		教师评分	学生评分	总评分	评语
任务执行质量	对样品含义认知的全面性及准确性				
	对样品种类认知的全面性及准确性				
	对样品具体功用认知的全面性及准确性				
任务执行态度					
任务执行效率					

任务9.2　打样进程及操作

【任务描述】

学习梳理了样品的相关知识后，小周对样品有了较为全面清晰的认知。接下来小周需要根据 Conforama 公司发来的 Clothing Production Process Sheet（服装生产工艺单），完成对该项业务订单下女士衬衫样衣的打样工作。

【任务分析】

小周需要解读 Conforama 公司发来的服装生产工艺单，如表9-3所示，向力天服装有限公司发出服装制版打样通知，与其生产部门沟通明确样衣要求，跟进打样过程，完成对女士衬衫样衣的打样工作。

表 9 - 3 服装生产工艺单

Clothing Production Process Sheet

Style Number	Model	Fabric	Shape	Quantity	Season	Style	Water Washing Method	Explain
DK627391	Women's Shirt	100% Cotton	160/84A	2000 Pieces	Spring	Fit	Wash	After Pine Cloth, then Cut

Sketch of Style	Specification Sheet is in cm	
	Specifications	160/84A
	Long Clothes	60
	Chest Measurement	92
	Waistline	78
	Shoulder Breadth	37.5
	Outside Sleeve	57
	Cuff	13
	Lead the High Seat	2
	the Face	3
	Cuff	5
	Front fly	2

Main Ingredient		Auxiliary Materials Requirements	
Fabric	White Color Cloth (Cotton)	Use Line Requirements	Bright line with color 20/2 denim line, the rest of the parts with natural 40/2 sewing line
Line	Spinned Lining (Front Door)	Needle Distance Requirements	Open line 10 seam 14 pins/3cm, lock edge 16 pins/3cm
Button	Transparent White 14L Small Buttons	Machine Needle Model	11 for sewing and 12 machine needles for thicker parts
		Lockrand	Four - line lock edge, collar edge line width 0.5cm

Cutting Process Requirements	Matters need attention	
(1) Verify whether the sample number is consistent with the crop	Cut into Certain Shape	The fabric is easy to move, cut with a layer of paper between each layer of material
(2) The yarn direction of each part is shown in the sample plate	Small Hot	Fabric is not resistant to high temperature, ironing high temperature is not easy to be too high

续表

Clothing Production Process Sheet								
Style Number	Model	Fabric	Shape	Quantity	Season	Style	Water Washing Method	Explain
DK627391	Women's Shirt	100% Cotton	160/84A	2000 Pieces	Spring	Fit	Wash	After Pine Cloth, then Cut

Cutting Process Requirements	Matters need attention	
（3）The nail eyes and scissors of each part shall be shown in the sample	Front Fly	Unified front 2cm, in order to prevent different width, the front is made with template
（4）Push knife is not allowed to walk knife, do not bias	Anter	First yoke link, yoke lock edge
（5）The position of the nail eye is accurate, and the upper and lower levels should not exceed 0.2 cm	Antapical Plate	No segmentation, pay attention to the provincial suture
（6）The number is clear, the location is appropriate, and the finished product shall not be missed	Buttonhole	Buckle hole with a socket joint machine, size 0.5cm
Sewing process requirements	Cuff	The cuffs are different in size
（1）The sewing lines of all parts are neat and flat	Cuff	The cuff presses the open line, the open line is straight, the width is consistent, and the joint is in the seam
（2）The upper and lower lines are suitable, no jumper, broken line, takeoff and landing needles should be returned	Big Hot	All parts of the hot smooth, no wrinkles, printing marks, dead folds, stains, laser
（3）The collar is flat, the collar, lining and lining are suitable, and the collar tip is not inverted	（4）The cuffs are round and smooth, difficult and uniform, and the two sleeves are basically the same	
（5）The suture parts of the cuff head and pocket and coat piece are uniform, smooth and without skew	（6）Lock eye positioning is accurate, the size is appropriate, both ends seal, open eye without fixed line	
（7）The trademark position is correct, and the number and type mark, ingredient content mark and washing mark are accurate and clear	（8）The finished product shall not contain the metal needle	

【知识储备】

打样一般是指企业接受客户委托，要求先行制作一个或数个样品，并且在客户修正和确认之后才签定生产合同开始量产。因此，在打样过程中企业要严格注意样品的细节和质量，制作出符合客户要求的样品。这要求外贸跟单员必须要明确打样的要求、过程及费用等问题，协助工厂及时顺利地完成打样工作。

9.2.1　打样要求

关于打样的要求，主要有以下几个方面：

（1）准确交接：跟单员在打样之前要与业务员进行详细沟通和交接，明确诸项要求，如材质规格、做工工艺、尺码、数量及包装等打样制作细节。

（2）安排打样：跟单员需根据打样资料制作相应的样品生产单。在与相关人员确认收到样品费后，应立即安排采购与开版。对客户无指定要求的可按常规产品进行打样。

（3）材料选择：打样材料以公司现有的材料为主，颜色及规格以尽量接近客户的要求为准。如果仓库里没有可替代的材料，要尽快下单给采购安排订购。

（4）样品跟踪：样品生产过程中，跟单员要及时跟进了解样品的生产进度及质量。例如服装样品跟踪要确保做到无漏压、漏车，无破洞、针眼，压缝位及布标位置正确。样品生产完成后，还需要根据尺码表核对尺寸，并确保样品清洁。

（5）注重反馈：跟单员在收到客户样品修改反馈后应立即做相应的打样更改，在样品生产单上用红色字体标注修改位置，提供相应的修改图片，并在后续的样品生产中着重跟进。

（6）标识清晰：样品一般分为第一次结构样、第二次修改样、第三次产前样、第四次大货样。所有样品在完成样品生产后，需要在样品上挂上吊牌标明第几次样品以供区分。正常情况下，服装类产品打样时第一次结构样只提供一个尺码的样品，第二次产前样需要提供所有尺码的样品以供客户确认。

9.2.2　打样过程

1. 接收客户打样资料，明确打样要求

当跟单员进行样品打样时，首先需要接收客户的样品资料——样品实样或样品工艺单，从而明确样品的具体数据资料和打样要求，如样品的工艺要求、规格要求、打样时间要求和打样数量要求，等等。这一过程如有疑问要及时与客户进行沟通。

以服装外贸产品为例，很多情况下，客户对自己需要的面料无法提供原样，只是提供一些面料的描述，如手感柔软，所用纱线密度大约多少，面料克重大约多少，面料为何种组织等。这些面料的描述可能是客户结合服装的要求及流行面料的特点得到的。

如果客户提供了面料原样，并附带了面料的具体参数，如织物组织、面料克重、纱线密度等，跟单员就可以直接去查找面料或者定做样品了。但如果客户只提供了对面料的描述，或者只提供了面料样品而没有相关参数，就需要跟单员尽可能提取样品的信息，避免大量的打样工作。跟单员提取面料信息时，需要与客户多次沟通，详细了解他们对面料的要求。对于技术要求很高的面料，跟单员要根据自己掌握的信息与客户沟通，如降低技术难度或提出一种代替面料。如果客户资料中只有样品，没有具体的参数，跟单员则需要将样品交给样品间的技术人员，由他们进行样品分析。

跟单员根据提取到的面料信息，查找符合客户要求或与之相近的面料样品，并提供给客户。跟单员查找面料时，一般首先询问长期合作的面料加工厂，看他们是否有类似面

料。如果没有，跟单员就要搜索能够提供类似面料的其他加工厂。这些加工厂或面料的搜索一般可以通过网络查询（如一些面料贸易网站或论坛）、参加面料展（如北京和上海的面料展）等方式。当然还有一种比较新的方式，就是很多机构或院校都设有面料中心，他们可以提供此类服务，跟单员可以直接到这些单位查询。有经验的跟单员拿到样品后能够快速区分订单中的面料是否为常规品种（Staple）。常规品种是那些织造企业经常生产的、在市场上容易买到的面料，这类面料只需要印染加工即可，不需要定织，可以节约大量的生产时间。刚入行的跟单员应尽快熟悉面料的常规品种，拿到客户样品后，对是否需要定织快速做出正确判断，以减少不必要的工作。

2. 开具打样通知单，布置打样工作任务

在收到客户完整的打样资料及清晰明确的样品制作要求后，跟单员就要对样品资料进行整理和审核，然后开具打样通知单。将样品和相关的加工制作要求通过打样通知单反映出来。之后，经过业务部经理签字，将样品资料和打样单交给生产部门打样室，进行打样。

这一过程中跟单员要注意，在将样品资料交给生产技术部门前，要确保资料完整。以服装样品为例，其样品资料一般包括织物实样、花型图和文字描述等内容，织物实样一般要求足够大，特别是有图案的织物，至少应该有一个完整的花形图案循环。

3. 跟进打样进程

跟单员将样品资料和打样通知单交给生产部门后，生产部门会根据资料确定样品所需原料的品种和数量等，然后由跟单员实施原料的采购或确认工作。原料准备好并确认完成后，打样人员会按照已经沟通好的工艺进行打样。样品打样完成后，跟单员需要对样品进行检查。

以服装样衣的打样进程为例，在此过程中，跟单员需要做好原料采购或确认、工艺确认、打样跟踪及样品检查四项工作。

（1）原料采购或确认。

跟单员根据客户的面料要求，与生产部门进行沟通，进行原料的准备和确认工作。对于常见的纱线或客户先前已经使用的纱线，跟单员可以直接查库存；对于库存中没有的纱线，跟单员就需要到市场上购买，购买时应注意纱线的规格和质量要符合客户的要求，跟单员可以就此与客户确认；对于市场上难以买到的纱线，跟单员要及时联系厂家定制并及时与客户沟通，以书面报告的形式通知客户，争取延长交货时间，求得客户的谅解。

（2）工艺确认。

打样的过程也是对大货生产工艺进行确认的过程。很多时候，客户需要的面料效果要经过复杂的工艺才能实现，这样就需要更长的工时，成本也会相应增加，而且大货的交期也会晚一些。所有这些影响都需要跟单员与客户及时沟通，征求客户的意见，以便修改工艺。而且有些工艺是不适合大货生产的，要么损耗过大，要么时间过长。若客户一定要求采用这种工艺，就需要提前把存在的风险告知客户。

（3）打样跟踪。

打样跟踪是跟单员日常工作中非常重要的一项，此项工作具有以下两个目的：

一是监督样品打样的进度，以确保在客户要求的时间内交付样品。二是确保打样的正

确性。跟单员应与打样工、质检员沟通，有时会出现理解上的差异，特别是对一些模糊性语言，所以跟单员需要跟踪打样过程，以便及时发现问题，解决问题，确保样品能够按照资料和要求成功打样完成。

（4）样品检查。

完成样品打样后，跟单员还需要进行验收，依据客户提供的样品及相关数据资料进行核对，查看样品是否符合客户要求。

4. 打样过程注意事项

具体到服装样品打样跟单的实际业务，在安排打样生产后，针对样衣的打样生产主要有以下几个重要环节，跟单员需要注意：

（1）服装打版。

第一步，确定服装的风格造型、松量，以及客户的需求，这是重要的一步，在此基础上再进行下面的操作。

第二步，确定客户在体型方面符合的基型，要根据服装款式确定服装的基型，比如做裙纸样就要做出裙基型，如做上装纸样就要做出上装基型。

第三步，确定底图，分析在新款式方面的要求，在基型上进行变化，以达到新款式的要求。

第四步，复制纸样，在底图上复制出纸样。

第五步，复核纸样，做出纸样后，一定要检查纸样的准确性和全面性。

（2）服装裁剪。

裁剪过程中要注意面料裁片、丝道的方向性，核对样板数量，排料要记录面料幅宽、单件料率，裁片齐全，裁完和样板核对，无误差。样衣工在接到生产单和样衣裁片后，要仔细分析款式的工艺要点、难点、重点，各种辅料配料的使用要求，设计缝制工艺的处理方法，力求做到工艺简便合理，适合批量生产。

（3）样衣制作。

样衣工在制作样衣时，发现设计人员设计的样衣无法缝制或有更好的建议，应及时和设计人员沟通，共同解决，但正常情况下不得私自改变设计效果，以免样衣不符合设计效果。在发现样衣有长短、大小之差无法缝合时，要及时向版师反映，需要修改长短的，要求版师亲自修改，在修改裁片的同时，也必须要在样板上处理，如私自修改样衣，造成样衣和样版不符合，在生产成衣时发现严重问题，样衣工和版师同样要负责任。

（4）样衣检查。

样衣完成后，跟单员要仔细检查有无遗漏，外观整洁，制作精细，明线无跳线、松线、掉线，无线头、死折、脏残、破损，线迹流畅，里、面平服，左右对称，规格符合设计要求。

9.2.3　打样费用

打样费用一般由打样样品的材质、原料、配件材质选择、款式工艺复杂程度等因素决定，并不是所有的打样样品都是统一的价格。样品制作费用主要包括：模具费、原料费、加工费等。样品制作费用一般由客户、厂家或外贸企业单独承担，或由多家共同分担等，如表9－4所示。

表 9 - 4 样品制作费分担方式

方式一	模具费	原料费	加工费
国外客户	√		
外贸企业		√	
生产工厂			√
方式二	模具费	原料费	加工费
国外客户	√		
外贸企业		√	√
生产工厂			
方式三	模具费	原料费	加工费
国外客户	√	√	√
外贸企业			
生产工厂			
方式四	模具费	原料费	加工费
国外客户			
外贸企业	√	√	√
生产工厂			

一般情况下，少量常规的打样且费用不高或已有对应订单的打样费用，由出口方承担，以示交易的诚意和服务精神。若打样数量较多或非常规的样品甚至是要专门开发新产品的打样，此类涉及的打样费用较高，跟单员应与外商协商，由买家客户承担打样费用。若由外商买家客户承担打样费用，买家可以在与卖家达成合同之前，支付一定数量的打样费用，以确保卖家可以准备样品。如果双方达成了合同，那么打样费用将从总金额中扣除。如果双方未达成合同，打样费用将不予退还。

以帽厂为例，帽厂都会向客户收取一定的打样费用。因为帽厂通常是第一次为客户打样帽子，需要设计师做好设计稿，在打样过程中，如果有新的图案加工、各种辅料，还需要合作的加工厂、辅料工厂为新图案开版。这一系列开发过程，包括了设计师的设计费、加工图案的开版费等费用，平摊到几顶样品上，所用的花费会比较多。而且由于是仅仅生产几顶样品，所以样品制作通常是由一名车工完成整顶帽子的生产。对比量大高效的大货生产，花费时间更长、生产效率更低，在生产过程中花费的成本也更多，所以通常大部分的帽厂都会向客户收取一定的打样费用。

【任务实施】

对任务描述中提出的要求及任务分析中需要做的工作加以实施，完成女士衬衫的打样操作。具体步骤操作演示如下：

步骤 1：解读服装生产工艺单（见表 9 - 5）。

表9-5　服装生产工艺单解读

服装生产工艺单

款号	款式	面料	号型	数量	季节	造型	洗水方式	说明
DK627391	女装衬衫	纯棉	160/84A	2 000件	春季	修身	水洗	松布后，再裁剪

款式图	规格表　单位　cm	
	规格	160/84A
	衣长	60
	胸围	92
	腰围	78
	肩宽	37.5
	袖长	57
	袖口	13
	领高座	2
	领面	3
	袖口	5
	门襟	2

主料		辅料要求	
面料	白色纯色布料（棉）	用线要求	明线用配色20/2牛仔线，其余部位均用本色40/2缝纫线
衬	有纺衬（门襟处）	针距要求	明线10合缝14针/3厘米，锁边16针/3厘米
扣子	14L透明白色扣子	机针型号	缝制用11号，较厚部位用12号机针
		锁边	四线锁边，领边线宽0.5厘米

裁剪工艺要求	注意事项	
（1）核实样板数是否与裁剪相符	裁剪	面料容易滑动，裁剪在每层面料之间夹着一层纸
（2）各部位纱线方向按样板所示	小烫	面料不耐高温，熨烫温度不宜过高
（3）各部位钉眼、剪口按样板所示	门襟	统一门襟2厘米，为了防止宽窄不一样，门襟用模板制作
（4）推刀不允许走刀，不可偏斜	前片	先育克链接，育克锁边
（5）钉眼位置准确，上、下层不得超过0.2厘米	后片	无分割，注意省的缝合
（6）打号清晰，位置适宜，成品不得漏号	扣眼	扣眼用套结机，大小0.5厘米

续表

服装生产工艺单

款号	款式	面料	号型	数量	季节	造型	洗水方式	说明
DK627391	女装衬衫	纯棉	160/84A	2 000 件	春季	修身	水洗	松布后，再裁剪

缝纫工艺要求	袖口	袖口大小不一样
（1）各部位缝制线路整齐、平服	袖口	袖口压明线，明线顺直，宽窄一致，接头在缝处
（2）上下线松紧适宜，无跳线、断线、起落针应有回针	大烫	所有部位烫平顺，无褶皱、印痕、死折、污痕、激光
（3）领子平领，领面、里、衬松紧适宜，领尖不反翘	（4）袖口圆顺，吃力均匀，两袖前后基本一致	
（5）袖头及口袋和衣片的缝合部位均匀、平整、无歪斜	（6）锁眼定位准确，大小适宜，两头封口，开眼无定线	
（7）商标位置端正，号型标志、成分含量标志、洗涤标志准确清晰	（8）成品中不得含有金属针	

步骤 2：开具打样通知单（见表 9 - 6）。

表 9 - 6 打样通知单

浙江卓信实业有限公司 服装打样通知单

客户	Conforama 贸易公司	编号	ZX20230713
产品名称	女装衬衫	款号	DK627391
要求交期	2023 年 7 月 23 日	下单日期	2023 年 7 月 13 日
交样数量	1 件	留样	1 件

编号	部位名称	规格 L/厘米	款式图
1	衣长	60	
2	胸围	92	
3	腰围	78	
4	肩宽	37.5	
5	袖长	57	
6	袖口	13	
7	领高座	2	
8	领面	3	
9	袖口	5	
10	门襟	2	

续表

主料辅料具体要求			
面料	白色纯色布料（棉）	用线要求	明线用配色 20/2 牛仔线，其余部位均用本色 40/2 缝纫线
衬	有纺衬（门襟处）	针距要求	明线 10 合缝 14 针/3 厘米，锁边 16 针/3 厘米
扣子	14L 透明白色扣子	机针型号	缝制用 11 号，较厚部位用 12 号机针
		锁边	四线锁边，领边线宽 0.5 厘米

工艺要求	
裁剪工艺要求	缝纫工艺要求
（1）核实样板数是否与裁剪相符	（1）各部位缝制线路整齐、平服
（2）各部位纱线方向按样板所示	（2）上下线松紧适宜，无跳线、断线、起落针应有回针
（3）各部位钉眼、剪口按样板所示	（3）领子平领，领面、里、衬松紧适宜，领尖不反翘
（4）推刀不允许走刀，不可偏斜	（4）袖口圆顺，吃力均匀，两袖前后基本一致
（5）钉眼位置准确，上、下层不得超过 0.2 厘米	（5）袖头及口袋和衣片的缝合部位均匀、平整、无歪斜
	（6）锁眼定位准确，大小适宜，两头封口，开眼无定线
（6）打号清晰，位置适宜，成品不得漏号	（7）商标位置端正，号型标志、成分含量标志、洗涤标志准确清晰
	（8）成品中不得含有金属针

注意事项	
裁剪	面料容易滑动，裁剪在每层面料之间夹着一层纸
小烫	面料不耐高温，熨烫温度不宜过高
门襟	统一门襟 2 厘米，为了防止宽窄不一样，门襟用模板制作
前片	先育克链接，育克锁边
后片	无分割，注意省的缝合
扣眼	扣眼用套结机，大小 0.5 厘米
袖口	袖口大小不一样
袖口	袖口压明线，明线顺直，宽窄一致，接头在缝处
大烫	所有部位烫平顺，无褶皱、印痕、死折、污痕、激光

制单：周

步骤 3：进行打样跟踪。

跟单员小周将打样通知单交给生产部门后，生产部门会按照通知单对样衣进行打样。在此过程中，小周需要做好原料确认、工艺确认、打样跟踪及样品检查四项工作。前两项工作原料确认和工艺确认需要在打样前进行，打样跟踪则要贯穿于整个打样过程中。

【任务评价】

根据任务完成情况由教师、学生共同进行任务评价，如表9-7所示。

表9-7 任务评价

考核项目		教师评分	学生评分	总评分	评语
任务执行质量	生产工艺单解读是否正确				
	打样通知单填写是否准确				
任务执行态度					
任务执行效率					

任务9.3 寄样过程及操作

【任务描述】

小周跟进力天服装有限公司的生产部门将样衣制作出来后，经内部检验无误。师傅告诉小周，样品经过检查没有问题后，他需要将样衣以最快的速度及时报送给客户，由客户做出确认或给出反馈意见。

【任务分析】

小周取得样衣确认无误后，需明确样衣寄送的具体信息，选择合适的快递公司和快递方式将样品寄送给客户，寄送样品后及时通知客户，完成样衣寄样操作。

步骤1：取得样衣，检查样衣，确认寄送的样衣无误且符合客户要求。

步骤2：确认寄送相关信息，明确邮寄的客户地址、联系方式和收件人名称。

CONFORAMA PURCHASE ORDER

P/O NO.：ZX7887563423

PO Status：2 - FINAL P. O.

Date：15 - Jul - 2023

Sourcing Office： Conforama Trading Ltd. NO. 179，W. N STREET，LONDON，BRITISH TEL：4574321/4579430 FAX：4575286	Supplier： Zhejiang Zhuoxin Industrial Co.，Ltd Zhongshan East Road，Ningbo. China TEL：0574 - 635571 FAX：0574 - 46916

步骤3：选择合适的寄送方式、邮寄快递公司、确认寄样费用的承担问题。

步骤4：对样品进行包装、打包并寄出样品。

步骤 5：寄样后通知客户，跟进样品反馈和确认意见。

【知识储备】

寄样是每个跟单员在实际业务中都会处理的事情，寄样过程一般有五个步骤。

第一步：跟单员取得样品并检查样品。

跟单员收到样品后，首先应对样品进行外观检查，确认样品的外观无损并符合客户的要求。然后检查确认样品的尺寸型号、规格质量和其他性能等方面是否符合客户的要求。最好能够在寄样前，发送样品的照片或相关参数给客户核对，避免样品寄错或样品不符合客户要求。这一步是寄样过程中的重要环节，它可以帮助跟单员确保样品尽可能满足客户需要，从而提高客户满意度并促进业务成交。

第二步：跟单员确认寄送相关信息。

在检查样品并确认无误后，跟单员即可向客户进行邮寄样品。在这一步，跟单员需要联系客户确认好邮寄地址、联系方式和收件人名称，同时也要和客户协商好样品费用和邮寄费用由谁来承担的问题。之所以要和客户协商好费用问题，是因为在外贸业务中，样品通常是寄往国外，除样品本身的价值外，国际邮寄的费用也很高，尤其是为了争取时间早日成交，往往还会选择国际快递邮寄样品，其费用更加高昂，例如通过 DHL 国际快邮将 1 千克重的包裹送至美国洛杉矶，目前的费用大约为 400 元。邮寄费用可能远超过样品价格。所以在向国外客户寄送样品时，要与客户协商好相关的费用问题。

如果样品价值比较低，可以免掉样品费而收取邮寄费；如果样品价值比较高，可以承诺客户，如果最终下了订单，可以减免已付样品的费用。这是外贸行业中最常见和最被普遍接受的两种做法。有心成交的客户，也会爽快接受。

第三步：对样品进行打包并寄出样品。

确认了邮寄信息后，跟单员就可以打包包装样品，将样品寄出。对于容易碰花、碰碎、磨损的样品，要采用相应的保护措施，可以用气泡纸包裹好样品，整齐摆放在箱中做好固定，并在箱中放置一些碰撞缓冲材料，如碎布、报纸、泡沫等，避免在运输过程中因为撞击而损坏样品。同时包装的要求和尺寸形状也要注意符合对应快递企业的寄送和清关的要求。打包时用的外箱和内部的泡棉等物料要尽量和出货时一致，因为客户会认为他收到的样品是这样的包装，那么出货时也会是这样的包装，如果不一致，跟单员需要提前和客户说明，否则会为后面出货留下隐患。

样品包装好后，跟单员还可根据需要在样品上贴具标识。如果同时送多个样品，标识一定要清楚、准确、容易区分。标识内容应包括订单号、品名、客户名称、线密度、数量、颜色、规格、尺寸、克重等内容。可以用记号笔直接标注在样品的边角处，字迹要清楚、工整，易于辨认。通常情况下，应使用样品卡，将需要标识的内容填在样品卡内，并贴于样品的边角处。样品卡通常用不干胶印刷贴纸，方便填写，并粘贴牢固，样品卡不宜过大，一般为 12 厘米 ×10 厘米。

之后跟单员就可以把快递交给邮寄公司寄出了。在这里跟单员需要注意，寄给客户的样品，最好自己做一份留样，以便核对确认和归档。

第四步：寄样后通知客户。

在办理完样品的邮寄手续后，跟单员必须在第一时间通知客户。通知的内容主要有：

样品信息，如样品的名称、款式、规格、数量、重量、体积等；物流信息，如寄送时间、预计到达时间、运单号码、承运公司名称等。跟单员也可以将快递面单以图片形式发给客户，更加方便客户查询样品的物流状态。

第五步：跟进样品反馈和确认意见。

跟单员整个寄样操作的最终目的就是获得客户对样品的反馈或确认意见，所以在对客户发出寄样通知后，跟单员自己也必须要对样品物流状态进行跟踪，在确认客户收到样品之后，跟进客户对样品的反馈，以便及时获得客户的确认意见，促进外贸业务的成交。但不熟悉其中细节的人员，往往很难将寄样业务处理得妥当完善。跟单员在打样过程中要注意寄样方式、寄样费用、寄样通知等几方面内容。

9.3.1　寄样方式

在寄样时，跟单员需要对寄样方式做出选择，就目前而言，常用的寄样途径主要有邮政物流和国际特快专递。

1. 邮政物流

邮政物流包括各国的邮政大包、小包，以及中国邮政的 EMS、E 邮宝等。其中中国邮政小包和 EMS 是寄样时最常用的两种邮政物流方式。

中国邮政小包，又叫中国邮政航空小包，是中国邮政开展的一项限重 2 千克的国际邮政小包业务服务，是一项经济实惠的国际快件服务项目，中国邮政小包可寄达全球 230 多个国家和地区。

中国邮政小包有挂号与平邮之分，挂号小包可全程跟踪，平邮小包不提供跟踪信息。中国邮政小包交寄方便，相对于其他特快专递运输方式（比如 EMS、DHL、UPS、Fedex、TNT 等）来说，邮政小包服务有绝对的价格优势。但是中国邮政小包在时效性、稳定性以及处理优先度方面较其他特快专递均低一个等级，时效较慢。其运输时效大致为：到亚洲邻国 5~10 天，到欧美主要国家 7~15 天，到其他国家和地区 7~30 天。

EMS 全球邮政特快专递，是由万国邮联管理下的国际邮件快递服务。EMS 是中国邮政速递物流与各国及地区邮政合作开办的中国大陆与港澳台地区以及其他国家之间寄递特快专递的一项服务。该业务在海关、航空等部门均享有优先处理权，高质量为用户传递国际、国内紧急信函、文件资料、金融票据、商品货样等各类文件资料和物品。

EMS 国际快递投递时间通常为 3~8 个工作日，不包括清关的时间。东南亚及南亚地区 3 天内可以妥投，大洋洲 4 天可以妥投，欧美国家 5 天能妥投。由于各个国家及地区邮政、海关处理的时间长短不一，所以会造成有些国家的包裹投递时间延长，具体可以登录 EMS 官网，进入时限查询进行查看。

2. 国际特快专递

国际知名的四大国际快递分别为 UPS、Fedex、DHL、TNT，其中 UPS 和 Fedex 总部位于美国，DHL 总部位于德国，TNT 总部位于荷兰。国际快递对信息的提供、收集与管理有很高的要求，以全球自建网络以及国际化信息系统为支撑。

国际特快专递的费用较高，但时效快、服务好、安全性高，全球派送 2~6 个工作日投妥。具体而言，运输时间视运输距离、目的地服务区域情况、寄送的内容而定。四大快递公司各自具有优势区域和优势路线。UPS 2 ~ 6 日，在美洲地区有优势，美国优势明显；Fedex 2 ~ 6 日，在中南美洲、欧洲、东南亚有优势；DHL 2 ~ 7 日，在欧洲地区有优势；TNT 3 ~ 5 日，在欧洲、西亚和中东以及政治、军事不稳定的国家有绝对优势，西欧地区优势明显。

一般而言，国际特快专递公司对特定物品的寄送有相关要求，可以通过其官方网站或电话查询，跟单员可综合考虑安全、成本、时效、寄送地区等因素选择相应寄样方式。

工作小技巧

一些国家的禁邮品

烟灰缸与通心粉，严禁寄往阿富汗。

旧而脏的针织品，严禁寄往阿根廷。

避孕药物及工具，严禁寄往法国。

可可粉、家禽及"对国家安宁有害的"文字作品，属于德国的禁邮品。

凡不贴标志的蜂蜜，属于津巴布韦的禁邮品。

古玩、墨镜、复写纸、粉笔、贺年片，属于斯里兰卡的禁邮品。

9.3.2　寄样费用

1. 寄样费用计算

以表 9 - 8 所示快递费用明细为例，不同时期、不同地区、不同货物（文件或包裹）的快递运费会有所不同。具体寄样快递费用的计算方法是：首先确定国家（地区），然后确定分类（是文件还是包裹），从而找出对应的价格，再以 500 克作为基准重量（也称首重），超过 500 克部分，按每 500 克（或每增加 0.5 千克）作为一个续重（也称超重部分），则总的快件邮寄费就可按"总快件邮费 = 首重价格 + 续重价格 × 续重个数"的公式来进行计算。

表 9 - 8　快递费用明细　　　　　　　　　　　　　　　　单位：元

区域	寄往国家或地区	基价 500 克（文件）	增加 500 克（文件）	基价 500 克（包裹）	每增加 500 克（包裹）
1	欧洲	190	65	310	75
2	美国、加拿人	185	75	280	85
3	中国香港、中国澳门	50	20	60	25
4	东南亚（含韩国、中国台湾）	125	45	200	50
5	南太平洋	160	40	240	50

以寄送 1 505 克的包裹到英国为例，首重：500 克；首重价格：190 元。

（1 505 - 500）÷ 500 = 2，余 5 克。经计算可得两个续重还余 5 克，即为三个续重。每个续重价格 65 元。总快件邮费 = 首重价格 + 续重价格 × 续重个数 = 190 + 65 × 3 = 385 元。

为了降低运费，可以适当减少 5 克的包装材料，变为两个续重，此时，总快件邮费 = 190 + 65 × 2 = 320 元，可节约 65 元的运费。

2. 寄样费用选择

在寄送样品时，寄件费用有三种支付方式可供选择，即预付、到付和第三方支付。

（1）预付（Freight Prepaid）。

寄件方支付所需邮寄费用。此支付方式一般适用于寄送费用低、客户信誉好的情况或老客户，以及成交希望大的订单。

（2）到付（Freight Collect）。

收件人支付所需邮寄费用。此支付方式多用于寄送费用高、客户信誉差的情况或新客户，或成交希望无法确定的情况。但需注意，有时收件人会在当地采取拒付的行为，最后快递公司仍需寄件方支付费用。因此，一般要求收件人必须提供某一快递公司的到付账号。

（3）第三方支付（Pay by the Third Party）。

第三方支付是指邮寄费用实际上由发件方或收件人以外的第三方支付。在实际操作中，发件人若选择第三方付款方式，需在运单的"Payment of Charges"一栏填写第三方付款公司名、账号及国家名，并承担由账号失效或关闭所产生的所有连带责任，包括支付运费。

在实际操作中，出口企业一般要求国外客户自己承担运费，所以选择到付的较多。有时候，出口企业在报样品费用的时候把寄样费用已经包含在内，那么出口企业寄样时就会选择预付。在这里我们需要注意，发件人虽然选择到付付款方式或第三方付款方式，但是收件人或第三方拒付运费的风险自始至终由发件人承担。所以跟单员寄送快递后要保留底单，作为出现意外情况时跟快递公司理赔的依据和查核物品运送情况的依据。

9.3.3 寄样通知

在办理样品寄送手续后，跟单员必须在第一时间通知客户查收并做出反馈，需要时将单据号和寄送时间告知客户，以便客户做好接收样品的准备。通知的内容主要有以下几方面。

1. 样品详细信息

跟单员寄送样品时可以填制样品递送单并与样品附在一起递送。样品递送单包括样品名称、款号、材料规格、数量、重量、体积等内容。样品递送单应一式两份，跟单员应保留一份作为送样记录。填制好的样品递送单应在第一时间用传真或电子邮件的形式发给客户，以使客户留意查收。

2. 样品物流信息

通知客户时，跟单员还应将样品单物流信息，如寄送时间、预计到达时间、运单号码、承运公司名称等内容通知给客户，也可以将快递面单以图片形式发给客户，更加方便客户查询样品的物流状态。

3. 形式发票

根据国家有关规定，在快递物品的同时需要提供相应的形式发票（见图9-2）。形式发票除了是客户清关的必需单据外，也是出口商样品管理的重要记录。形式发票的内容主要包括收件人姓名、地址以及具体物品的信息。

INVOICE STATEMENT（形式发票）					
Consignee（接收人）： Company Name（公司名）： Address（地址）： Town/Area Code（区号）： State/Country（国家）：			Air Waybill NO.（运单号）： Carrier（承运公司）： Weight（重量）： Dimensions（尺寸）： Phone/Fax No.（电话）：		
Full Description of Goods（货物描述）	Manufacturer （生产商）	Quantity （数量）	Unit （单位）	Item Value （单价）	Total Value （总价）
Total（总价）					
I declare that the above information is true. Reason for Export：Sampling（出口原因：样品）					
				Signature（签名）： Date（日期）：	

图 9 - 2　形式发票

【任务实施】

　　对任务描述中提出的要求及任务分析中需要做的工作进行实施，完成寄样操作，将任务实施情况、总结评价及改进提升结果做好相应记录，填写表9-9。

表 9 - 9　任务实施记录

执行情况	步骤1	
	步骤2	
	步骤3	
	步骤4	
	步骤5	
总结评价	优点	
	不足	
改进提升	改进1	
	改进2	
	改进3	

【任务评价】

根据任务完成情况由教师、学生共同进行任务评价，如表 9－10 所示。

表 9－10　任务评价

考核项目		教师评分	学生评分	总评分	评语
任务执行质量	寄样跟单流程是否清晰正确				
	寄样方式和费用承担选择是否合理				
	寄样通知内容是否全面明确				
任务执行态度					
任务执行效率					

任务9.4　样品跟踪及管理

【任务描述】

小周寄出样品后，询问师傅 Jackson 接下来他应该进行什么操作，师傅告诉小周，进行样品跟单的最终目的是获得客户的样品确认意见。样品提供给客户后，小周还应积极地与客户沟通，跟进客户对样衣的反馈意见，如果客户对样品不满意，小周需要再根据客户的意见安排二次打样，直到客户满意为止。并在获得样品确认书后，整理归档样品资料，对样品进行管理。

【任务分析】

小周需要跟进客户的反馈意见，并做出积极反应。在获得样品确认书后，对样品相关资料进行存档封样，完成编号 ZX7887563423 订单下的样品跟单。

步骤1：对样品进行跟踪，查询样品寄送状态。

步骤2：跟进客户反馈意见，获得样品确认书。

步骤3：整理归档样品资料，对样品进行管理。

【知识储备】

9.4.1　样品跟踪

外贸跟单员在样品寄出后，要随时跟踪样品的寄样状态，及时查看客户是否已顺利收到样品。如果样品已经到达了客户所在地，但是客户尚未签收，可以主动向客户发送邮件，提醒样品已到达，为避免损失，请客户尽早领取。

如果物流单上显示客户已签收，这时无须着急去追问客户的意向，可先礼貌地告知客户，如有任何产品疑问，可随时与我们联系，我们愿意在技术方面给予解释和支持。如此一来，既不会显得过于迫切，又巧妙地表达了我们期待与客户下一步合作的意愿。为了让客户看到我们合作的诚意，首先要站在客户的角度考虑问题，既给客户提供帮助，又增加客户的好感度，这样才能起到良好的跟进效果。

跟踪客户已经收到样品之后，外贸跟单员应密切关注买方客户对样品的反馈意见。如果客户收到样品后迟迟没有回复，很有可能是忘记了对样品的反馈。这时我们就需要发送一封表明来意的邮件，给客户提个醒。

如果给客户发送了邮件后，客户还是没有回复，就可以定期地给客户发邮件咨询产品意向。再进一步，还可以通过连线客户来达到沟通的目的，促进业务的达成。如果短期内无法与客户建立业务关系，那么可以在后期进行长期推送，通过让客户关注到我们公司产品的最新情况，获得下次合作的机会。

如果客户对样品做出了积极反馈，但是存在着部分修改意见，那么在客户批核样品的过程中，跟单员应该及时跟进客户意见，并对客户的反馈做出积极反应，与客户进行有效沟通，及时掌握情况，促使客户尽早给出确认意见，以尽快完成样品确认，然后进行产品的大货生产。

想一想：给客户寄了样品，
客户没有回复怎么办？

9.4.2 样品确认

客户在批核样品过程中，跟单员要及时跟进。如果客户批复样品时间过长，可能会影响后续大货生产的交货时间，所以跟单员必须与客户进行有效沟通，及时掌握情况，促使客户及时回复，尽早给出确认意见。

客户确认意见应以书面形式通知，或者采用传真或电子邮件等有记录可查的方式。如果交货期紧急的订单，可以接受客户通过电话或口头通知，但是必须请客户补充递交书面形式确认意见，也就是将确认结果以确认单或确认邮件的形式反馈给跟单员。书面回复可以作为跟单和生产的依据，并且是大货验货甚至交涉理赔时的依据，跟单员应妥善保管。

9.4.3 样品管理

企业通常会有自己的样品管理流程，如大部分外贸企业会设立专门的样品间，在样品间专门有序存放和展示各种样品并做好样品信息的标识，跟单员可以按照企业样品管理流程，将样品按照客户号或订单号等进行分类管理，建立起样品资料库，可以将客户的原样、确认的样品等各个样品资料要求、客户的样品确认意见集中统一存放归档，以便随时高效地查询查阅使用。也可以将客户确认的样品，建立起样品资料库，将客户的原样、样品资料要求、客户的样品确认意见及经客户确认的样品，统一集中存放。

在样品管理的过程中，跟单员可以根据实际需要来设计样品管理表，收集和存储送样国别或地区、送样客户、样品名称和材料规格、样品货号及生产批次、工艺要求、制程问题点及处理方法、样品数量、寄送时间、客户对样品的确认内容等信息。同时建立资料夹，按客户、订单号、样品编号进行汇集保管，将客户和样品确认书附在每一个订单的样品资料中。

这样能防止样品丢失、损失，达到安全保存的目的。也能方便有关人员随时查询检索，帮助研发人员研发、改进产品，解决技术问题，提高跟单员的工作效率和准确性。还可以在客户追加订单或下订单时，直接调出资料，查找以往的生产经验，督促下单，从而节省时间，提高工作效率，提升业务效益。

工作小技巧

跟单员的文件资料管理

在订单生产期间，跟单员需要整理的资料很多，从联系客户开始一直到客户下单的过程中，会有大量的文件资料，跟单员要做好对应文件资料的管理。

1. 客户基本资料整理

客户基本资料的整理主要是为每位客户建立信息档案，维护好订单客户。

2. 样品资料整理

（1）颜色样板整理。已经完成的面料颜色样要贴在规定的表格内（如公司统一汇总的颜色样板卡手册），并根据打样通知书标明色号、色名、编号、送样日期等内容。要对所有颜色样卡编号，并按时间顺序排放，以便日后随时复查。妥善保管好颜色样板卡，防止出现褪色、潮湿或发霉等现象。还要定期清理已经过时的面料样板，将不再用的样板做封存或丢弃处理，以便空出文件夹和空间放置新的面料样板。

（2）客户原样整理。客户给的原样（包括手感样和品质样）要妥善保管，一般公司统一按照一定的顺序编排，由样品管理员统一保管，或者按客户要求退回原样。但一般来说，对需要退回的原样，跟单员应对原样进行电子存档，以便日后需要的时候查找。

（3）样品整理。按照客户要求打的样品，特别是客户确认的样品，一般需要一式两份，一份寄给客户，另一份留档。这两份样品要标明日期，便于查找。一般公司设有样品库，开发的留底样品交给样品库管理员进行统一管理。但需要跟单员对样品进行编号并记录时间，特别是最终客户确认的样品，一定要妥善保管，以便需要的时候能顺利找到。

3. 价格资料整理

跟单员要详细记录为客户报价过程中产生的报价资料。包括时间、报价依据、客户反馈信息、更改价格日期及最终确认价格等。

4. 重要邮件整理

在订单生成期，外贸跟单员会与客户有很多往来邮件，对于重要的邮件，跟单员需要打印出来进行书面存档。比较重要的邮件有以下几种：

（1）关于价格的邮件，特别是双方确认价格及付款条件的邮件。

（2）关于样品质量、颜色等的确认意见。

（3）关于确认交期的邮件。

（4）关于公司地址、公司银行及相关联系人的邮件。

【任务实施】

对任务描述中提出的要求及任务分析中需要做的工作加以实施，完成对样衣的跟踪及管理，并对任务执行、总结评价及改进提升的情况做好相应记录，如有需要可以自行设计相关表格。具体的操作步骤演示如下：

步骤1：对样品进行跟踪，查询样品寄送状态。

寄出样品后的第四天，小周查看了快递 DHL 网站的系统信息，发现快递已被客户签收，于是小周立即打电话给客户办公室，询问对样品的确认意见。对方告知快递件已经收到，但是负责人今天出差未回，所以无法给出确认意见，明天卜班前给出回复。

步骤2：跟进客户反馈意见，获得样品确认书。

寄出样品后的第五天，客户给出确认意见，对女士衬衫样衣表示满意可以接受。于是小周请对方传真确认意见，或者由小周写好确认意见后交由对方签名盖章。客户答应小周立刻传真确认同意意见，并要求尽快安排生产。

步骤3：整理归档样品资料，对样品进行管理。

小周收到客户的样品确认书传真后，给美国客户写了感谢及时确认的邮件，并告知客户马上安排生产备货工作。然后小周按照订单分类，将生产工艺单、留样的确认样衣、客户的样品确认书统一整理好，贴好样品标签，放入了样品管理室归档。

【任务评价】

根据任务完成情况由教师、学生共同进行任务评价，如表9–11 所示。

表 9 –11　任务评价

考核项目		教师评分	学生评分	总评分	评语
任务执行质量	是否能够及时跟踪样品寄送状态				
	是否能够及时跟进客户反馈意见				
	是否能够对样品做好统一整理和归档				
任务执行态度					
任务执行效率					

【思政园地】

团结协作：打样工作中跟单员的协同合作

知识与技能训练

【同步测试】

一、单项选择题

1. 以下属于出货样的是（　　　）。

A. Shipment Sample　　　　　　　　B. Reference Sample

C. Test Sample　　　　　　　　　　D. Confirmation Sample

2. 国外老客户要求寄送面料样品，量不多但要求快速，应选择（　　　）。

A. 邮政的航空大包，寄费到付　　　　B. 航空快递，寄费预付

C. 邮政的航空大包，寄费预付　　　　D. 航空快递，寄费到付

3. 如果凭样品买卖的买方不知道样品有瑕疵，（　　　）。

A. 则损失由卖方承担　　　　　　　　B. 如果瑕疵隐蔽，损失由卖方承担

C. 则损失由买方承担　　　　　　　　D. 由谁承担损失则视具体情况而定

二、多项选择题

1. 纺织服装行业中常用的样品种类包括（　　　）。

A. 水洗样　　　　B. 颜色样　　　　C. 齐色齐码样　　　　D. 纺织样

2. 寄样运费预付的方式适用的情况包括（　　　）。

A. 订单成交可能性较大　　　　　　　B. 客户信誉较好

C. 订单成交可能性较小　　　　　　　D. 客户信誉较差

3. 国际知名的四大国际快递包括（　　　）。

A. UPS　　　　B. DHL　　　　C. Fedex　　　　D. TNT

三、判断题

1. 当样品作为商品品质的展示时，其代表同类商品的普遍品质。　　　　（　　　）

2. 测试样是卖方交由客户检验货物品质是否符合要求的样品。　　　　（　　　）

3. 跟单员寄出样品后即完成了样品跟单工作。　　　　　　　　　　　（　　　）

四、计算题

1. 寄送 1 520 克的样品包裹到美国，请参照表 9 - 12 计算应付的快递费用是多少。

2. 请计算寄送 835 克的样品包裹到韩国，请参照表 9 - 12 计算应付的快递费用是多少。

表 9 - 12　快递费用明细

区域	寄往国家或地区	基价 500 克（文件）	增加 500 克（文件）	基价 500 克（包裹）	每增加 500 克（包裹）
1	欧洲	190	65	310	75
2	美国、加拿大	185	75	280	85
3	中国香港、中国澳门	50	20	60	25

续表

区域	寄往国家或地区	基价 500 克（文件）	增加 500 克（文件）	基价 500 克（包裹）	每增加 500 克（包裹）
4	东南亚（含韩国、中国台湾）	125	45	200	50
5	南太平洋	160	40	240	50

【综合实训】

请选择一款感兴趣的外贸产品，对其制作过程进行企业实地学习，包括产品规格、品质等方面的知识和具体生产制作流程，完成作品（视频、图片、PPT）并展示汇报。

学习单元 10

生产跟单

【项目介绍】

完成样品跟单后，小周开始着手安排女士衬衫的大货生产工作。师傅 Jackson 告诉小周，在这一跟单工作过程中，小周需要按照合同和信用证的要求，采购原辅材料、组织货源、跟进生产催交货物，对应交的货物进行清点和验收，核实货物的加工、整理、包装和刷唛情况，按时、按质、按量地完成订单产品的交付。

生产跟单是跟单工作中的主要环节，在本单元的学习过程中，小周需要掌握生产跟单的主要工作流程和工作内容，能够完成原辅材料的采购跟单、生产数量跟单、生产质量跟单、生产进度跟单以及包装跟单等工作。

【学习目标】

知识目标：

- 了解原辅材料采购跟单的内涵
- 了解原辅材料采购跟单的基本要求
- 掌握原辅材料采购跟单的流程
- 了解生产数量、质量、进度跟单的基本要求
- 掌握生产数量、质量、进度跟单的基本流程
- 了解生产质量控制的基本要求和相关认证
- 掌握产品质量检验活动的实施
- 熟练掌握与出口商品检验有关的抽样检验方法、检验标准、检验地点、检验机构和检验证书签发等知识
- 了解法定商检及第三方检验内涵及要求
- 了解产地商检的电子检验检疫电子底账编号
- 掌握生产异常情况的处理方法
- 基本掌握一种商品（如纺织品服装）的检验操作全过程
- 了解包装材料分类
- 理解包装材料的可循环性
- 掌握出口包装环保（回收）要求标志
- 了解木质包装的熏蒸或热处理方法，并能够掌握标志内容及含义
- 掌握出口商品包装的具体方法并能够判断包装是否正确

技能目标：

- 初步具备原材料采购单制作的技能
- 初步具备生产计划书、生产通知单制作的技能
- 具备利用订单数量确定检验数量和判断商品质量优劣的技能
- 具备正确计算"溢短装"条款下订单生产数量控制的技能
- 具备运用抽样检验方法来判断订单质量优劣的能力
- 能够读懂检验证书中的检验项目和结论
- 能够根据外贸商品特性选择合适的包装材料
- 能够按照要求制作包装说明和包装样本
- 能够设计货物装箱方式，制作装箱说明
- 能够根据运输需要合理识别运输包装标识
- 能够根据进口国及客户需要，确保包装符合环保要求
- 具备识别内包装、外包装的技能
- 具备核算包装材料成本在生产成本中比例的技能
- 能够辨别单瓦楞、双瓦楞、叁瓦楞及其在货物包装中的作用
- 初步具备选择包装材料的能力
- 具备依据商品设计包装尺寸的能力

素养目标：

- 具有耐心细致的工作态度和精益求精的工匠精神
- 具备基本调研、发现问题、分析解决问题的能力以及创造思维
- 具备与人交流合作的能力以及信息接受和综合研判的能力
- 具有较强的抗压能力
- 具备一定的领导及管理能力，能够带领团队完成工作
- 具备较强的学习能力，能够主动学习和运用新知识、新材料、新规则
- 具备较强的法律法规意识，自觉按法律法规行事

【思维导图】

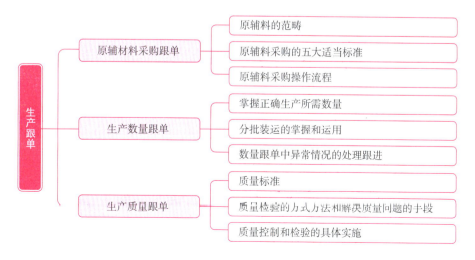

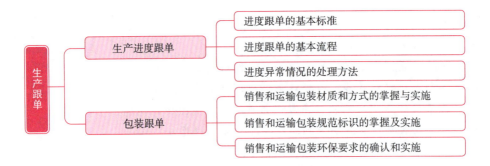

任务 10.1　原辅材料采购跟单

📰 【任务描述】

跟单员小周接下来需要根据订单要求开始安排服装大货原辅材料的采购工作，并积极跟进，在规定的期限内获得必要的原材料，避免生产企业停工待料。

⏰ 【任务分析】

小周需要根据编号 ZX7887563423 下的订单信息，进行原辅材料采购跟单。

CONFORAMA　　PURCHASE　　ORDER

P/O NO.: ZX7887563423
PO Status: 2- FINAL P.O.
Date:　15-Jul-2023

Sourcing Office: Conforama Trading Ltd. NO.179, W.N STREET, LONDON, BRITISH TEL:4574321/4579430 FAX:4575286	Supplier: Zhejiang Zhuoxin Industrial Co., Ltd Zhongshan East Road, Ningbo.China TEL:0574-635571 FAX:0574-46916

Term of delivery:	Inco2020	Place of delivery:	NINGBO	Port of discharge:	LONDON, BRITISH
Means of Transportation:	BY VESSEL	Incoterm:	FOB	Latest date of Delivery: 15-DEC-2023	Forwarder:	FR/ GEODIS OVERSEAS

Payment by:	TRANSFER	Payment term:	AT 30 DAYS
Currency:	USD	PO Status:	2- FINAL P.O.

Container types	Quantity
LCL	1.00

Marks and Numbers	Product code	Descrption of Goods	Colour	Quantity	Unit price	Subtotal
N/M	DK627391	Women's 100% Cotton Shirt	WHITE	2,000.00	23.90	47,800.00
Total P/O				2,000.00		47,800.00

REMARKS:
The clothing production process sheet is attached

步骤 1：确定采购需求。

确定生产女士衬衫所需原料（面料）的规格、用量，所需辅料的类型、规格和数量等信息，然后与力天服装有限公司采购部门沟通所需原辅材料的具体情况。

步骤 2：采购所需原辅料。

如果生产企业缺少服装生产所需的物料，则小周需要安排公司采购部门对缺少的原料进行采购，及时获得所需原辅料；如果生产企业有对应的原辅料库存，则无须进行原辅料的采购工作。

步骤 3：采购单跟踪。

如果需要进行原辅料采购，发出采购单后，要及时跟踪采购订单，及时与供应商沟通供货进度，查看并确认供应商是否按照订单要求安排生产或安排供货。

步骤 4：原辅料验收确认。

获得原辅料后，需要对原辅料进行检验验收，确认无误后再将原料投入大货生产，完成原辅料的采购跟单。

【知识储备】

10.1.1　原辅料的范畴

1. 原辅料

原辅料是指生产过程中所需要的原料和辅助用料的总称，如在生产衬衫时，所要用到的原料就是服装面料，所要用到的辅料就是针线、纽扣、里料、吊牌等，凡是生产衬衫服装过程中会用到的材料，统称为原辅料。

2. 原辅料采购跟单

原辅料采购跟单是跟单员按照订单要求，对要采购的原辅料规格、品质、数量等进行采购跟踪，协助满足生产供应企业对原辅料的需求，以保证生产供应企业按时生产、按时供货。

工作小技巧

原辅料采购跟单的前提

进行原材料采购的前提是已经与客户确认订单，并且订单生效。而订单生效的标准是，客户的订金，也就是预付款到达我方开户行账户，或者对方开具的信用证生效。当前经济环境下，客户在签署订单后毁约的事件时有发生，一切必须以货款到账为确认基础。如果在客户未支付预付款或者信用证尚未开具的情况下，供货方开始采购原材料，而客户此时未能履约，后续供货方由此会产生很多麻烦。

2022 年 10 月，某公司接到一张新加坡的订单，6 300 只 12 英寸玩具熊，金额 12 000 美元，交货期为 2023 年 7 月 20 日，付款方式为前 T/T 30%（客户在大货生产前需电汇 30% 的货款），按照订单的交期，生产时间非常紧张，因为 6—10 月是每年生产最忙的时候，如果按照客户的要求，立刻安排订购面料，那么工厂需要付款 30 万元到面料厂。在等待了一周后多次催促客户支付预付款无果，确认该订单无效。

10.1.2 原辅料采购的五大适当标准

原辅料采购是跟单过程中非常重要的环节，一旦采购的原材料交货时间出现问题，将会直接影响整个订单的生产进程，所以原辅料采购一定要遵循五大适当标准。

1. 适当的时间

采购原辅料的交货时间要不早不晚，与生产的时间相适应。过早或过晚的原辅料交货时间都不利于企业的生产运作，过早会占用过多的库存，过晚容易导致企业出现"停工待料"的现象。

2. 适当的地点

跟单员在进行原辅料采购时应选择离企业近、方便运输和装卸的地点进行交货，比如在港口、物流中心、企业仓库附近交货等。如果交货地点不恰当，就会增加企业原材料的运输、装卸和保管成本。

3. 适当的质量

跟单员采购的原辅料质量应要满足客户提出的货物质量要求，质量不应过高也不应过低。如果原辅料质量过低，就会直接影响到产品质量，容易导致客户对产品质量的不满从而产生退货问题。如果原辅料质量过高，则会使采购成本增加，从而导致商品利润降低，失去价格优势。

4. 适当的数量

跟单员每次采购的原辅料数量应该是刚好够用，不会过多也不会过少。如果原辅料采购数量过多，则会占用企业较多的资金，造成较多的库存。如果原辅料数量不足，则会导致生产车间断料停工，无法按期完成商品的生产和交货。

想一想

做一件女式衬衫需要多少布料

一般的面料幅宽有两种，一种是窄幅，幅宽在 90～100 厘米。一种是宽幅，幅宽在 145～156 厘米。如果用窄幅做衣服，一般用料＝衣长＋衣长＋袖长＋15 厘米左右的缝份握边量。如果是宽幅，用料＝衣长＋袖长＋10 厘米的量。以一件女款 M 号真丝衬衣举例，大概需要 114 门幅真丝面料 1.3 米左右。

5. 适当的价格

跟单员在采购原辅料时，应该以最适当的价格购入，而不是越低越好。如果采购价格过低，则容易产生质量或者其他方面的问题，如果采购价格过高，则会直接影响到商品成货的价格成本。所以跟单员在采购原辅料时，应该货比三家，在保证质量的基础上，综合选取性价比最高最合适的原辅料。

采购是跟单过程中非常重要的环节，一旦采购的原材料交货时间出现问题，将会直接影响到整个订单的生产进度，如果采购原料的品质无法得到保证，轻则会影响成品质量，造成损失，重则会遭到客户的索赔，甚至会因此失去长期合作的客户。建立与客户的信任关系是非常漫长的过程，而与客户之间的信任灭失则相当迅速。对大部分产品来说，当前仍然是买方市场，客户有大量的途径和机会选择并更换供货商。因此，订单生产前期物料采购环节的重要性可见一斑，做好采购工作，还需要注意以下几点：

（1）判断力要强。

一般的采购都是采取定点供货的方式，这样既节约了时间，同时货源和质量得到了保证。在选择新的供货商时，要事先做好充分的调研工作，可以通过网络、同行的口碑、实地查看等方式，确保供货商的资质、品质和产品交期。

（2）付款及时守信。

对供货商的付款，要能够做到诚实守信，付款及时。在供货商资金遇到困难时，要想人所想，及时提供帮助，因为我们与供货商是在同一阵线的，只有在关键时候对供货商提供有力的支持，供货商才会有提供更好的新样品和好的价格的积极性，才能够实现互补双赢。

（3）掌握最新信息。

供货商数据库要及时更新，了解原材料的价格波动，多接触不同地区的供货商，及时了解最准确的价格信息。对专业知识的学习要有持续性，了解自己业务范围内产品的特性，业务知识要全面，同时勤奋好学，虚心上进，及时跟老业务员和生产采购一线的同事沟通。这样在面对市场行情的变化波动时，能够及时调整对策，有效控制采购成本，再向客户报价时才能对未来的风险提前防范。

（4）维护好新老供货商的关系。

在稳定老供应商的同时，寻找新的供应商，以维持正常的供应体系，而不至于使自己所需的物料受老供商的限制。不能把所有的鸡蛋放在一个篮子里，但是要尽量将多的鸡蛋放到价格篮子里，重点培养几家供货商。只有我们的订单量占对方订单量相当大的比重时，对方的服务才会相应提升。

（5）注意采购过程的规范性。

在向供应商确认相关的订单、采购参数变更时，一定要通过书面的形式确认，并且在收到对方明确的签字确认后，存档备案，以备在货品出现问题时双方确认责任之需。

10.1.3　原辅料采购操作流程

在实际的业务过程中，跟单员进行原辅材料采购跟单的流程有五个步骤。

1. 确定采购需求

跟单员在采购前，首先要确定好所需原辅料的名称、规格、数量和交货期等，明确自己要采购的原辅料信息。比如，跟单员要为一批商务衬衫采购原辅料，就需要先确定好订单要求衬衫所采用的面料是什么，可能会用到的辅料有哪些，如衬衫纽扣、胶领条、拷贝纸、衬板、塑料夹、商标、水洗标、尺码标、吊牌及围条等。据生产合同中面料的数量计算所需各类原料的用量，并仔细核查，保证无误。特别是对一些比较昂贵的原辅材料，订购少了，则生产不出订单上的数量，订购

工作小技巧：清查库存

多了，对生产企业则是一种浪费。

2. 选择供应商

确定采购需求后，跟单员再根据需求，选择合适的供应商。在这一过程中，跟单员要注意采购的五大适当标准，在保时、保质、保量的前提下选择原辅料报价最低、性价比最高的供应商。

3. 发出采购单

在与选定的供应商谈妥交易条件后，就可以制作采购单并向选定的供应商发出采购单。采购单的主要内容有：采购原辅材料名称、确认的价格及付款条件、确定的质量标准、确认的采购数量、确定的交货时间和交货地点等，另外如果有必要，跟单员还可以随采购单附上必要的图纸、技术规范、要求和标准等。

拓展阅读

采购单与采购合同

采购单是企业根据产品的用料计划和实际能力以及相关的因素，所制订的切实可行的采购订单计划，并下达至订单部门执行，在执行的过程中要注意对订单进行跟踪，以使企业能从采购环境中购买到企业所需的商品，为生产部门和需求部门输送合格的原材料和配件。

采 购 单

编　号：_____　　　　　　　日期：_____

供应商：_____

请供应以下产品：_____

型号	品名、规格	单位	数量	单价	金额	备注
合计	万　仟　佰　拾　元　角　分					

1. 交货日期：□_____年_____月_____日以前一次交清。

　　　　　　□分批交货，交货时间_____，数量要求：_____。

2. 交货地点：_____。

3. 包装条件：_____。

4. 付款方式：_____。

5. 不合格产品处理：_____。

6. 如因交货误期、规格不符、质量不符合要求造成本公司的损失，卖方负责赔偿责任。

7. 如卖方未能按期交货，必须赔偿本公司因此蒙受的一切损失。

8. 其他：_____。

9. 开户行：_____；账号：_____；

　　地址：_____；联系电话：_____；传真：_____。

采购单位：　（盖章）　　　　　　　　　　　　供应商：　（盖章）

为保证加工企业的生产供给和外贸合同的正常履行，跟单员向供应商发出采购单后，将会与供应商进行协商谈判，共同拟定采购合同。采购合同是具有权利义务内容的经济合同。合法有效的合同有法律约束力，其对合同双方当事人有法律效力，可以强制执行，违反合同必须承担法律责任。合同加诸双方当事人的义务是双方当事人在平等的地位上，依各自的自由意志选择的结果，可以确实约束控制双方的行为、保护双方的利益。

原材料采购合同

甲方：

乙方：

经甲、乙双方友好协商，本着平等互利的原则，根据《中华人民共和国合同法》及相关法律法规的规定，现就乙方向甲方供应生产物资事宜达成一致意见，为明确双方权利和义务，特订立本合同：

一、订购产品名称：

二、订购产品数量：

三、质量标准：甲方授权乙方供应符合国家质量标准和甲方生产要求的货物。乙方的货物必须符合规定的标准和随货文件要求。

四、产品规格及价格：

_____。

五、付款方式：双方选择以下第_____种方式支付货款。

1. 翻单结算。即第二批货物到甲方厂区指定地点后，甲方向乙方支付第一批货款。以后依次类推下次送货结算上次货款。

2. 留质保金结算。即乙方前一期货物送达且验收合格后，留下_____元作为质量保证金，其余款项货到后当月内付清。合同期限届满，货物没有发生质量问题，质量保证金全部退还乙方。

3. 货物运到甲方后，经检验合格，卸货后一日内付款。

六、产品包装要求及规格：（包装费用已包含在货物价格内）_____。

七、交货地点：_____。运费由乙方负担。运输过程中货物毁损、灭失等各种风险均由乙方承担责任。

八、供货时间：乙方在收到甲方首批传真订单（或电话、短信通知）_____个工作日内将货物送至合同指定地点。重复订单，_____个工作日内将货物送至合同指定地点。

九、双方的权利和义务：

1. 如果供应的货物行情有较大幅度的变化，经双方协商可根据市场价格对供货产品的价格做出必要的调整。协商不成，仍按原条款执行。

2. 如乙方提供的货物包装或产品规格不符合要求，甲方有权拒收货物。如甲方拒收，乙方必须按照本合同的约定另行提供符合要求的货物，且由此造成的各种损失均由乙方承担责任。

3. 乙方必须向甲方提供生产企业资质证明、营业执照及相关的手续。其提供的产品，必须符合相关的国家、行业或企业标准，并随货附带生产许可证、产品合格证、化验报告等手续。

4. 甲方应在乙方所送的货物到达后及时进行质量检测，如发现质量问题，乙方须立即现场处理善后事宜。因此给甲方造成损失的，乙方应承担甲方为此支付的所有费用（包括但不限于赔偿的费用、必要的律师费、罚款等）。

5. 因乙方产品内在质量问题，引发甲方生产或质量事故，造成甲方损失的，乙方应赔偿甲方为此支付的所有费用（包括但不限于赔偿的费用、必要的律师费、罚款等），此责任不因甲方已进行质量检测而免除。

6. 如乙方未按照本合同第八条规定的时间送货、送货迟延或货物的数量与合同约定不符，应赔偿甲方违约金＿＿＿＿＿＿＿＿元。

7. 双方都应保守对方的商业机密。

十、补充协议：＿＿＿＿＿＿＿＿＿＿＿＿＿＿＿＿＿＿。

十一、特别声明条款：＿＿＿＿＿＿＿＿＿＿＿＿＿＿＿＿。

十二、合同有效期：2023 年＿＿＿月＿＿＿日起至20＿＿＿年＿＿＿月＿＿＿日止。

十三、本合同一式两份，甲乙双方各持一份，具有同等法律效力，双方签字盖章后生效。双方发生争议时，协商解决，协商不成任何一方均有权向甲方所在地人民法院提起诉讼。

十四、合同签订地：＿＿＿＿＿＿＿＿

双方签字盖章

采购单一般只有采购货物的数量、交货期等简单的要求，而合同是包括订立合同双方的名称、地址、货物名称、数量、品质、交货时间、结算方式、双方的责任和义务、争议处置、合同生效和终止条件等条款完整的文件。订单只是意向，合同一定要执行，不执行要负法律责任。而订单可以随时取消。

4. 采购单跟踪

在下达采购单后，跟单员要跟踪供应商的订单处理状态，查看并确认供应商是否按照订单要求安排生产或安排供货。及时与供应商沟通排产或供货进度，及时发现问题，快速沟通解决，保证供应商按时交付。

对于那些长期合作、信誉良好的供应商，可以不用采购跟进。对于那些常规品种的原料，也可以不进行采购跟进。但对于那些市场上无法购买到、需要专门进行定制的产品（如需定制的纱线或者坯布品种），跟单员需要进行跟进。跟单员需要跟进的内容包括确认原料的交货日期及在什么条件下交货；确认原料生产过程中的信息；确认原料的质量，如纺纱原料的批次不同、纺纱机器参数设置不同都会造成纱线质量的不一样，因此需要确认纱线的质量；最后还需要核实原料的交付价格是否与订单上的价格一致。这些跟进内容可以用来评价供应商，确定供应商是否有问题，并对将来选择供应商提供指导。对供应商也可以根据其交货速度、质量可靠性和竞争能力等因素做出评价，以为今后做指导。

工作小技巧

采购单的跟催

跟单员需要在预定的交货期开始前数天提醒供应商，一方面给供应商适当的压力，另一方面可及时掌握供应商能否按期、按量交货等第一手资料，从而尽快采取相应措施。催单的目的是使供应商在必要的时候送达所采购的物料，使企业的经营成本降低。催单的方法主要有按采购单跟催和定期跟催两种。

1. 按采购单跟催

按采购单预定的进料日期提前一定时间进行跟催。通常采用以下方法：

（1）联单法：将采购单按日期顺序排列好，提前一定时间进行跟催。

（2）统计法：将采购单统计成报表，提前一定时间进行跟催。

（3）跟催箱：制作一个31格的跟催箱，将采购单依照日期顺序放入跟催箱，每天跟催相应的采购单。（以上方法的目的是保证跟单员不因工作繁忙而遗漏重要事项。）

（4）计算机提醒法：利用 Outlook 系统中的日历安排计划功能，将每月需要办理的催单事项输入日历，每天打开 Outlook 系统后，它会自动提醒跟单员当天需要办理的事项。

2. 定期跟催于每周固定时间

将要跟催的订单整理好，打印成报表定期统一跟催。

（1）催单的规划。

一般监控：倘若采购的物料为一般性、非重要的商品，则仅作为一般的监控即可，通常仅需注意是否能按规定的期限收到检验报表，可定期查询实际进度。

预定进度管理实践：比较重大的业务，跟单员可在采购单或采购合同中明确规定，供应商应编制预定进程表。

生产企业实地考察：对于重要原材料的采购，除要求供应商按期递送进度表外，还可以实地前往供应商生产企业进行实地考察。此项考察，应在采购单内明确约定，必要时可派专人驻厂监督。

（2）催单的工作要点。

跟单员要进行有效的催单，必须做好交货管理的事前规划、事中执行与事后考察。

事前规划具体包括：确定交货日期及数量；了解供应商生产设备的利用率；供应商提供生产计划或交货日程表；提高供应商的原料及生产管理；准备替代来源。

事中执行具体包括：了解供应商备料情况；企业提供必要的材料、模具或技术支援；了解供应商的生产效率；加强交货前的跟催工作；交货期及数量变更要及时通知；应尽量减少规格变更。

事后考察具体包括：对交货延迟的原因进行分析，并做好应对准备；分析是否需要更换供应商；执行对供应商的奖惩办法；完成采购单后对余料、模具和图纸等进行回收及处理。

5. 原辅材料验收入库

供货商备货完毕或生产完毕后，就会进行原辅料交货，这时跟单员要安排原辅材料的验收入库。首先，跟单员应与供应商商定检验日期及地点，以保证较高的检验效率。其次，主动联系质量检验专业人员一同前往检验地点进行原材料、零部件的检验，核对所收原辅料是否与订货采购单一致，包括原辅料的名称、规格型号、数量、质量、包装等。安排检验时要注意原材料、零部件的轻重缓急，对紧急原材料、零部件要优先检验；对一般原材料，采用正常的检验程序；对重要原材料，或供应商在此原材料供应上存在质量不稳定问题的，则要严加检验；对不重要的原材料，或者供应商在此原材料供应上质量稳定性一直保持较好的，则可放宽检验。

原材料检验的结果分为两种情况：合格材料、不合格材料。如果货物合格，则直接验收入库即可；如果货物不合格，则需要联系供应商，进行退换货处理，让供应商后续再补足合格的所需原辅料。

工作小技巧

服装原料的面料处理

原材料到厂后，经过数量和质量的检验后就可以入库，然后就可以开始进行生产准备了。原材料在生产前都需要进行一些相关的处理和准备，然后才能进行大货的生产。比如服装行业，面料裁剪之前都需要展开放置 24 小时以上，因为面料在入库后都是成卷存放的，机器在卷布时会有一定的拉力，而目前很多面料都有弹性，面料都被拉伸了，如果没有展开平置 24 小时，裁剪过后纸样裁片就会回缩，这样成衣的尺寸就变小了，从而造成大量的不合格品。

【任务实施】

对任务描述中提出的要求及任务分析中需要做的工作加以实施，完成对原材料的采购跟单，并对任务执行、总结评价及改进提升的情况做好相应记录，如有需要可自行设计相关表格。具体操作步骤的演示如下：

步骤 1：确定原料采购需求。

女士衬衫生产需要纯棉面料，根据样衣打样时观察记录得到的数据：1 件女士衬衫需要 1.2 米左右的纯棉面料，制作时面料损耗率在 1% 左右，参考公式"面料采购数量 = 单件服装所需面料数 × 所需成品数量 × (1 + 5%) × (1 + 1%)"进行计算，得出所需的纯棉面料为 $1.2 \times 2\,000 \times (1 + 5\%) \times (1 + 1\%) = 2\,545.2$ 米。即生产 2 000 件女士衬衫大概需要 2 545 米纯棉面料。

步骤 2：确定辅料采购需求。

根据订单附带的服装生产工艺单确定生产衬衫所需的辅料为配色 20/2 牛仔线、本色 40/2 缝纫线以及 14 L (9 mm) 透明白色纽扣。服装生产工艺单中并未明确产品的包装要求，与客户沟通后明确了客户对产品没有特殊的包装要求。产品按照力天服装有限公司对衬衫常用的包装方式进行包装。

步骤 3：采购所需原辅料。

小周根据确定的所需原辅料信息，与力天服装有限公司采购部门和生产部门进行沟通。沟通后得知，如果按照公司常用的包装方式对产品进行包装，没有特殊包装要求，力天服装有限公司库存有生产 2 000 件女士衬衫所需的全部原辅料库存。

步骤 4：原辅料验收确认。

小周联系安排质检员对库存的原辅料进行质量检验。经检验，原辅料的质量和数量等均满足要求，可以安排投入大货生产。

【任务评价】

根据任务完成情况由教师、学生共同进行任务评价，如表 10 - 1 所示。

表 10-1 任务评价

考核项目		教师评分	学生评分	总评分	评语
任务执行质量	原辅料采购需求分析是否准确				
	原辅料采购跟进是否及时				
	原辅料的验收入库是否合格				
任务执行态度					
任务执行效率					

任务 10.2　生产数量跟单

【任务描述】

备妥了女士衬衫大货生产的原辅料后，小周开始对大货生产过程进行跟进。师傅 Jackson 将自己的跟单经验分享给小周：外贸业务中，跟单员需要对生产数量进行跟单，确保生产的产品数量既能满足客户的需要，又能尽量减少资金占用以及降低采购成本。由于生产企业在生产过程中会有损耗或者生产出不合格产品的情况，作为跟单员，不仅需要根据订单约定的数量条款确定原辅料的所需数量，在确定生产数量时也要结合相关数据进行考量。

【任务分析】

小周需要结合力天服装有限公司的成品率计算所需的生产数量。

步骤 1：根据订单中的数量条款明确所需的产品数量。

步骤 2：根据主辅料比例确定原辅料生产数量（原辅料需自行生产的情况下）。

步骤 3：根据车间损耗率或成品率确定大货生产数量。

【知识储备】

10.2.1　掌握正确生产所需数量

1. 根据数量条款确定生产数量

在确定生产所需数量时，首要的依据就是合同中的数量条款，所以跟单员要认真审核相关条款，审核交易双方采用的度量衡制度是否相同以及是否需要规定数量机动幅度也就是溢短装条款。

由于世界各国的度量衡制度不同，从而造成同一计量单位所表示的数量不一，例如，就表示重量的吨而言，实行公制的国家一般采用公吨，每公吨为 1 000 千克；实行英制的国家一般采用长吨，每长吨为 1 016 千克。这种情况下就需要跟单员在进行数量跟单时根据国内惯用的计量单位进行换算。

📚 **知识小窍门**

外贸常用计算单位与国际单位制间的换算

1. 长度计算单位换算

1 米 = 3 市尺 = 3.281 英尺

1 千米 = 1 公里 = 2 市里 = 0.621 英里 = 0.540 海里

1 市里 = 0.5 千米 = 0.311 英里 = 0.270 海里

1 市尺 = 0.333 米 = 1.094 英尺

1 英里 = 1.609 公里 = 3.218 市里 = 0.869 海里

1 英尺 = 0.305 米 = 0.914 市尺

1 英寸 = 2.540 厘米 = 0.762 市寸

2. 体积计算单位换算

1 立方米 = 1 000 升 = 35.315 立方英尺

1 立方英尺 = 0.028 3 立方米 = 28.316 8 升

1 立方英寸 = 16.387 1 立方厘米

1 加仑（美制）= 3.785 升

1 加仑（英制）= 4.546 升

3. 质量计算单位换算

1 公吨 = 1 000 千克

1 长吨 = 1 016 千克

1 短吨 = 907 千克

1 千克 = 1 公斤 = 0.001 公吨

1 000 千克 = 1 公吨 = 0.984 2 长吨 = 1.102 3 短吨

在合同条款中还会经常遇到溢短装的情况，跟单员在确定生产数量时需要根据溢短装允许的范围确定生产数量范围，如果合同中对产品数量的总要求是 2 039 套，根据溢短装条款，允许 10% 的溢短装，那么生产数量的范围就在 1 836～2 243 套。

📚 **学思践悟**

合同溢短装条款

中国深圳某工厂外销布匹 4 万米，合同上订明：红白黄绿四种颜色各 10 000 米，并附有允许卖方溢短装 10% 的条件。该厂实际交货数量为红色 10 400 米，白色 8 000 米，黄色 9 100 米，绿色 9 000 米，共计 36 500 米。白布超过 10% 的溢短装限度，但就四种颜色布的总量来说，仍未超过条件。在此情况下，是只有白布部分违约还是全部违约？

因为此交易在买卖合同中有明确规定，因此虽然总量仍符合溢短装条款，但由于白布溢装超过 10% 的规定限度，所以应视为违反原定买卖合同，进口商有权向出口商索赔，甚至有权取消合同。在外贸业务中，溢短装条款对交货总量以及同一合同项下若干关联商品均有约束力。

2. 根据主辅料比例确定生产数量

跟单员在进行生产数量跟单时还要根据主辅料的配比来计算相应生产数量，其中主料是指对产品的生产起主要作用的材料，辅料是指对产品生产起辅助作用的材料。例如在服装行业，主料是制作衣服的主要材料，如羽绒服的羽绒，辅料是服装的附属物，如羽绒服中的拉链、纽扣等。主产品在生产过程中需要的主辅料一般都有一定比例，所以跟单员在进行数量跟单时一定要根据订单商品信息确定不同材料的生产数量。例如浙江某服装外贸公司有一笔 3 200 件男士衬衫的订单，跟单员除了计算男士衬衫成品所需的面料的数量，还需计算纽扣、吊牌等辅料的数量。假设 1 件男士衬衣需要 1.6 米棉布，6 个纽扣，那么此笔订单一共需要 5 120 米棉布和 19 200 个纽扣。

3. 根据损耗确定生产数量

跟单员在进行生产数量跟单时还要考虑到生产企业的损耗。生产企业在生产过程中可能会产生机器损耗、人工损耗等情况，这种情况会生产出不合格产品，因此跟单员在计算生产数量时也要把损耗计算在里面。并且不同工厂生产同样的产品，损耗也是不一样的，成品率也不一样，因此跟单员需要提前跟生产企业沟通确定损耗率，由此确定生产数量。例如一个生产企业的损耗率在 3%，那么假设为了保证最后有 10 000 件的成品，生产数量就应该是 10 300 件。

10.2.2　分批装运的掌握和运用

1. 合同中分批装运的规定

在国际贸易中，凡数量较大，或受货源、运输条件、市场销售或资金条件所限，有必要分期分批装运、到货者，均应在买卖合同中规定分批装运条款。分批装运是一个合同项下的货物先后分若干期或若干次装运。一般有以下三种情况：

（1）订明分若干批次装运货物，但对每批装运货物的数量不加规定。

（2）只规定"允许分批装运货物"，不加限制。

（3）规定每批货物装运的时间及数量，属于定量、定期分批装运。

2. 分批装运的掌握和应用

如果合同中标明货物可以进行分批装运，那么跟单员在进行生产数量跟单时，也可以根据实际情况选择进行多批次的批量生产。上述第 3 种情况属于定量、定期分批装运，实际业务中更为复杂。跟单员在分批装运的情况下必须按照合同要求，确定好每批货物的装运时间和数量。如浙江某出口公司与非洲客户签订 70 000 件商品销售合同，交货条件为 6—12 月，合同规定每月等量装运。那么跟单员在进行生产数量跟单时就必须确保 6 —12 月每个月生产 10 000 件商品并准时装运。

10.2.3　数量跟单中异常情况的处理跟进

1. 需要进行数量控制的产品类型

一般来说，对非常规产品、有保质期要求的产品、经常生产但批次间隔较长的产品、新开发的产品、易损产品、出口产品、贵重产品、即将淘汰的产品等，根据其各自的特点，在生产过程中均需进行数量的控制。

比如非常规的产品，如果生产少了没有替代品，就会造成数量的不足；反之，就会造成积压，增加仓储成本甚至使产品变成废品。对于有保质期要求的产品，如果不严格控制好数量，保质期一过，就变成了废品。对于生产间隔较长的产品，由于间隔几个月甚至几年，有时对下一批会在什么时候再生产根本就不清楚，如果超量生产必然造成资金的占用并增加仓储压力。对于新开发的产品，市场前景没法确定，超量生产必然会带来很大的风险。对于出口产品，由于其交期要求严格，数量不足则会因耽误交期而可能面临赔偿。

2. 数量跟单中异常情况的处理跟进

如果在数量跟单中遇到异常情况，要及时跟进处理，了解情况调查原因。如果是生产设备异常，需要及时检修，配合生产部门建立生产设备每日点检制度，加强生产设备预防性维修管理。如果是生产原材料异常处理，应该及时解决原材料问题，加强原材料的进厂检验和使用前的核对工作，确保每道工序使用物料的数量及质量过关。如果是生产工艺方法异常，应该联系专业人员检查处理，并在后续避免操作方法异常的发生。如果是产品品质异常，在发现异常后，应该将不合格产品剔出，并及时生产补足数量，对生产难度大、不良品较多以及有特殊要求的产品，应在生产前做好重点规划。

【任务实施】

对任务描述中提出的要求及任务分析中需要做的工作进行实施，确定生产所需的数量，并对任务执行、总结评价及改进提升的情况做好相应记录，如有需要可自行设计相关表格。具体操作演示如下：

订单要求交货2 000件女士衬衫，无溢短装条款，小周通过走访车间，询问车间主管，得知力天服装有限公司的成品率大概在95%，小周进行计算：2 000÷95% = 2105.2（件），为了保证最后2 000件的成品，生产数量应是2 106件。

【任务评价】

根据任务完成情况由教师、学生共同进行任务评价，如表10-2所示。

表10-2 任务评价

考核项目		教师评分	学生评分	总评分	评语
任务执行质量	生产数量计算是否准确				
	异常情况处理是否有效合理				
任务执行态度					
任务执行效率					

任务 10.3　生产质量跟单

【任务描述】

在衬衫大货的生产过程中，为了保证产品质量能符合客户的品质要求，小周需要到生产车间查看衬衫的生产情况，并在产品生产的各个阶段，通过合适的方式对衬衫质量进行检验，以随时把控衬衫的生产质量。

【任务分析】

小周需要明确产品的质量标准，掌握常见的质量检验的方式方法，选择合适的检验方式对产品进行质量检验。

步骤 1：明确衬衫的质量标准，包括订单要求的质量标准、国家的质量要求标准以及对应出口国家（英国）的质量标准。

步骤 2：明确衬衫的检验内容、检验流程等内容，确定合适的检验方式。

步骤 3：对衬衫进行质量检验，并对检验结果进行处理。

【知识储备】

不管是在国内市场还是在国际市场，任何企业间的竞争都离不开"产品质量"的竞争，一旦产品质量出现问题，不但会因返工而产生额外的成本，从而直接影响企业的经济效益，还有可能造成客户投诉，损害企业的声誉。因此，跟单员一定要做好产品生产质量跟单。

10.3.1　质量标准

在生产质量跟单过程中，产品质量标准要符合以下几点：

（1）符合订单质量要求标准。

这是最关键的一点，产品质量一定要符合客户订单中的质量要求，如订单中对产品的规格、参数和技术的要求等，且注意要和客户最终确认的样品质量相符。

（2）符合国家质量要求标准。

这是指产品的质量要符合国家的质量标准。如果国家已经颁发了某一产品的国家标准或行业标准，那么，这一产品的质量标准不得低于国家标准或行业标准要求的技术水平，如 GB/T 2660—2017 中就规定了衬衫的品质要求和检验方法，跟单员在跟进衬衫生产质量的过程中，就要注意生产的衬衫质量是否符合国家质量标准。

（3）符合出口国国家标准或国际标准。

这是指产品的质量应该符合出口国相应的国家标准或国际标准。对外贸产品而言，除了符合我国的质量标准外，相应产品还必须符合进口国甚至国际质量标准，比如如果儿童衣物出口到欧洲国家或地区，就要符合欧盟的儿童服装安全标准。

10.3.2 质量检验的方式方法和解决质量问题的手段

1. 质量检验常见的方式方法

按照不同的分类标准，常用的质量检验方法和手段有以下几种：

（1）按照检验的数量划分，可以对产品质量进行全数检验或抽样检验。

全数检验是对待检产品100%地逐一进行检验，这种方式比较可靠，同时也能够提供较为完整的质量信息，但是全数检验工作量大、检验周期长且成本较高，一般来说，适用于批量偏少或适中、对精度及质量要求高的产品和零部件，以及对下道工序影响较大的产品等，同时生产时间也要在允许的情况下才能实施。

抽样检验是从一批产品中，随机抽取适量的产品样本来进行质量检验，从而减少了检验工作量，节约了检验费用，缩短了检验周期；但是这样做会有一定的错判风险。一些生产批量大、自动化程度高、产品质量比较稳定的产品或工序以及一些产品漏检、少量不合格不会引起重大损失的产品等适用于这种检验方式。在进行抽样检验时，为了有公信力，通常抽检要遵循国家或国际认可或通行的抽检标准程序和方式方法及数据标准。

（2）按照质量特性值划分，可以对产品进行计数检验和计量检验。

对抽样组中的每一个单位产品通过测定检验项目仅确定其为合格品或不合格品，从而推断整批产品的不合格品率，这种检验就叫计数检验。计数检验的计数值质量数据不能连续取值，如不合格数、疵点数、缺陷数等。

计量检验指在抽样检验的样本中，对每一个体测量其某个定量特性的检查方法。在检验过程中，要测量和记录质量特性的数值，并将数值与标准对比，判断其是否合格。这种检验方法在工业生产中大量而广泛存在。计量检验的商品，应是生产企业自检合格的商品，或流通领域销售的在保质期内的商品。计量检验时一般不考虑商品在运输、储存过程中净含量的变化。对水分流失和易挥发非密封的商品，如肥皂，香皂等，不在流通领域抽样检验，应在生产企业抽样检验。

（3）按照检验的性质划分，可以对产品质量进行理化检验或感官检验。

感官检验是一种很重要的检验手段。由于目前一些产品的质量特性，还不能用仪器来进行，只能靠感官检验，即通过视觉、听觉、味觉、嗅觉、触觉检验法来对产品质量进行检验。其优点是简便易行，快速灵活，成本较低而且适用范围广。

理化检验是在一定的实验室环境条件下，利用各种仪器、器具和试剂作为手段，运用物理、化学的方法来测定商品质量的方法。理化检验主要用于商品的成分、结构、物理性质、化学性质、安全性、卫生性以及对环境的污染和破坏性等方面的检验。理化检验与感官检验比，其结果用数据定量表示较为准确客观，但要求有一定的设备和检验条件，同时对检验人员的知识和操作技术也有一定的要求。

（4）按照检验后检验对象的完整性划分，可以对产品进行破坏性检验和非破坏性检验。

破坏性检验是指将被检样品破坏（如在样品本体上取样）后才能进行检验；或者在检验过程中，被检样品必然会损坏和消耗。破坏性检验有零件的强度试验，电子元器件的寿命试验，电器产品的周期湿热试验，纺织品或材料的强度试验等。进行破坏性检验后，无法实现对该样品进行重复检验，而且一般都丧失了原有的使用价值。

非破坏性检验又称无损检验，是指检验时产品不受到破坏，或虽然有损耗但对产品质量不发生实质性影响的检验。非破坏性检验可实现对同一样品的重复检验。产品大量的性能检验、过程检验，如机械零件的尺寸等大多数检验，都属于非破坏性检验。

（5）按照检验的地点划分，可以对产品质量进行固定检验和流动检验。

固定场所检验是在产品形成过程的作业场所、场地、工地设立的固定检验站（点）进行的检验活动。检验站可以设立在作业班组、工段的机群、设备较为集中之处和工地，便于检验；也可设置在产品流水线、自动线作业过程（工序）之间或其生产终端作业班组、工段、工地。完成的中间产品、成品集中送到检验站按规定进行检验。

流动检验是作业过程中，检验人员到产品形成的作业场地、作业（操作）人员和机群处进行流动性检验。这种检验的工作范围有局限性，一般适用于检验工具比较简便、精度要求不是很高的检验，适用于产品重量大、不适宜搬运的产品。

（6）按照检验的执行人员划分，可以对产品质量进行自检、互检和专检。

自检是在产品形成过程中，作业（操作）者本人对本作业（操作）过程完成的产品质量进行自我检查。通过自检，作业（操作）者可以有效地判断本过程产品质量特性与规定要求的符合程度；可以区分合格品与不合格品；了解本过程是否受控，是否需要进行作业过程调整。对能返工的不合格品自行实施返工直至合格。自检一般只能做感官检查和对部分质量特性进行测量，有一定的局限性。

互检是在产品形成过程中，上、下相邻作业过程的作业（操作）人员相互对作业过程完成的产品质量进行复核性检查。互检可以及时发现不符合作业（工艺）规程的质量问题，并及时纠正和采取纠正措施，可以有效地防止自检中发生错、漏检。

专检是在产品实现过程中，专职检验人员对产品形成所需要的物料及产品形成的各过程（工序）完成的产品质量特性进行的检验。专检人员由生产组织专门设置的检验机构统一管理。专职检验人员熟悉产品的技术要求和质量特性、产品实现过程的作业（操作）规程、检验理论，掌握相应的检验技能，检验结果准确性、可靠性和检验的效率相对更高，检验的可信度、权威性也更高。

自检、互检、专检中以专检为主，自检、互检为辅。一般对采购物料、成品的检验，对产品形成过程中质量特性要求较高，检测技术复杂、操作难度较大，检测设备复杂、贵重的检验均以专检为主。产品形成过程中的一般检验可以自检、互检。

2. 服装纺织品质量检验

服装纺织品质量控制检验主要包括外观质量控制检验及内在质量控制检验，外观质量控制检验主要是外观疵点检验和控制。服装纺织品外观质量检验的过程控制应该从检验内容、检验人员、检验设备、检验场地等方面进行。

（1）检验内容。

服装纺织品外观检验主要是原料疵点、织造疵点、前处理疵点、染色疵点及整理疵点的检验。原料疵点主要有条干不匀、大肚纱、接头过多、纱节、氨纶包覆丝不过关、混纺纱混合不均匀等。原料质量不好易引起服装纺织品成品质量大幅度下降，匹样确认时就要严格检查，以便及早发现问题。织造疵点与生产设备、生产原料、操作者技术水平及织物组织结构等因素有关，常见的有机织物上断经断纬、纬密过密或过稀、经纱纬纱错位等疵病，织造疵点较多或无法解决时，可采用吊线让码、开剪拼匹等方法提高产品等级。前处理、染色及后整理疵点一般是在染整加工过程中，由工艺控制检验及设备控制检验出现问题而引起的，这是跟单员要重点注意的环节。

（2）检验人员。

检验人员可以从生产人员的文化程度、年龄、性别、身高及所受培训几方面来考虑。文化程度过低，对生产工艺要求的理解可能会有较大偏差，一般要求初中以上文化，检验人员年龄最好在50岁以下，身高150厘米以上。女性一般有耐心，更适合做服装纺织品检验员。对于检验人员，系统培训是非常必要的，它可以有效地提高检验人员的水平，保证检验的效率及准确性。

（3）检验设备。

检验车间尽量采用全自动产品检验设备。人工检验虽然生产效率较高，漏检率较低，但对大宗常规产品的检验，采用自动检验设备效果较好，而且有的国外客户比较重视生产企业的自动化检验设备。实际生产中一般采用自动化检测设备检验，但还需要人工辅助检测，以进一步提高检验效果，降低漏检率。

（4）检验场地。

检验场地可分为待检区域、检验区域、次品堆放区域、回修返工堆放区域、正品堆放区域及产品包装区域。有些企业的产品包装区域可以另设场地，但大多数企业的内部产品检验场地内都设有产品包装区域。检验场地是产品检验车间的主体，要求光线柔和，阳光不直射，通风良好，安全通道绝对宽敞。待检区域主要堆放没有检验的产品，待检产品不能直接接触地面，以减少检验过程对织物的沾污。检验区域由检验工作台和照明系统两部分组成。检验员通过检验设备对服装纺织品进行检验，发现疵点则进行标注和记录，对产品进行等级评定。次品和回修返工堆放区域是根据产品情况分类进行次品或返修品的堆放，再进行统一处理，以减少损失。正品堆放区域需要较大面积，应该距离包装区域较近，方便成品包装。产品包装区域要方便装箱及运输，最好距离大门较近。

服装纺织品的内在质量控制检验主要包括门幅、缩水率、色牢度、风格、强力等指标的控制检验。服装纺织品加工过程中，前处理的练漂、染色、印花及后整理的质量控制检验各有不同的侧重点，不同的纤维品种，使用的染化料助剂及加工工艺也各不相同，应结合生产实际综合分析。

①练漂产品的内在质量控制检验。

强力影响因素及控制检验。纤维强度与其本身的结构有关，纤维的结晶度越高，强度越大；取向度越高，强度越大；结晶越完整，强度越大。强力主要受加工设备和工艺因素两方面影响。加工设备对纤维的影响较大，织物在加工中受到设备的挤压和拉伸，使组织结构发生变化，影响到织物的强力。工艺因素主要是碱剂及氧化剂的用量大小，加工时间和温度以及水洗是否充分对强力都有明显的影响。一般是助剂用量大、加工时间长、温度高及水洗不充分易导致织物强力下降。应在生产中重点关注这些因素。

白度的影响因素及控制检验。白度的影响因素主要有原料品质及加工工艺。以棉为例，棉的原料品质越好，精练去杂越彻底，白度越好。漂白剂的种类和用量、加工时间、温度及pH值都对织物的白度影响较大，质量控制检验也应从这些方面入手。

毛细管效应的影响因素及控制检验。毛细管效应值是衡量织物润湿渗透性能的重要指标。合格的练漂半制品应具有8厘米/30分钟以上的毛效值。毛效值受织物组织、纤维种类及练漂工艺效果的影响。一般亲水性好、织物组织疏松的轻薄织物和练漂作用充分的织物毛效值较高。

缩水率。影响织物缩水率的因素主要有纤维本身吸水溶胀能力、织缩率及染整加工过程中的张力所造成的伸长。织物的组织结构及织造张力不同，织缩率也不同。织造张力小，织物紧密厚实，织缩率大，织物的缩水率小；反之，则缩水率大。加工时，应尽量减少设备对织物的张力影响，如采用松式加工可有效地降低织物缩水率。

②染色产品的内在质量控制检验。

染色产品的内在质量主要是织物的透染性和染色牢度两方面。

透染性控制检验。透染性是指织物内外、纱线内外、纤维内外颜色均匀一致，实现匀染、无环染、无白芯等。透染性控制检验主要从染料性能、助剂、温度和时间几方面考虑。染料分子结构简单，体积小，对纤维的亲和力小，扩散速率大大提高，透染性较好。渗透剂等助剂对染色的透染性有加强效果，但用量不能过大。适当地提高染色温度和延长染色时间，也对提高透染性有显著效果。

染色牢度。染色牢度是指染色制品在使用或在染后的加工过程中，染料在各种外界因素的影响下，保持原来色泽的能力。染色牢度主要有耐摩擦、耐皂洗、耐汗渍、耐熨烫、耐日晒、耐气候、耐氯漂、耐升华等指标。耐日晒牢度分为 1~8 级，8 级最高，将耐摩擦、耐皂洗、耐汗渍等色牢度分为 1~5 级，5 级最高。染色牢度的控制检验主要从染化料助剂的筛选、生产工艺的控制检验等方面考虑。针对不同的纤维品种，选择合适的染料及染色助剂可以有效地提高产品的各项牢度，同一染料助剂用在不同纤维上往往牢度也不同，需要印染厂技术人员进行小样测试检验。染色的工艺控制检验对色牢度也有一定的影响，染整跟单员在生产时也可协助印染厂生产部门对产品生产进行监控，保证产品的染色牢度符合订单要求。

③印花产品的内在质量控制检验。

印花产品内在质量控制检验主要包括缩水率、色牢度、断裂强力、撕裂强力、甲醛含量、环保染料等项目。其中色牢度又包括耐摩擦、耐皂洗、耐汗渍、耐熨烫、耐日晒、耐水浸牢度等指标。

对不同的印花产品，根据用途和印花方法的不同，跟单时质量的控制检验侧重点往往不尽相同。如涂料印花产品注重干、湿摩擦牢度，耐日晒牢度，耐皂洗牢度和手感；拔染印花产品，除了注重色牢度，还要控制检验好断裂强力；活性染料印花产品注重耐日晒、耐皂洗、耐水洗牢度；分散染料印花产品还应控制检验好分散染料的升华牢度。

④整理产品的内在质量控制检验。

服装纺织品的整理质量和纤维性能、织物结构、整理助剂及整理工艺有关。如棉织物主要侧重织物的密度、断裂强力及缩水率的质量控制检验，蚕丝、黏胶长丝、合纤丝织物主要侧重密度、断裂强力、平方米质量、缩水率及织物的抗皱性、抗起球性等质量指标。精梳及粗梳毛织物主要侧重幅宽、平方米质量、断裂强力、缩水率、纤维含量、密度、抗起球性能等质量指标，毛毯则主要控制检验单条质量、断裂强力、缩水率、长度和宽度等质量指标。服装纺织品的特殊整理，如抗皱整理、阻燃整理、拒水整理、抗静电整理、卫生整理等，主要是从助剂选择及整理工艺上进行控制检验，保证达到客户需要的功能效果。另外，还要考虑整理后织物的 pH 值、重金属及甲醛含量是否超过客户的标准，发现问题要及时处理，保证订单的交货期不受影响。

3. 解决质量问题的手段

在生产过程中，如果跟单员通过检验发现了质量问题的存在，就需要采取合适的手段以解决质量问题。

（1）查明问题来源。

当发现产品质量问题时，跟单员首先要做的就是了解异常的具体情况，查明是哪个环节出现了问题，以及是个别产品质量异常还是全批次产品质量异常，做好记录，然后查明质量问题的来源，比如是由人工因素导致的异常，还是由生产设备、生产工艺问题导致的异常。

（2）共同研究对策。

了解了产品质量异常的具体情况并查明原因来源后，跟单员应及时上报对应的生产部门并通知相关责任单位，共同研究对策。如果是人为因素导致的，可以让生产部门主管负责协调改正；如果是生产设备、生产工艺的问题，就需要生产部门对设备和工艺进行修改。

工作小技巧

5W2H 法查明并解决产品质量问题

5W2H，即 What、Why、Who、When、Where、How、How much。

以服装产品牛仔外套的后背印花印刷不良问题为例：

What：（何事）发现牛仔外套的印花图案印刷不良，召开会议。

Why：（何因）为什么会产生印刷问题？因为丝网印刷后，印刷部并未完全晾干，衣服叠在一起，导致相互粘连。

Who：（何人）谁为这个事情负责？

When：（何时）什么时候能解决好这个问题？

Where：（何地）在哪道工序可以预防问题发生？

How：（如何做）怎样可以避免印刷露底问题？

How much：（成本）如果把印刷坏的产品全部挑出来，要多长时间？总共有多少件？成本是多少？

（3）跟进整改结果。

提出整改意见后，跟单员要负责跟进整改结果，看提出的对策是否得到了贯彻落实，是否解决了产品质量问题异常。如果问题未得到解决，那么跟单员需要负责持续跟进，直到问题解决为止。

对于质量已经发生异常的产品，可以对其进行返修或返工处理。比如，如果是产品未达到标准要求，存在一定缺陷，但经过整修可以重新达到要求的产品，就可以采取返修处理的方法。如果是产品存在重大质量问题，返修后仍不能满足规定的质量标准要求的，就必须采取返工处理的方法。

（4）经验总结流程优化。

著名的质量管理专家戴明（W. Edwards Deming）说过：检验出有缺陷的东西并把他们扔掉为时已晚，没有效率并且成本很高。质量不是来自检验，而是源自过程的改进。异常问题得到解决后，跟单员要跟进生产部门填写异常报告单，并分发给相关责任部门，对异常处理结果进行经验总结，并对生产流程进行优化，防止质量异常问题的重复发生。

总体来讲，质量问题的处理方法是必须从根源上找到问题，并且采取相应的对策和措施解决问题，最后优化生产流程，建立完善的管理体系和质量改进体系，以有效地处理产品质量问题。只有这样，才能在跟单过程中确保产品的质量最终符合标准，满足客户的需求，顺利履行和完成订单。

10.3.3 质量控制和检验的具体实施

1. 质量控制和检验的实施环节

在企业实际的质量检验活动中，跟单员在对产品质量进行控制和检验时，也要遵循生产进度的规律和要求，一般分为三个时间环节点，即进货检验、工序检验和完工检验。

（1）进货检验。

进货检验主要是对供应商的原材料进行检验，确保未经检验或检验不合格的物料不进入生产环节，从而减少不合格产品的产生，这是保证生产正常进行和确保产品质量的重要措施。在这个环节中，为了确保外购原材料的质量，原材料入厂时，一般都会配备专门的质检人员，跟单员应该跟进和配合质检人员按照规定的检验内容、检验方法及检验数量进行严格认真的检验，从根本上解决产品质量问题，确保生产的产品符合质量标准。

（2）工序检验。

工序检验是指为了防止不合格产品流入下道工序，而对各道工序加工的产品及影响产品质量的主要工序要素所进行的检验。在这个过程中，跟单员可以根据检测结果对产品做出判定，即产品质量是否符合规格标准的要求；也可以根据检测结果对工序做出判定，即工序要素是否处于正常的稳定状态，从而防止在产品生产过程中出现大批不合格品，避免不合格品流入下道工序继续加工。现在的趋势是把工序检验的职责委托给生产人员。但跟单员也要持续跟进和关注工序检验的检测结果，如果发现质量问题，要采取正确的方法处理和解决问题。

（3）完工检验。

完工检验又称最终检验，是指在某一加工或装配车间全部工序结束后对半成品或成品的检验。这项工作通常是由最终检验员来完成，跟单员要跟进或协助最终检验员严格按照检验程序和规程进行，严格禁止不合格零件进入装配环节。在这里，如果合同要求完工检验，那么跟单员还需要协助外贸客户的验货人员对成品进行全数检验或抽样检验，完成对产品的质量验收。

2. 质量控制和检验的实施操作

以对产品进行抽样检验为例，跟单员在进行质量控制和检验时要实施的具体步骤如下：

（1）明确质量检验的级别水平。

检验级别包括一般检验水平Ⅰ、Ⅱ和Ⅲ，以及特殊检验水平S-1、S-2、S-3和S-4，通常是由负责部门在检验文件中做出规定。如果没有特殊情况，质检时常采用一般检验水平Ⅱ来进行，这样生产方和外贸公司及外商收购方都比较容易接受。

（2）明确质量标准。

跟单员在对产品进行质量检验时，要明确规定区分合格品与不合格品的标准，质检时常用的标准为 AQL（见图 10-1），也就是质量可接受水平，是指当一个连续系列批被提交验收时，可允许的最差过程平均质量水平。在 AQL 抽样时，抽取的数量相同，而 AQL 后面跟的数值越小，允许的瑕疵数量就越少，说明质量要求越高，检验就相对较严。AQL 的标准并不相同，这与订单的大小，最终质量要求以及订单客户有关，服装类的 AQL 标准一般比较多的是 AQL4.0，也有少量的 2.5 或 6.0。

AQL 抽样标准

特殊检查水平				一般检查水平			批量范围	样本字码	抽样数	0.65		1.0		1.5		2.5		4.0		6.0	
S-1	S-2	S-3	S-4	Ⅰ	Ⅱ	Ⅲ				AC	RE	AC	RE	AC	RE	AC	RE	AC	RE	AC	RE
A	A	A	A	A	A	B	2~8	A	2	0	1	0	1	0	1	0	1	0	1	0	1
A	A	A	A	A	B	C	9~15	B	3	0	1	0	1	0	1	0	1	0	1	0	1
A	A	B	B	B	C	D	16~25	C	5	0	1	0	1	0	1	0	1	0	1	1	2
A	B	B	C	C	D	E	26~50	D	8	0	1	0	1	0	1	0	1	1	2	1	2
B	B	C	C	C	E	F	51~90	E	13	0	1	0	1	0	1	1	2	1	2	2	3
B	B	C	D	D	F	G	91~150	F	20	0	1	0	1	1	2	1	2	2	3	3	4
B	C	D	E	E	G	H	151~280	G	32	0	1	1	2	1	2	2	3	3	4	5	6
B	C	D	E	F	H	J	281~500	H	50	1	2	1	2	2	3	3	4	5	6	7	8
C	C	E	F	G	J	K	501~1 200	J	80	1	2	2	3	3	4	5	6	7	8	10	11
C	D	E	G	H	K	L	1 201~3 200	K	125	2	3	3	4	5	6	7	8	10	11	14	15
C	D	F	G	J	L	M	3 201~10 000	L	200	3	4	5	6	7	8	10	11	14	15	21	22
C	D	F	H	K	M	N	10 001~35 000	M	315	5	6	7	8	10	11	14	15	21	22	21	22
D	E	G	J	L	N	P	3 5001~150 000	N	500	7	8	10	11	14	15	21	22	21	22	21	22
D	E	G	J	M	P	Q	150 001~500 000	P	800	10	11	14	15	21	22	21	22	21	22	21	22
D	E	H	K	N	Q	R	500 001 and over	Q	1 250	14	15	21	22	21	22	21	22	21	22	21	22
								R	2 000	21	22	21	22	21	22	21	22	21	22	21	22

AC 为合格项　RE 为不合格项

图 10-1　AQL 抽样标准

（3）确定抽样方案。

这一步骤主要是为了确定在不同的品质检验水平下抽取检验的样本数，以及确定检验的允收数（AC）和拒收数（RE）。在这里跟单员可以利用 AQL 抽样表，结合批量数、检验水平和 AQL 值来确定抽样方案。

比如，要检验的某一批服装产品中，其全部数量为 50 件，按一般检验水平 Ⅱ，AQL 值 4.0 对产品进行检验。那么在 AQL 抽样表里，其对应的样本字码就是 D，它的抽样方案就是抽样数 8 件，1 接受整批货物，2 拒收整批货物，也就是在 50 件的服装成品中，随机抽取 8 件样品，对此 8 件样品逐一做全面的质量检测检验，如果不合格品小于或等于 1 件，那么这一批产品就通过了检验，如果不合格品大于或等于 2 件，那么这批产品就没有通过质量检验。

（4）对产品进行抽样检验。

按照确定好的抽样方案，从所要检验的产品中，随机抽取样品，对样品逐一进行质量检验，根据检验结果对照抽样方案中的允收数（AC）和拒收数（RE），决定检验的这批产品是否合格，是否符合质量标准。

（5）对抽检结果进行处理。

如果通过了抽检方案的检验，那么跟单员就应要求生产企业将抽检出的不合格品替换成合格品，然后接受整批大货。如果未通过抽检方案的检验，跟单员必须与生产企业进行协商处理。在可行的情况下可以要求生产企业返工处理好不合格的质量问题产品或者甚至重新组织原辅料进行生产。若无法通过返工或重做解决质量问题则需与外商客户和生产企业三方共同协商降价打折处理，看生产企业能否承受、外商客户能否接受。如果上述方案均无法解决就只有拒收货物，再和外商客户与生产企业协商解决索赔及赔付事宜。

【任务实施】

对任务描述中提出的要求及任务分析中需要做的工作加以实施，将任务实施情况、总结评价及改进提升结果做好相应记录，填写表 10-3。

表 10-3　任务实施记录

执行情况	步骤 1	
	步骤 2	
	步骤 3	
总结评价	优点	
	不足	
改进提升	改进 1	
	改进 2	
	改进 3	

【任务评价】

根据任务完成情况由教师、学生共同进行任务评价，如表 10-4 所示。

表 10-4　任务评价

考核项目		教师评分	学生评分	总评分	评语
任务执行质量	质量检验的标准是否明确				
	质量检验方式的选择是否合理				
	质量检验的操作过程是否清晰明确				
任务执行态度					
任务执行效率					

任务 10.4　生产进度跟单

【任务描述】

为了掌握力天服装有限公司对衬衫的生产进度，保证按约履行交货义务，小周要对生产进度进行有效的跟进，也就是进行生产进度跟单。

【任务分析】

小周需要按照生产车间制订的生产计划，定期查看生产日报表，跟进 2 000 件衬衫的生产进度，如果发现异常情况，要及时处理。

步骤 1：落实生产通知单。

向生产供应企业下达生产通知单，明确大货生产的各项事宜。

步骤 2：制作生产计划。

跟进生产部门制作生产计划，包括生产、包装、检验和运输，生产加工开始和完成的阶段或日期，并落实到有关部门、车间，以使大货按计划进行生产。

步骤 3：制作生产进度表，跟进生产进度，如果出现进度问题，及时解决处理，保证订单能够按时、按质、按量交货，完成生产进度跟单。

【知识储备】

10.4.1　进度跟单的基本标准

1. 按时交货

跟单员在进行生产进度跟单时的基本要求是使生产企业能按订单及时交货，及时交货就必须使生产进度与订单交货期相吻合，尽量做到不提前交货，也不延迟交货。

2. 生产企业不能及时交货的主要原因

（1）企业内部管理不当。如紧急订单插入，生产安排仓促，导致料件供应混乱，延误生产交货。

（2）计划安排不合理或漏排。

（3）产品设计与工艺变化过多。

（4）产品质量控制不好。成品合格率下降，导致不合格产品增多，最终影响成品交货数量。

（5）生产设备跟不上。

（6）产能不足。

3. 按时交货跟单要点

（1）加强与生产管理人员的联系，明确生产、交货的权责。

（2）减少或消除临时、随意的变更，规范设计、技术变更要求。

（3）掌握生产进度，督促生产企业按进度生产。

（4）加强对产品质量、不合格产品、外协产品的管理。

（5）妥善处理生产异常事务等。

10.4.2　进度跟单的基本流程

1. 落实生产通知单

接到订单后，跟单员需与生产供应企业或本企业有关负责人对订单内容逐一进行分解，然后将其转化为企业下达生产任务的生产通知单（见图 10－2），明确客户所订产品的名称、规格型号、数量、包装、出货时间等要求，对通知单内涉及的物料号、规格、标准等细节要求也要逐一与生产部门衔接，如有不详之处要及时沟通，做到准确无误，不能出现一方或双方含糊不清或任务下达不明确的问题。

编号：　　　　　　　　　生产指令号：　　　　　　生产批号：　　　　　　　　No.

产品名称	型号规格	生产数量	下单日期	要求完成日期	备注
技术标准质量要求				具体要求：	
包装要求					
※具体物料详见领料单					
通知人	日期	审批人	日期	接单人	日期

图 10－2　生产通知单

在生产通知单下达到车间后，跟单员还要及时了解在实际生产执行时可能会遇到的困难情况，对生产车间不能解决的技术问题或生产出来的产品无法达到客户要求的情况，跟单员应及时与有关方面衔接，解决了有关问题后，再按通知单进行生产。

2. 大货生产前试样

在正式开工生产大货前，跟单员要安排生产部门使用大货原料和辅料按工艺要求进行试样，然后对产前样进行检验，必要时还可以交由客户确认样品，确认无误后再进行大货生产。比如在衬衫大货生产前，跟单员可以要求工厂制作一件衬衫样衣，确认和验证衬衫的版型、规格、生产工艺技术等是否符合订单的要求，达到标准和要求后，再进行衬衫的大货生产。

3. 制作生产计划

确认产前样生产无误后，为了能使订单按时、按质、按量交货，跟单员应联系企业生产管理部门，依据生产通知单及时给生产部门下达生产计划，制作生产计划排程表（见表 10－5），包括生产、包装、检验和运输，生产加工开始和完成的日期，并落实到有关部门、车间，使各部门了解各自在计划中所承担的责任及与其他部门的关系，按计划进行生产。

表 10 - 5　生产计划排程

订单号码	客户代码	产品名称及编号	订单数量	生产部门	交期	交期 / 库存	一	二	三	四	五	六	日	一	二	三	四	五	六	日

4. 跟踪生产进度

为了做好生产进度的跟踪，跟单员要亲自到生产现场进行督促检查，以确保生产过程符合进度要求。通常而言，跟单员要了解生产过程的流程次序（工序），顺着流程行进方向跟进各个过程（工序），要注意对各个生产环节进行巡视。在现场查看时，要多看少动、多听少问、多记少说、多征求意见少发表观点。尤其要与一线的生产员工进行适当的交流，了解生产的实际进度和面临的问题。还要与各班组长进行沟通交流，确保各班组的生产顺利进行。如果有异常问题，还应及时与车间主管沟通解决。

生产日报表（见表 10 - 6）是一种直接反映生产结果的报表，生产部门按计划安排生产，具体结果如何，一般会用企业规定格式的生产日报表进行总结并报告。通过生产日报表，可以了解每天完成的成品数量、不良品数量，或者生产到哪一工序，从而对生产的进度情况有更加真实的了解，以确保准时交货。

在按计划进入实际生产进程后，跟单员就可以通过生产管理部门每日的生产报表，统计和调查每天的成品数量及累计完成数量，以了解生产进度，并将每日实际生产的数字与计划生产的数字加以比较，看是否有差异。如果发现实际进度与计划进度产生了差异，应及时协调生产部门一起查找原因并采取有效策略，根据不同的异常情况有针对性地进行处理，保证生产有序进行。

表 10-6　公司生产进度

公司生产进度																		日期：　　跟踪人：	
客户	款号	款式	数量	交货期	开发设计期	辅料期		裁剪期	印花期			绣花期			生产期					备注（处罚）
						面料期	辅料期		印花厂	出库期	入库期	绣花厂	出库期	入库期	组别	车间生产期	后道剪线	后道大烫	交货期	

10.4.3　进度异常情况的处理方法

在生产进度跟单的实际过程中，跟单员如果发现实际生产进度与计划进度有差异，需要根据不同的异常情况采取相应的处理措施，保证生产有序进行。

如果是因为生产部门计划不当，应排产而未排产导致了生产进度异常，那么应该通知相关部门尽快排产，告知和提醒交货期管理约束。在跟单过程中，跟单员必须与工厂（生产企业）密切合作，定期去工厂督促检查，对工厂的生产设备、技术条件以及工人操作水平都要心中有数。对有些具有特殊要求的产品，还要帮助工厂一起制订生产工艺和生产计划，并根据拟定的跟单计划，适时敦促工厂及时安排生产，以保证各项工作顺利进行。

如果是应生产而实际未生产的情况导致进度异常，那么应该向相关部门发出异常报告，通知未生产的部门尽快将订单列入车间日生产计划，并不断催查其落实情况。

如果是整体生产进度出现了延迟的情况，那么跟单员应通知相关部门加紧生产，查清进程延迟原因，采取对应措施。如果进度延迟较严重，还应要求生产管理部门给予高度重视，并每天催查生产落实情况。

如果是因为产品质量问题，如次品、不合格产品增多而影响了最终出货，那么跟单员要通知相关部门检查设备性能是否符合要求，检查模具、工艺是否符合要求以及检查装配流程是否正确等来减少不合格产品的产生，同时及时发出补生产备料和新的补生产命令，以补足所需合格产品的数量。

根据不同的进度异常情况采取补救措施后，跟单员应跟进采取的措施是否有效，问题是否得到了解决。如果效果不佳，应要求企业再采取其他补救措施，一直到问题得到解决为止。但如果是补救措施始终无效，最后造成了订单无法如期交货的情况，跟单员应与生产部门确认新的交货期再以传真或电话方式告知客户，说明实际情况，争取其谅解，并征求延迟交货日期，取得客户同意之后，更改订单交货期。如果客户不同意延迟交货，或者取消订单，可与客户协商，工厂负担部分运费或其他杂费，做出让步以取得客户同意。

【任务实施】

对任务描述中的要求，按照任务分析中需要做的工作加以实施落实，进行生产进度跟单，将任务实施情况、总结评价及改进提升结果做好相应记录，并填写表10-7。

表10-7　任务实施记录

执行情况	步骤1	
	步骤2	
	步骤3	
总结评价	优点	
	不足	
改进提升	改进1	
	改进2	
	改进3	

【任务评价】

根据任务完成情况由教师、学生共同进行任务评价，如表 10-8 所示。

表 10-8　任务评价

考核项目		教师评分	学生评分	总评分	评语
任务执行质量	生产通知单落实情况				
	生产计划的制作情况				
	生产进度的跟进情况				
任务执行态度					
任务执行效率					

任务 10.5　包装跟单

【任务描述】

经过小周前期对衬衫的跟进工作，力天服装有限公司已经按时按质地完成了 2 000 件女士衬衫的生产。小周询问师傅，出口产品生产完成之后，接下来还要进行什么操作。师傅告诉小周，服装生产完成之后，还需要按照客户要求对产品进行包装，完成对产品的包装跟单。

【任务分析】

衬衫的包装分为内包装和外包装，小周需要明确客户对产品内外包装的具体要求，完成衬衫的包装跟单。

步骤 1：明确客户对产品的内包装有无具体要求，跟进力天服装有限公司完成对衬衫的内包装。

小周在之前与客户的沟通过程中，明确了客户对产品内包装没有特殊的要求。所以小周需要跟进力天服装有限公司按照其对衬衫常用的包装方式，对产品进行包装：将衬衫反方向平铺，将衬衫左右和袖子部分折向中间，压平，同时用胶针在各重要点位加以固定；垫衬上拷贝纸或硬衬板，再把衬衫下半部分按照衬衫的中间位置对折，也用胶针在对折点位加以固定；将折好的衣服反过来，整理好领口并用胶领条在领后或领前承托起领口使其保持挺阔；将对应的标识吊牌悬吊固定在指定的位置，将折叠并整理好的成品衬衣装入合适的塑料薄膜胶袋内，完成衬衫的内包装。

步骤 2：明确客户对产品运输外包装有无具体要求，跟进装箱工人对产品进行装箱，完成对衬衫的外包装。

完成衬衫的内包装后，小周需要根据客户对产品外包装的具体要求"100 件/箱（每10 件装 1 小箱，每 10 小箱装入 1 大箱），采用瓦楞纸箱对产品进行外包装，纸箱封箱采用胶水粘合。运输唛头刷制无要求。"将 2 000 件衬衫分成 200 小箱，20 大箱，装入瓦楞纸箱内，采用胶水粘合封口，将货物交至装运港储运仓库，完成产品的包装跟单。

【知识储备】

10.5.1 销售和运输包装材质和方式的掌握与实施

1. 销售和运输包装材质

在进行包装跟单的过程中，跟单员首先需要选择合适的包装材料，对出口产品进行包装。商品包装所使用的材料有很多种，目前使用最广泛的主要有木质包装、纸质包装、塑料包装和金属包装。

（1）木质包装。

木质包装材料一般是指用于包装、铺垫、支撑、加固商品的材料，如木箱、木板条箱、木托盘、木桶等。这种材料比较笨重，外观也较差，但由于它具有坚固、结实、抗震、抗压等优点，常用于大型或较重的五金、机械或怕压、怕摔的仪器仪表等。跟单员可以根据商品特性来选择是否要采用木质包装。

（2）纸质包装。

纸作为包装材料主要用于制作纸箱、纸盒、纸袋等包装制品，其包装应用十分广泛，不仅用于家用电器、日用百货、针棉织品、文化用品等商品的包装，还用于食品、医药、军工等产品的包装。纸质包装中，瓦楞纸板及其纸箱是出口商品中最常使用的包装材料。跟单员在使用瓦楞纸箱对商品进行包装时，要注意根据我国对瓦楞纸箱的分类（见表 10 - 9）和瓦楞纸箱的技术要求来选择合适的纸箱。

表 10 - 9　瓦楞纸箱分类

种类	内装物最大重量/千克	最大综合尺寸/毫米	瓦楞结构	代号					
				1 类		2 类		3 类	
				纸板	纸箱	纸板	纸箱	纸板	纸箱
单瓦楞纸箱	5	700	单瓦楞	S - 1.1	BS - 1.1	BS - 2.1	BS - 2.1	BS - 3.1	BS - 3.1
	10	1 000		S - 1.2	BS - 1.2	BS - 2.2	BS - 2.2	BS - 3.2	BS - 3.2
	20	1 400		S - 1.3	BS - 1.3	BS - 2.3	BS - 2.3	BS - 3.3	BS - 3.3
	30	1 750		S - 1.4	BS - 1.4	BS - 2.4	BS - 2.4	BS - 3.4	BS - 3.4
	40	2 000		S - 1.5	BS - 1.5	BS - 2.5	BS - 2.5	BS - 3.5	BS - 3.5
双瓦楞纸箱	15	1 000	双瓦楞	D - 1.1	BD - 1.1	BD - 2.1	BD - 2.1	BD - 3.1	BD - 3.1
	20	1 400		D - 1.2	BD - 1.2	BD - 2.2	BD - 2.2	BD - 3.2	BD - 3.2
	30	1 750		D - 1.3	BD - 1.3	BD - 2.3	BD - 2.3	BD - 3.3	BD - 3.3
	40	2 000		D - 1.4	BD - 1.4	BD - 2.4	BD - 2.4	BD - 3.4	BD - 3.4
	55	2 500		D - 1.5	BD - 1.5	BD - 2.5	BD - 2.5	BD - 3.5	BD - 3.5

（3）塑料包装。

塑料包装质量轻，机械性能好。对需要长途运输的货物来说，塑料包装能起到减轻运输重量、便于运输的作用，被广泛地应用于食品、医药、化工等领域中。

（4）金属包装。

金属材料具有较高的机械强度，牢固、耐压，具有优良的阻湿性和气密性，易于回收，容易处理，主要被用于食品、罐头、饮料、油脂、化工、药品及化妆品等行业产品的包装，但是金属包装价格较高，跟单员在使用金属材料包装时，要充分考虑商品包装成本的问题。

在包装跟单时，跟单员要根据不同产品的具体情况来选择包装材料。以服装为例，一般比较低端的服装，通常选用塑料薄膜袋来对服装进行内包装，而中高档的品牌服装或一些有特殊要求的服装则多采用纸质包装，如牛皮纸、色卡纸、拷贝纸等，以达到与服装定位相呼应的效果。

2. 销售和运输包装方式

（1）销售包装方式。

销售包装也叫内包装，其主要作用是保护商品，便于商品流通以及促进商品销售。一般常用的销售内包装方法有真空包装、无菌包装、充气包装、收缩包装、拉伸包装以及脱氧包装等。如果客户对包装方式没有约定，那么按照通用的方式或者按照所在公司常用的包装方式，对产品进行包装即可。如果客户对内包装有明确要求，那么就应该按照订单要求对产品进行内包装。

不同的产品内包装的订单要求和惯例做法各不相同，以常见的衬衫外贸类产品内包装的惯例做法为例，一般内包装方法是折叠包装，即按照订单显示的一定方式和标准要求对衬衫进行折叠包装。但是如果客户要求的包装方法和企业常用的折叠包装不一致，或者客户要求在折叠袋装的基础上，再加以纸盒包装，那就应该以客户的要求为准，按照客户的规定和要求对衬衫进行折叠包装或者再对衬衫加以纸盒包装。

工作小技巧：服装产品的交期

（2）运输包装方式。

运输包装也叫外包装，主要作用是便于搬运以及保护产品在运输过程中的安全。目前，主要的商品运输包装技法有一般包装技法、缓冲包装技法、防潮包装技法、防锈包装技法、防霉包装技法和集合包装技法等。

在外贸实务中，服装类产品的外包装一般会采用瓦楞纸箱、木箱和编织袋。如果使用瓦楞纸箱对服装进行外包装，那么在装箱时，跟单员可以依据客户订单要求依据服装不同颜色、不同尺码等进行单色单码或混色混码装箱，相对而言，单色单码装箱较简单易行，混色混码装箱较复杂，特别是颜色和尺码较多的情况下，跟单员在跟进装箱时必须严格根据订单中的装箱细码单认真细致地核对并监督装箱。外箱内应衬垫具有保护作用的防潮材料。箱盖、箱底封口应严密、牢固，不能有破裂，箱体封口处还可以加上垫板，防止开箱时划破产品。箱外可以用捆扎带等捆扎结实、卡扣牢固。

工作小技巧：集装箱装箱计算

10.5.2 销售和运输包装规范标识的掌握及实施

1. 销售包装标识

跟单员应注意明确客户对销售内包装的装潢设计是否有要求，比如是否有要求在商品的内包装上印刷一些装饰性花纹、图案或文字等，如果客户有此要求，那么跟单员就需要对内包装装潢中的图案、文字、色彩以及各种标识性的图文，与客户逐一进行确认，可以提前打样，然后拍照发给客户进行确认。

拓展阅读

中性包装和定牌生产

中性包装（Neutral Packing）和定牌生产，是国际贸易中常有的习惯做法。

中性包装是指既不标明生产国别、地名和厂商名称，也不标明商标或品牌的包装，也就是说，在出口商品包装的内外，都没有原产地和出口厂商的标记。中性包装包括无牌中性包装和定牌中性包装两种，前者是指包装上既无生产国别和厂商名称，又无商标、品牌；后者是指包装上仅有买方指定的商标或品牌，但无生产国别和厂商名称。

采用中性包装通常是为了适应交易的特殊需要（如转口销售等），是出口厂商扩大出口的一种手段。

定牌是指卖方按买方要求在其出售的商品或包装上标明买方指定的商标或牌号，这种做法也称定牌生产。当前，世界上许多国家的超级市场、大百货公司和专业商店，对其经营出售的商品，都要在商品上或包装上标有本商店使用的商标或品牌，以扩大本店知名度和显示该商品的身价。许多国家的出口厂商，为了利用买主的经营能力及其商业信誉和品牌声誉，以提高商品售价和扩大销路，也愿意接受定牌生产。

2. 运输包装标识

跟单员在包装跟单过程中还应在产品运输外包装上根据实际情况印刷上运输标识、指示标识和警告标识。

（1）运输标识。

运输标识又称唛头，是为了方便货物交接和海关查验而在货物外包装上印刷的标识，通常包括收货人或买方名称的英文缩写字母或简称、订单号、目的地、包装件号等部分。

在实际业务中，唛头又分为正唛和侧唛，如图 10-3 所示，正唛内容包括客户名称缩写、目的地名称、参考号码等，侧唛包括小品名、件数、毛重、外箱尺寸等。跟单员根据客户要求在外包装上印刷清楚客户的名称、目的地、货号、规格、数量、重量等信息即可。如果客户没有要求，可以不刷唛头或根据习惯做法在外包装上刷制唛头。

（2）指示标识。

指示标识是针对一些易碎、易损、易变质的商

图 10-3 唛头示例

品用醒目的图形和简单的文字提醒有关人员在装卸、搬运和存储时应注意的事项，如向上、防潮、小心轻放等都是指示性标识。

（3）警告标识。

警告标识又称危险货物包装标识，是对一些易燃易爆、有毒等危险品在其包装上清楚而明显地刷制标识，如有毒、有害、腐蚀性、爆炸性等都是警告性标识。如果有需要，跟单员根据产品类型，在货物外包装上印刷上对应的指示标识和警告标识即可。如果产品不需要这两种标识，也可以不印刷。

10.5.3　销售和运输包装环保要求的确认和实施

1. 对木质包装材料的环保要求

有些国家对木质包装材料有一定的环保要求，比如如果使用了木质包装材料，那必须有对应的"官方熏蒸证书"才可以；如果进口国有此要求，我们应该提供对应的熏蒸证书，避免因包装材料问题而使货物遭到进口国海关的拒收。

2. 对纸质包装材料的环保要求

在使用纸质包装材料时，可能会用到一些辅助材料，如黏合剂、黏合带、捆扎材料、衬垫材料、填充材料等。有些进口国对这些辅助材料的使用也有一定的环保要求，如纸箱的封箱要采用黏合工艺，尽可能用胶水，不能使用 PVC 或任何其他塑料胶带，在纸箱上印刷必须用水溶性颜料，不能上蜡、上油，不能涂塑料、沥青等防潮材料。跟单员在使用这些材料时，也要注意进口国是否有对应的环保要求和规定。

3. 对塑料包装材料的环保要求

塑料材料对环境的破坏性较大，因此很多国家对塑料材料的包装都有一定环保要求，如禁用超出环保标准的 PVC 胶袋、胶袋上要有表明所用塑料种类的三角形环保标识（见图 10-4）等。在采用塑料包装时也要注意这些具体的进口国环保要求和规定。

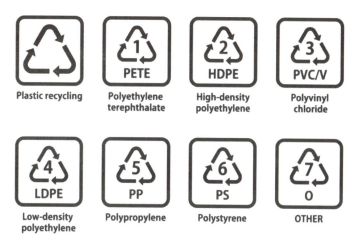

图 10-4　塑料环保标识

【任务实施】

明确衬衫的包装要求，对衬衫进行包装跟单，将任务实施情况、总结评价及改进提升结果做好相应记录，并填写表 10 – 10。

表 10 – 10　任务实施记录

执行情况	步骤 1	
	步骤 2	
总结评价	优点	
	不足	
改进提升	改进 1	
	改进 2	
	改进 3	

【任务评价】

根据任务完成情况由教师、学生共同进行任务评价，如表 10 – 11 所示。

表 10 – 11　任务评价

考核项目		教师评分	学生评分	总评分	评语
任务执行质量	能够对衬衫进行正确的内包装				
	能够对衬衫进行正确的外包装				
任务执行态度					
任务执行效率					

【思政园地】

跟单员的诚信与责任：企业生产流程中的重要保障

知识与技能训练

【同步测试】

一、单项选择题

1. 1 件男士衬衫所需面料为 1.5 米，面料损耗率为 2%，生产 200 件衬衫所需面料为（　　）。

A. 322 米　　　　　B. 221 米　　　　　C. 293 米　　　　　D. 492 米

2. 某产品的成品率为 97%，如果要交货 5 000 件产品，应生产的产品数量为（　　）件。

A. 5 100　　　　　B. 5 122　　　　　C. 5 143　　　　　D. 5 155

3. 出口商品中最常使用的纸质包装材料是（　　）。

A. 纸箱　　　　　B. 纸袋　　　　　C. 纸盒　　　　　D. 纸卡

二、多项选择题

1. 企业实际的质量检验程序主要包括（　　）。

A. 进货检验　　　B. 工序检验　　　C. 出货检验　　　D. 完工检验

2. 原辅料采购的五大适当标准包括（　　）。

A. 适当时间　　　B. 适当地点　　　C. 适当价格　　　D. 适当质量

3. 在生产过程中需要进行数量控制的产品类型包括（　　）。

A. 常规产品　　　　　　　　B. 新开发的产品

C. 易损产品　　　　　　　　D. 即将淘汰的产品

三、判断题

1. 原辅料是指生产过程中所需要的原料和辅助用料的总称。　　　　　（　　）

2. 塑料材料对环境的破坏性较大，因此很多国家对塑料材料的包装都有一定环保要求。　　　　　（　　）

3. 按照检验的执行人员划分，可以对产品质量进行自检、互检和专检。　（　　）

【综合实训】

1. 搜索研究外贸各类产品的包装材料和方式以及国外法律法规的规定。

2. 完成对服装外贸产品的内外包装设计。

附　　录

《跟单信用证统一惯例（UCP600）》
（中英文对照）

外贸行业常用缩略语

参 考 文 献

［1］章安平. 外贸单证操作［M］. 北京：机械工业出版社，2015.

［2］姚大伟. 国际商务单证理论与实务［M］.5 版. 上海：上海交通大学出版社，2018.

［3］全国外经贸单证专业培训考试办公室. 国际商务单证理论与实务［M］. 北京：中国商务出版社，2016.

［4］中国国际贸易学会商务专业培训考试办公室. 外贸跟单员岗位专业培训考试大纲及复习指南（2013 年版）［M］. 北京：中国商务出版社，2013.

［5］朱玉琴，向丽. 贸易单证教程［M］. 北京：中国水利水电出版社，2023.

［6］顾民. UCP600 制单兑用实务手册［M］. 北京：对外经济贸易大学出版社，2008.

［7］许丽洁. 外贸跟单业务从入门到精通［M］. 北京：人民邮电出版社，2020.

［8］李泽尧. 跟单员工作手册［M］. 广州：广东经济出版社，2009.

［9］李广泰，杨访梅. 接单与跟单实操细节［M］. 广州：广东经济出版社，2006.

［10］谢娟娟. 对外贸易单证实务与操作［M］. 北京：中国人民大学出版社，2022.

［11］徐佩文，石璐. 外贸跟单实务［M］. 大连：东北财经大学出版社，2021.

［12］章安平，牟群月. 外贸单证操作［M］.5 版. 北京：高等教育出版社，2019.

［13］何源. 跟单信用证一本通［M］.2 版. 北京：中国海关出版社，2018.